SOUVENIRS
DE LA
VIE PARISIENNE

SOUVENIRS
DE LA
VIE PARISIENNE

PAR

MARCELIN

TROISIÈME ÉDITION

PARIS

VICTOR-HAVARD, ÉDITEUR

168, Boulevard Saint-Germain, 168

1888

Droits de traduction et de reproduction réservés

PRÉFACE

I

Dans chaque génération les survivants enterrent les morts. C'est le dernier service ; nous le rendons, en attendant qu'on nous le rende, et nous le devons surtout à ceux d'entre nous qui n'ont laissé d'eux-mêmes qu'une idée inexacte ou incomplète. Parfois, l'homme qui a disparu était supérieur à son œuvre : il n'a pas donné sa mesure, et le public se le figure autre et moindre qu'il n'était.

Marcelin, la *Vie parisienne ;* pendant vingt-cinq ans ces deux noms ont été accouplés. Il avait fondé seul son journal ; il en était le propriétaire et le directeur ; il y écrivait et dessinait ; il y inspirait tous les autres écrits et des-

sins. C'est lui que, chaque semaine, on apercevait à travers le numéro de la semaine ; il y peignait les mœurs élégantes et s'adressait aux gens du monde. Par suite, à distance, on le prenait pour l'un d'entre eux ; on lui prêtait leurs goûts, leur caractère, leur façon légère et gaie de prendre les choses, de jouer avec la vie, de l'effleurer, de n'y cueillir que l'amusement, l'amusement de la journée ou de l'heure, d'en accepter le décor obligé, les convenances et les petites contraintes, les visites et les entretiens de salon. — Rien de semblable chez celui-ci : il ne savait pas s'astreindre à la conversation ornementale et vide, ni se détendre jusqu'au badinage insouciant et gracieux. Ses émotions étaient trop persistantes et trop fortes ; il avait la sensibilité profonde et l'imagination véhémente ; pour employer une phrase de Stendhal, « ce n'était pas une âme
« à la française ; il ne savait pas oublier ses
« chagrins : quand il avait une épine à son
« chevet il était obligé de l'user, à force d'y piquer
« ses membres palpitants. » — La plus longue et la plus acérée de ses épines, c'est-à-dire le souci du pain quotidien, il l'avait rencontrée au commencement de sa jeunesse, et, lentement, douloureusement, il avait dû en user

toute la pointe. A dix-neuf ans, ruiné par la Révolution de février 1848, il s'était trouvé chef de famille, obligé de gagner sa vie et la vie des siens, seul, sans patronage, aide ou protection, et, ce qui est pis, sans apprentissage. Il avait passé moins d'un an à l'atelier, il n'avait pas achevé sa seconde année de rhétorique ; pour manier sa plume et son crayon, il n'avait qu'une main novice. Il lui fallut, pendant des années, apprendre et produire tout à la fois, produire tous les jours, avec quel sentiment critique de son insuffisance, avec quel mécontentement et quel dégoût de soi-même, avec quel effort, ses amis s'en souviennent ; il en perdit le sommeil ; je l'ai vu s'évanouir de chagrin et d'épuisement. — Plus tard, maître d'un journal, ayant pris sa place dans le monde, il regrettait toujours ces années de production hâtive ; il ne se consolait pas de sa précocité forcée ; il se disait que les études lui avaient manqué ; il souffrait d'être au service de la mode. — Aussi bien, ses facultés n'avaient pas trouvé leur emploi ; il y avait en lui un fonds riche et original, une succession incessante d'impressions vives et fines, une aptitude rare pour les idées générales et les vues d'ensemble, bref, les dons naturels de l'observateur, du psychologue et du critique. Il aspirait au moment où, délivré des affaires et du métier, il pourrait donner carrière à son talent, ne plus écrire que pour se faire plaisir, écrire des œuvres d'imagination ou d'histoire, et il en avait plusieurs sur le chantier, toutes de longue haleine, d'exécution difficile. Jamais il n'y a renoncé, même invalide et demi détruit, suffoquant, cloué sur son fauteuil par une maladie qu'il savait mortelle ; jusqu'à la fin, il prenait des notes, classait des estampes, esquissait des plans ; jusqu'au bout, cette âme vivace est restée vivante, et non pas seulement par la passion littéraire. La sève, en lui, remontait toujours, et dans toutes les branches ; la végétation intérieure du désir, de l'espérance et de l'illusion était continue ; les intempéries du monde et les inclémences de la vie avaient beau la flétrir ou l'écraser, elles ne parvenaient pas à l'amortir. Jamais il n'a connu cette résignation totale ou partielle qui est le fruit ordinaire de l'expérience et qui conduit, sinon au bonheur, du moins à l'apaisement. — De là sa tristesse ; de là les disparates qui s'assemblaient et se heurtaient en lui ; de là le contraste permanent et apparent de son personnage officiel et de son être intime. Au théâtre, au Bois, dans les endroits publics, ce qu'on voyait au premier coup d'œil, c'était l'homme de son journal, des dehors irréprochables, des habits coupés à la dernière mode, une barbe et des cheveux arrangés avec un soin savant, une figure régulière, la scrupuleuse correction des détails et de l'ensemble ; au second regard, on remarquait la physionomie sérieuse et même sombre, le teint pâli, le front pensif, les yeux ardents, profondément enfoncés dans l'orbite battu, le regard intense ou distrait, l'air d'attention concentrée ou de parfaite absence.

Nous lui disions quelquefois : « Allons, « Monsieur le directeur de la *Vie parisienne*, « vous qu'on appelle le Marcelin des salons, « déridez-vous ; n'ayez pas l'air d'un entre- « preneur de pompes funèbres. » Il souriait vaguement, répondait à peine, avec effort, comme un homme occupé que l'on dérange : il semblait revenir de très loin. Sauf des accès de verve qui, chaque année, devenaient plus rares, il aimait à se taire, à vivre seul et en solitaire, non seulement dans son cabinet, mais en public et au milieu de la foule ; c'est qu'il avait, à un haut degré, la faculté singulière qui, par delà le monde environnant, bruissant, incommode, ouvre à l'esprit un autre monde.

Cette faculté est l'*imagination reconstructive*. — Un jour, sur le boulevard, le sculpteur Pradier disait à l'un de nos amis : « Suivons
« cette jeune fille qui marche là, devant nous,
« avec ses parents. La malléole interne et l'as-
« siette du pied sont bien ; l'articulation du
« genou, encore mieux : la rotule n'est pas
« proéminente. Encore une vingtaine de pas,
« et je pourrai voir la façon dont la tête du fé-
« mur tourne dans l'os des hanches. » De fait, au bout des vingt pas, il avait vu toute l'ossature ; là-dessus, rentré dans son atelier, il ébauchait sa svelte et légère *Atalante*, une fillette de quinze ans, qui, courbée sur un genou, noue ses sandales avant de courir. Ayant beaucoup étudié le corps humain, il en sentait toutes les connexions ; par suite, sur un fragment délicatement perçu et profondément compris, il recomposait le squelette et la figure. — Il en est des mœurs sociales comme du corps humain : toutes leurs parties se tiennent ; par une série de liaisons, on peut conclure de l'une aux autres, et, d'après un morceau, reconstituer l'ensemble. Dans ce domaine, Marcelin devinait et *voyait*, comme

le sculpteur, à force d'expérience acquise et de tact inné ; aussi promptement et aussi sûrement que le sculpteur, il reconstruisait, non des formes idéales, mais des mœurs historiques ; il les savait et les expliquait, avec une abondance et une précision surprenantes, aux diverses époques, sous Louis-Philippe et la Restauration, au temps de l'Empire, au temps de la République, sous Louis XVI, dans la première moitié du dix-huitième siècle, sous Louis XIV, sous Louis XIII, au temps des Valois en France, à la fin du seizième siècle en Flandre et en Hollande, au commencement du seizième siècle en Italie. Au moyen d'un portrait, même médiocre, avec des estampes, telles quelles, de l'époque, il se transportait dans l'époque ; il en parlait comme s'il y eût vécu ; il s'en représentait les types, surtout l'homme du monde et la femme du monde, le cavalier et la dame, leur costume, leur toilette, leurs façons, leur physionomie ; il voyait, par les yeux de l'esprit, tous leurs dehors visibles, l'habillement d'apparat et le déshabillé, l'ameublement, l'habitation et les jardins, le salon et la place publique, une cérémonie, un bal, une visite, la raideur ou la désinvolture de l'attitude, les diverses façons successives de monter à cheval, de porter ou parer un coup d'épée, de saluer, de s'aborder et de sourire, de danser, d'être galant, de baiser la joue ou la main. Il avait ainsi ses entrées familières dans cinq ou six mondes aussi complets que le nôtre. Involontairement et tous les jours, il y entrait; il s'y promenait à discrétion, comme un voyageur bien accueilli, comme un spectateur qui n'a pas de frais à faire. Il y était chez lui et à son aise, plus à l'aise que chez nous.

Quand un homme a cette faculté, il est tenté d'en user, quelquefois d'en abuser. On peut dire que celui-ci a vécu parmi ses estampes : à la fin, il en avait trois cent mille. — Non qu'il fût collectionneur ou amateur des pièces rares : il ne s'est jamais appliqué à compléter des séries, et, avec les belles gravures, il en achetait de médiocres, et même de mauvaises, les sachant telles, caricatures, lithographies de modes, frontispices et vignettes, à une seule condition, c'est qu'elles fussent significatives et *suggestives;* elles devaient toujours illustrer quelque détail des mœurs, lui faire toucher plus à vif les gens d'autrefois, un prince, un courtisan, une grisette ou un soldat. Au fond, la même préoccupation le suivait jusque dans son travail positif et dans son métier quotidien ; l'observateur libre, le curieux désintéressé subsistait sous le directeur de la *Vie parisienne*. Les choses vivantes lui étaient un spectacle comme les choses mortes ; le présent lui apparaissait sous la même figure que le passé, c'est-à-dire comme une estampe finale et fraîchement tirée, au bout d'une suite d'autres estampes plus ou moins vieilles et jaunies. La dernière représentation de *l'Africaine* à l'Opéra, le défilé des équipages hier au Bois de Boulogne, telle soirée dans un salon contemporain, telle revue des troupes à Satory ou au Champ-de-Mars, venait s'ajouter, comme une variante ou un supplément aux scènes correspondantes qu'il avait vues chez Eugène Lamy et Tony Johannot, chez Moreau et Saint-Aubin, chez Perelle et Sébastien Leclerc, chez Callot et Abraham Bosse.

— Rentré chez lui et penché sur ses cartons, il trouvait qu'entre la chose réelle et la chose dessinée la différence est petite ; au bout de quelques heures, cette différence s'évanouissait : les personnages de ses estampes lui faisaient illusion ; il avait envie de leur parler, et, parfois même, il leur parlait.

Avec un peu de sympathie, d'habitude et d'insistance, on arrive vite à cet état. — Aussi bien, le passé n'est pas moins réel que le présent ; même, à quelques égards, il l'est davantage. Car, d'abord, il est achevé, et le présent ne l'est pas. Par exemple, le dix-huitième siècle en France est une œuvre complète, dont tous les traits sont arrêtés ; au contraire, le dix-neuvième siècle en France n'est qu'une œuvre ébauchée, à laquelle chaque nouvelle année ajoute un trait, en sorte que, d'année en année, l'expression totale change, s'altère et s'approfondit. Or, une figure en cours d'exécution est toujours moins intelligible qu'une figure terminée. — D'ailleurs, cette physionomie définitive du passé, nous la voyons plus clairement dans les chefs-d'œuvre de ses artistes que si elle nous apparaissait directement, face à face. En effet, étant artistes, et d'espèce supérieure, ces maîtres ont extrait de leur époque les caractères essentiels, les types dominateurs, le personnage régnant : il était effacé, demi-esquissé dans la nature, obscurci ou éteint par l'insuffisance ou la contradiction des circonstances défavorables ; ils l'en ont retiré, ils l'ont dégagé, restauré, amplifié et mis en pleine lumière. A parler exactement, tant que l'artiste n'est pas venu, l'œuvre des sept jours n'est point finie ; elle a besoin de retouches, et c'est lui qui les donne ; le huitième jour lui appartient. Certainement, les modèles de Franz Hals ou de Rembrandt ne valaient pas leurs portraits ; regardez *le Bourgmestre Six* où *les Syndics;* aucun administrateur hollandais en 1650 n'a eu cette intensité d'expression et de vie ; s'il l'avait eue, les gens se seraient attroupés autour de lui dans la rue. — Par contre, au sortir du Musée, surtout sous un ciel gris, les passants semblent des croquis débiles, des figures manquées et mal venues sur papier sale, des épreuves d'essai ou de rebut. Seule, l'œuvre d'art est réussie ; contemplons en elle l'existence accomplie et pleine, qui ne se rencontre point ailleurs.

II

Par cette porte, on entre dans le rêve. Marcelin y était entré tout entier; il y passait ses nuits, ses longues heures d'insomnie; c'était là son refuge et son asile.— Beaucoup d'hommes, dans notre génération, se sont, comme lui, fabriqué un *alibi;* eux aussi, ils ont jugé que le monde positif, surtout de notre temps,

est inhabitable. Un jour, le profond et minutieux observateur, le puissant et savant écrivain, qui a donné le ton au pessimisme actuel et à la littérature contemporaine, nous disait, de sa voix sourde et demi-brisée : « C'est un
« vilain cadeau que la vie ; quand on l'a fait à
« quelqu'un, on doit l'en dédommager en l'ai-
« mant trop : ainsi font les parents en France.
« L'inconvénient est que l'enfant, devenu
« homme, se trouve exigeant en fait de bon-
« heur ; partant, il souffre davantage. Aujour-
« d'hui, tels que nous voilà, il nous reste un
« remède : c'est d'amoindrir en nous le rôle
« des sensations et d'augmenter celui des
« images. Nos sensations ne dépendent pas
« de nous, mais du monde extérieur ; nous
« les subissons telles qu'il nous les donne, et
« il nous les donne presque toujours doulou-
« reuses ou désagréables. Il faut donc les
« diminuer, les amortir ; on y parvient en
« s'imposant un train de vie uniforme, mono-
« tone, machinal, en faisant tous les jours les
« mêmes choses aux mêmes heures. Au con-
« traire, nos images sont à notre disposition ;
« nous n'avons qu'à les aviver et à les ar-
« ranger ; cela fait, nous voyons intérieure-
« ment les paysages, les figures et les événe-

« ments qui nous conviennent. Le cerveau est
« un meilleur instrument que les yeux ; il suffit
« de l'exercer ; au bout de deux ou trois ans,
« il peut percevoir, avec une lucidité parfaite,
« le spectacle qu'il s'est choisi, la scène qu'il
« préfère, n'importe laquelle, historique ou
« légendaire. Voilà notre opium. » — Tout
opium est malsain ; il est prudent de n'en
prendre qu'à petites doses et de loin en loin.
Depuis Werther et René, nous en avons trop
bu, de plusieurs sortes, et nous en buvons
chaque jour davantage ; par suite, la maladie
du siècle s'est aggravée, et, en littérature, en
musique, en peinture, en politique, quantité
de symptômes prouvent que le dérangement
de la raison, de l'imagination, de la sensibilité et des nerfs va croissant. Entre toutes les
drogues qui nous procurent à volonté l'absence
factice et l'oubli, l'histoire est, je crois, la moins
dangereuse ; car elle nous montre des hommes
comme nous, souvent parmi des misères
pires : ils ont supporté leur condition ; sup-
portons la nôtre. — Par cette réflexion finale,
le narcotique devient un fortifiant, et le poison,
bien digéré, fournit son antidote. Marcelin y
trouvait les jouissances du songe ; il aurait pu
en rapporter la résignation du réveil.

Je l'avais connu dès le collège ; plus tard, quand je revins à Paris, il me fit connaître Frantz Woepke, qui logeait dans la même maison que lui, et bientôt nous fûmes liés tous les trois, cette fois encore par l'histoire : elle est le centre commun, où toutes les voies aboutissent. Nous y arrivions par des chemins bien différents. — Woepke était orientaliste et mathématicien ; il étudiait dans les textes originaux, en sanscrit, en grec, en arabe, en persan, le progrès des connaissances mathématiques depuis les origines jusqu'à la Renaissance. Je suivais alors des cours de physiologie et de zoologie, et j'avais regardé assez longuement plusieurs philosophies, quelques littératures. Marcelin connaissait les œuvres d'art des quatre derniers siècles, et aussi les Mémoires, depuis Froissart et Commines. — Nous échangions nos idées, et chacun s'enquérait auprès des deux autres. Des trois, c'est Woepke qui voyait les choses du point de vue le plus haut et le plus éclairé, avec le moins de nuages et par plus grandes masses : l'état des mathématiques est probablement le meilleur indice pour mesurer l'avancement des sciences et de la civilisation à travers les âges. — Aucun des trois ne voyait les choses de si près.

et si pleinement que Marcelin : seuls, les arts du dessin nous remettent sous les yeux l'homme total, des corps vivants, leur milieu physique et leurs habitudes physiques, leur geste, leur physionomie et leur regard. Il m'enseignait à les comprendre ; je lui dois d'avoir connu le Cabinet des Estampes. — En véritable historien, ce qu'il cherchait d'instinct, à travers les figures peintes ou gravées, c'étaient les différences de l'homme aux différentes époques. Balzac dit quelque part que chaque profession ou condition sociale est un climat qui produit ses espèces et variétés distinctes ; on peut en dire autant de chaque période historique. Comparé au Français contemporain de la classe supérieure, inférieure ou moyenne, le Français de la classe correspondante en 1780, à plus forte raison en 1680, à plus forte raison encore en 1580, est un animal d'une autre espèce ; avec d'autres besoins, appétits et répugnances, avec d'autres sensations, images et idées, avec sa conception particulière du bonheur et de l'honneur, avec ses émotions propres et son attitude propre en face du plaisir, du danger et de la mort. Tout cela, Marcelin le saisissait à l'instant, du premier regard ; la finesse et la justesse de ses divinations étaient supérieures; partant, sans système ou but préconçu, il démêlait, dans chaque époque, les sentiments forts, persistants et prépondérants qui, pendant beaucoup d'années, commandent beaucoup d'actions à beaucoup d'hommes, et qui sont les forces intérieures dont la convergence ou la divergence maintient ou démolit la société humaine. J'écrivais alors sur le seizième siècle; quand par hasard j'arrivais à quelque idée générale, je la lui disais, et je n'en étais sûr que s'il l'acceptait.

Les vingt-cinq volumes de la *Vie parisienne* ne contiennent que la moindre partie de sa pensée : en cela, son lot est celui de la plupart des hommes; très peu d'esprits parviennent à se développer selon leur nature et tout entiers; ordinairement le métier ou la spécialité nous compriment, nous déjettent et finissent par nous estropier; il faut une chance bien rare pour que les circonstances que nous rencontrons soient d'accord avec les facultés que nous avons. — Mais, dans ses vingt-cinq volumes, la part qu'on lui fait est trop petite; en dehors de ses articles, il a collaboré aux articles de presque tous ses rédacteurs, et jamais collaboration ne fut si dirigeante, si inventive, plus efficace. Souvent, il donnait à l'auteur le titre et le sujet ; parfois, il lui fournissait l'esquisse complète. Quand on lui apportait une historiette ou une scène, il se la faisait raconter, tout au long, au préalable ; ses interruptions forçaient l'auteur à élaguer les longueurs ; ses questions forçaient l'auteur à combler les lacunes. Il lui suggérait des additions, il lui imposait des coupures, il lui indiquait des remaniements ; il l'obligeait à mettre, dans tout dialogue ou récit, un commencement, un milieu et une fin, des oppositions et des proportions, une liaison et un progrès. Il lui enseignait l'art de faire et de suivre un plan. — Beaucoup de talents se sont ainsi formés sous sa main. Il allait chercher des gens du monde, un diplomate, un officier, un peintre, un maître des requêtes, des membres du Jockey-Club, des femmes, qui savaient causer et n'avaient jamais songé à écrire ; il leur prouvait que l'un n'est pas plus difficile que l'autre, à condition d'écrire comme on cause, comme on cause au cercle entre hommes, comme on cause dans un salon devant des femmes du monde ou du demi-monde, c'est-à-dire vivement, librement, parfois trop librement, sans prétentions d'auteur, sans autre objet que d'amuser, pendant un quart d'heure, des gens prompts à s'ennuyer, à bâiller et à s'en aller. — En ce cas, le conteur s'amuse autant que la galerie; il n'a pas d'efforts à faire, il n'est pas empêtré d'esthétique, il ne fabrique pas un total de lignes comptées et payées; il improvise. — La *Vie parisienne*, surtout dans les premières années, fut une causerie de ce genre : les causeurs étaient en verve, et ne songeaient qu'à se faire plaisir à eux-mêmes ; d'autant plus qu'ils causaient sous le masque : pendant longtemps, aucun d'eux ne sut le nom des autres; à cet égard, Marcelin était d'une discrétion scrupuleuse.— Depuis, les noms se sont ébruités; le public a connu chaque auteur, au moins par son pseudonyme : Gustave Droz, Quatrelles, Richard O-Mon-Roy, Ludovic Halévy, Ange Bénigne, Gyp, d'autres encore, toute une pousse littéraire qui a pour correspondante, en peinture, la série des petits maîtres français du dix-huitième siècle, Moreau, les Saint-Aubin, Lancret, Pater, Lawreince et Baudouin. Personne, autant que Marcelin, n'a contribué à faire éclore cette jolie floraison; probablement, elle servira comme l'autre, lorsque, plus tard, on voudra se figurer l'époque où elle s'est épanouie. Aux jours de tristesse morne, quand nous voulions ramener sur ses lèvres un demi-sourire, nous lui disions que, lui aussi, il était une source, et que son journal fournirait, au vingtième siècle, des documents pour l'histoire des mœurs.

Son frère a rassemblé et va publier en un volume plusieurs de ses essais qui portent bien sa marque. C'est tout ce qui reste de lui, avec son image empreinte dans la mémoire de quatre ou cinq amis, qui ne dureront guère. Woepke, qui méritait le mieux de vivre, a disparu le premier. Nous marchons derrière eux, à petite distance, dans le sentier qui s'est dérobé sous leurs pas. Il s'effondre sous les nôtres; chaque jour, nous enfonçons davantage, et cette terre qui les recouvre nous monte déjà jusqu'aux genoux.

H. Taine.

SOUVENIRS
DE LA
VIE PARISIENNE

NOTES DE MÉBILLOT

I

LE PLAISIR ET LE BONHEUR

A VINGT ANS

..... Mon père a une nouvelle toquade : il veut que je fasse mon droit. Il rêve pour moi un consulat ; une position superbe, me dit-il, que celle de consul !... En 1800, je ne dis pas, quand il n'y en avait que trois. Mais, aujourd'hui, cette carrière-là mène trop loin. Je n'y vois pour moi qu'une déportation mal déguisée. Aussi ai-je promis d'étudier le droit, mais pas de l'apprendre ; je prends bien de temps en temps une leçon ; mais, pour m'en souvenir, je fais comme Nana quand elle veut se souvenir d'un air difficile.

dans ses rôles, je fais un nœud à mon mouchoir.

« — Tu ne te lasses donc pas de ne rien faire? me dit mon père, tu ne regrettes donc jamais ni ton temps, ni ton argent perdus? »

Bast! mes journées passent toujours trop vite! D'abord, je me lève tard; je devrais faire en me levant un peu de droit; mais je me contente d'y songer, et n'en goûte que plus vivement le plaisir de n'en pas faire. Puis je déjeune, je fume, je rêve, je lis un bout de journal, je fais un peu de musique, j'écris une lettre et j'arrive à midi. Le tir ou les armes me prennent jusqu'à deux heures. J'ai ensuite toujours une foule de choses à faire : des visites à rendre, une femme à attendre, un cheval à essayer, des achats à faire, un tour au Bois, que sais-je? Vient le dîner, après lequel je suis tout à mes plaisirs.

M'ennuyer? Du diable si j'y songe, quand, sur la fin du jour, je m'en vais faire au Bois ma promenade habituelle, respirant l'air vif à pleins poumons, examinant, du haut de la voiture que je conduis, toutes ces femmes qui passent oisives et pleines de désirs. Comme j'aimerai celle-ci, quand je n'aimerai plus celle-là! Quant à regretter quoi que ce soit, le diable m'emporte si j'y pense, au milieu d'un joyeux souper avec un tas de drôles de corps, fines fourchettes et mauvaises langues! Que de fois, au contraire, en quittant ces bons amis pour aller chez ma maîtresse, avec une petite pointe de Champéray rosé dans la tête, je me suis écrié : « Que c'est donc bon de vivre ! »

FATUITÉ.

J'ai déjeuné hier avec Noirmont, qui va se marier. Au dessert, il devint bavard.

Notre conversation roulait sur la vie de garçon, à laquelle Noirmont va dire adieu. D'indiscrétions en indiscrétions, il en vint à m'ouvrir un grand tiroir dans lequel, depuis douze ans, il enferme pêle-mêle tous les objets qui peuvent lui rappeler les femmes qu'il a aimées. Il y avait là des vieux cheveux, des vieux gants, des vieux bouquets, des portraits datant déjà, des photographies, jusqu'à des coupons de loge et des billets de bal écornés au contrôle. Chaque objet soigneusement accompagné d'un nom et d'une date. Pour plus d'un nom, c'est à peine si Noirmont se rappelait la femme auquel il appartenait. Les souvenirs d'amour, quelle jolie collection de bouteilles vides !

« ..... Nos bonnes fortunes, me disait Noirmont,
« sont bien moins notre œuvre que celle des femmes
« elles-mêmes. Leur imagination et l'ennui nous
« les livrent. Pour peu que nous ne ressemblions
« pas à tout le monde, elles nous prêtent les qua-
« lités qu'elles n'ont pas trouvées ailleurs. Pour
« moi, je n'ai jamais eu que deux ruses de guerre,

« bien banales, toujours les mêmes et qui m'ont
« toujours réussi auprès des femmes. Avec les plus
« coquettes, je n'ai jamais l'air de m'apercevoir
« qu'elles sont jolies, et j'affecte de leur parler
« comme à des personnes naturelles ; rien ne les
« irrite davantage et ne les pousse plus aux avances.
« Avec les plus désirables, je prends, en leur par-
« lant de la pluie et du beau temps, un petit air
« triste qui semble leur dire : Je sais bien que je
« n'y arriverai jamais, mais enfin... Et l'on y arrive
« tout de même. Du reste, froid en public, mais fou
« dans l'intimité, à la fois gouailleur et ému. Après
« le noir, le violet, c'est en ce moment la nuance
« la plus à la mode auprès des femmes. Pas trop
« gouailleur cependant, elles s'en offensent ; ni trop
« ému, elles en abusent. Le point juste est d'en ar-
« river à les aimer passionnément, tout en se mo-
« quant parfaitement d'elles.

« L'amour vrai, d'ailleurs, quelque chose de bien
« engageant ! Avoir, à la fois, les larmes aux yeux,
« le feu dans la poitrine, froid dans le dos, et se
« sentir oppressé à ne pouvoir respirer ! On aime
« ainsi sa première maîtresse, parce qu'on ne voit
« qu'elle au monde. Mais, quand l'expérience vous
« a fait découvrir dans chaque femme quelque irré-
« sistible particularité qui vaut la peine qu'on
« l'aime, on ne cherche plus que le plaisir, sans
« exiger plus qu'on ne donne soi-même. Aimer au-

« trement est une faiblesse charmante à rencontrer
« chez une femme, mais ridicule chez un homme.
« Aujourd'hui, un amoureux me fait l'effet d'un
« homme en couches. »

COQUETTERIE.

Plusieurs fois, dans la soirée, leurs regards s'étaient rencontrés. A chaque fois, elle mordillait le coin de son éventail d'un air pénétré. Il l'invita à valser.

Dès les premiers tours de valse, il sentit ce corps frêle tressaillir dans ses bras, et un serrement de main lui prouva bien qu'il ne s'était pas trompé.

Mais, la valse finie, elle était redevenue parfaitement maîtresse d'elle-même. En regagnant sa place, c'est à peine si elle lui fit, du haut de son long cou, un petit salut de tête, sec et hautain. A ce moment, il ne savait ce dont il avait le plus envie, de l'adorer ou de la battre.

Coquettes, joie et tourment de notre vie, quelles bizarres créatures vous êtes ! Les plus belles maîtresses qu'on puisse voir, les plus singulières femmes qu'on puisse épouser. Fleurs de serres, étrangement développées par une vie de luxe et d'oisiveté; artistes fines et délicates, souverains juges des choses d'esprit et de goût, accessibles à toutes les émotions, aux plus basses comme aux plus sublimes, capables de tout, même d'aimer leurs maris; inappréciables diamants qu'on se sent indigne de posséder longtemps; si au-dessus de nous, que nous ne pouvons encore que leur savoir gré d'être descendues jusqu'à nous, pour nous faire souffrir.

De quoi nous plaindrions-nous? Ne prenons-nous pas à tâche, par nos lâchetés, de leur faire croire que tout le rôle d'une femme, en ce monde, est d'être belle et de se rire de nous?

SUR L'AIR

Ni l'or ni la grandeur ne nous rendent heureux.

Confondrons-nous donc toujour le plaisir avec le bonheur? Autant le plaisir a besoin d'éclat et est d'une recherche difficile, autant le bonheur est peu bruyant, tout d'intimité et bien plus facile à trouver qu'on ne se l'imagine. Pour être heureux près de sa femme, est-il besoin de grande passion, de grande beauté, de riches toilettes, d'une grande fortune?

Une grande passion? — Un soir, sur la plage de quelque lointain bain de mer, à l'heure où le soleil se couche, une femme a passé près de vous, drapée dans un grand burnous noir, une plume au toquet, flottant au vent. Vous n'avez vu de son visage que deux brillants sous le voile, mais cette courte apparition a suffi pour évoquer en vous mille songes poétiques. Vous rentrez chez vous pensif. Qui est-elle ? La tournure était distinguée, et le regard audacieux. Vous rêvez marchesa ou princesse polonaise, et toute la nuit vous avez devant les yeux cette silhouette tragique se détachant en noir sur le ciel embrasé. Le lendemain, vous vous mettez à sa recherche. Vous la retrouvez : elle a le nez rouge, et donne le bras à un tailleur auquel vous devez de l'argent. — Ce qu'on est convenu d'appeler de grandes passions ne sont le plus souvent que de violentes fantaisies, qui durent à peine le temps de perdre les illusions dont elles sont nées.

Une passion vraie demande du temps pour naître ; elle est la suite d'appréciations successives qui confirment l'éblouissement du premier moment. Elle naît de l'estime autant que de l'amour, et ce lent envahissement de notre être est définitif.

Une grande beauté ? — Il n'est si beau visage auquel on ne puisse trouver un ridicule ; il n'est fille si disgrâciée à laquelle, la jeunesse aidant, on ne puisse trouver un certain charme. Il ne faut que savoir mettre le tableau dans son jour. Un de mes amis me racontait qu'un des plus charmants souvenirs de sa vie était celui d'une maîtresse qui louchait. « Cette pauvre enfant, me disait-il, croyait avoir à se faire pardonner. En réalité, jamais regard ne m'a remué comme le regard étrange, fauve et timide, de ce cher petit louchon. »

De riches toilettes ? — On met au frontail des chevaux des pompons de rubans qui doivent être assortis à la couleur de la caisse et des roues de la voiture ; ils n'ajoutent ni n'ôtent rien à la valeur du cheval. Pourvu qu'elle ne choque ni le goût ni l'usage, la toilette d'une femme a-t-elle plus d'importance ?

D'ailleurs, si gauchement qu'elle soit mise, du moment qu'il s'agit d'une honnête femme, est-ce qu'une cheville entrevue en descendant de voiture, une peau blanche aperçue entre le gant et la manchette, une jolie nuque sous le chapeau, n'en disent pas plus long que toutes les toilettes provocantes d'une coquette de profession ?

Je regardais, l'autre jour, une jeune mère jouant avec son enfant. Elle le posait à terre, puis, à plusieurs reprises, elle l'élevait aussi haut que possible. Je ne remarquais ni la forme ni l'étoffe de sa robe. Je ne voyais que ce corps souple s'abaissant et se relevant d'un seul élan, cette taille violemment cambrée sous l'effort. Avec cela, une coquetterie d'enlacement, un luxe de baisers prolongés à vous rendre jaloux du marmot.

Une grande fortune ? — Une fois les nécessités d'une vie confortable bien assurées, à quoi bon une position plus brillante? Les exigences d'une haute fortune sont le plus souvent onéreuses et fatigantes. Leur plus clair résultat pour nous et notre femme est de nous désapprendre l'intimité et de nous rendre étrangers l'un à l'autre.

Vivons plutôt cachés. Sans nous soucier de l'admiration de la foule, jouissons en paix de quelque trésor ignoré que nous aurons su découvrir nous-mêmes. La jeune fille la plus gauche et la moins admirée peut devenir, bien aimée et bien guidée, la femme la plus adorable. Il ne faut que savoir pressentir la beauté latente dans ce corps à peine formé, dans ce visage à peine arrêté. Sous ce calme apparent, effrayant comme celui d'une eau profonde, il faut savoir pressentir une intensité de sensations qu'il ne tiendra qu'à nous d'appliquer au bien ou au mal. Mais cela demanderait un peu de soin, et nous reculons devant cet effort! Nous aimons mieux croire que le bonheur pousse tout seul, comme un navet.

A TRENTE ANS

Que notre dernier souper chez Moissac a été triste! Il n'y a plus d'illusion à nous faire: nous vieillissons.

Et comme nos rangs s'éclaircissent! Que sont devenus Noyon, le grand de Gouvieux, Mortemart, le beau Jules et tant d'autres? Pour cinq ou six dont la fortune a surnagé et qui se sont rangés à temps, combien des nôtres payent cher maintenant leurs folies passées !

Noyon a été faire en province un mariage d'argent. Il expie ses prodigalités d'autrefois dans une famille qui lui compte les assiettes qu'il casse, pour les lui déduire sur la future succession du beau-père. Mortemart le sybarite, si fin, si brillant, meurt d'ennui, vice-consul dans un petit port des côtes d'Afrique. Il nous écrivait que, pour avoir un matelas, il est obligé d'acheter un troupeau de moutons, de le faire tondre et d'apprendre aux indigènes à carder sa laine. Le grand de Gouvieux a dû s'engager. Il végète dans une garnison de province, perdant et regagnant ses galons de maréchal des logis, sans pouvoir avancer, laissant traîner son sabre sur les pavés pour se faire un peu de bruit dans des rues où l'herbe pousse, et, tout dragon qu'il est, pleurant comme un enfant quand un orgue vient à jouer quelque vieil air de valse qui lui rappelle Paris. Et le beau Jules, si poseur, qui aimait tant à faire craquer ses bottes ! De quoi vit-il ? Je l'ai rencontré dernièrement dans un salon du quartier Breda ; il présentait un riche bossu à la maîtresse de la maison !

Méruel et de Tonens sont morts, morts tous deux de cette vie-là, avant trente ans. Gautherot ruiné, s'est tué. Que de vides dans notre bande, si complète et si joyeuse il y a quelques années !

Ce n'est pas qu'on ne trouve toujours de bons garçons et de jolies filles pour vous aider à passer le temps. Il n'en manquait pas, l'autre soir, au souper de Moissac; mais retrouve-t-on, avec des nouveaux venus, cet entrain sans arrière-pensée qu'on n'a qu'entre vieux amis du même âge? Et pour peu qu'on ait déjà vu vieillir ses premières maîtresses, ne sait-on pas trop ce que doit durer la jeunesse des filles qui sont là? Pour deux ou trois, assez solidement charpentées, qui pourront conserver leur beauté et leur santé assez longtemps pour arriver à la fortune, toutes doivent rester en chemin, flétries, malades et sans argent. Leur vue finit par inspirer autant de pitié que de désir, et l'on a je ne sais quelle envie de leur donner de bons conseils..., faciles à suivre en voyage, n'est-ce pas? Imbécile!

Mébillot, mon ami, ne vous déferez-vous jamais de cette manie de bénir après souper? Vous êtes ici à table, et il s'agit d'être gai dans votre coin: faites donc comme tout le monde; cherchez à vous étourdir, hurlez à froid le quadrille d'Orphée, buvez sans pouvoir vous griser; avouez ensuite, si bon vous semble, que le seul plaisir que vous finissez par trouver à ces fêtes est de sentir, en sortant, l'air vif et pur du matin, vous frappant au visage.

Au diable les idées tristes! Si l'on s'y arrêtait, autant vaudrait se retirer du monde, s'en aller prêcher le carême à Saint-Thomas-d'Aquin, ou se faire sorcier à Mabille. Ma foi, il y a vraiment des jours où l'on voudrait être au moins le Persan de l'Opéra, porter comme lui une grande barbe, une grande houppelande, et ne plus parler à personne... et ne manquer aucun ballet.

II

NOTRE PREMIER SOIR

> « S'il n'y a pas dans un homme un fond
> « de bonté qui le rende dupe, tant pis. »
> STERNE.

Il y a longtemps de cela, et je m'en souviens comme au premier jour, je revois le cabinet où nous soupions, un salon du premier étage, haut de plafond et d'assez bonne apparence. Aux murs, un papier mordoré, rouge, brun et or, à larges desseins, imitant le cuir de Cordoue; au plafond, un grand lustre de forme hollandaise à branches et à boules de cuivre; un piano, un large canapé et des chaises carrées, capitonnées en velours brun; un tapis à grands ramages, deux hautes glaces. N'eût été la petite table de dessert, chargées d'assiettes, le goût équivoque de la pendule, les patères posées le long du mur, et les noms gravés sur la glace, on eût pu se croire chez soi. Ajoutez à cela une table bien servie, nos deux couverts rapprochés de façon à nous permettre de nous asseoir sur le même canapé, l'éclat des bougies qu'elle avait fait allumer (elle ne peut souffrir la chaleur ni la lumière crue du gaz); dominant tout, le ton brun des tentures, chaud comme un fond de vieux tableau, sur lesquels son beau visage se détachait lumineux. Bref, un assez joli décor.

Comment se trouvait-elle là, seule, avec moi, pour la première fois? Peu importe. Je l'avais vingt fois rencontrée, au Bois, au bal, à quelques premières représentations; elle, toujours fière, hautaine, passant comme une reine dans les toilettes folles, et ne m'ayant jamais remarqué; moi, admirant de tous mes yeux, mais ne m'en souciant pas plus qu'on ne se soucie d'un trop beau cheval qu'on ne doit jamais monter, et n'ayant jamais éprouvé à sa vue qu'un violent désir de dire des impertinences à cette magnifique personne trop belle, trop grande et trop bien habillée.

Son nom, je ne puis vous le dire. Mais de sa beauté et de sa toilette causons tant que vous voudrez. J'ai bonheur à parler d'elle, à me souvenir des moindres détails qui la touchent, et à revivre, minute par minute, les heures de ce premier soir.

La plus belle brune que j'aie vue de ma vie; si grande, que debout tous les deux, sans que j'eusse besoin de me baisser, sa bouche se trouvait à la hauteur de mon baiser. Le cou haut et bien attaché, les épaules larges, la poitrine saillante sous la

robe sans corset, la taille fine, les reins puissants,
ondulant sous la jupe à larges plis plats. La peau,
audacieusement brune et ambrée, les cheveux noirs
ondés, drus. D'ailleurs, la beauté la plus étrange,
surtout la plus différente d'elle-même selon la disposition d'esprit. Le dédain, la froideur et l'orgueil
tout d'abord; puis, pour peu qu'elle s'animât et se
mît à sourire, la grâce la plus câline. Des yeux
gris indéfinissables, trop grands par moments dans
leur bordure de longs cils noirs, trop petits parfois,
enfouis qu'ils étaient sous deux larges paupières
aux voluptueuses saillies; le nez fin, pointu, bien
coupé, à narines frémissantes; la bouche petite,
boudeuse le plus souvent et retombant aux coins,
avec un commencement d'imperceptible moustache;
deux adorables petits mentons, les dents blanches,
petites, aiguës; aux tempes, une abondante mèche
de petits cheveux courts rejetés en arrière.

Sa toilette, sévère et un peu étrange comme elle,
et pourtant fort simple; une grande robe de velours
noir, montante et ajustée de partout, garnie de jais
et de torsades noires; tout l'effet résidant dans
l'ampleur théâtrale de la jupe collante et plate aux
hanches, mais s'évasant par derrière et traînant
comme un manteau de cour; au cou, une cravate de
dentelle blanche avec un gros diamant au milieu
du nœud; des manchettes pareilles; aux oreilles, de
petites pendilles de diamants; dans les cheveux,
trois bandelettes d'or sous un dédale de crêpés

et de frisons; le chignon haut et la nuque libre.

D'elle-même, de son caractère et de ses manières, je connaissais encore bien peu : fière et sensuelle, ces deux mots semblaient d'abord la résumer; mais, à certaine inflexion de sa bouche, à certain je ne sais quoi de voilé et d'humide dans son regard, on pressentait aussi la bonté. Quoi encore? Intelligente à écouter et à répondre; repoussant les assauts en femme qui ne s'émeut ni ne s'en choque; s'indignant, mais gentiment, des mots trop crus, et riant de tout son cœur aux bonnes plaisanteries; un charmant timbre de voix gâté par moment et rendu criard par certaines cascades volontaires, dans les notes hautes; pourtant un très grand air et une certaine tenue; ne provoquant rien, laissant venir, riant des baisers sans les éviter ni les rendre, et se défendant du surplus à merveille. Du reste, buvant sec, en connaisseuse, mais de la plus complète indifférence à ce qu'elle mangeait.

A un moment du souper, soit qu'on tardât trop à nous servir, soit qu'elle voulût se délivrer de mes étreintes, elle se leva du canapé où nous étions assis, alla se mettre au piano et joua des fragments de valses et de mazurkes, ses préférences, toutes vives, moqueuses, avec un fond de tristesse. Au premier air de valse, je tressaillis; cet air, je l'avais entendu deux ans auparavant dans une des plus tristes circonstances de ma vie, et il était resté pour moi comme le plus intime et le plus douloureux souvenir d'une affection brisée par la mort. Étrange hasard qui me gagna du coup. Au peu qu'elle pouvait avoir deviné de moi, cette charmante fille comprenait-elle que je préférerais quelque air mélancolique comme celui-ci aux bouffonneries qu'elle pouvait aussi bien me débiter? Ou bien, jouant au hasard de ses propres sensations, se laissait-elle deviner elle-même, fine, voluptueuse et triste comme cette valse?

Jusqu'à ce moment, entreprenant et libertin avec elle, je devins tout autre. Je quittai le canapé à mon tour et vins m'asseoir sur le tapis à ses pieds, mes deux bras autour de sa taille, ma tête contre ses genoux.

— Jouez encore, voulez-vous? lui dis-je en cessant de la tutoyer; et, ainsi couché, étreignant ce jeune corps dans sa robe parfumée, les yeux parfois à demi fermés, parfois la fixant longtemps jusqu'à ce que son regard rencontrât le mien, je l'écoutai. Nul désir de briller; les airs s'enchevêtraient l'un dans l'autre au gré de ses souvenirs, quittés, repris au hasard de la conversation et tous mélancoliques. Dans cet endroit de plaisir banal, dominant le bruit des plats heurtés, des chants et des éclats de rire partant des cabinets voisins, ces airs s'élevaient tristes comme des souvenirs de temps meilleurs, comme je ne sais quels regrets du passé, quelles angoisses de l'avenir.

Sort précaire en effet que le sien!
Je savais la mort récente d'un amant riche qui l'adorait et la comblait, avec lequel elle avait passé plusieurs années. Le monde équivoque au milieu duquel je l'avais rencontrée prouvait qu'elle était obligée de nouveau de tenter les hasards pour lesquels elle n'était évidemment point faite, la charmante fille! Quelle noble et fière nature je pressentais en effet dans les moindres attitudes de ce grand corps élégant, fort et souple, dans les moindres courbes de ses mains, longues et effilées, dans les mouvements hautains et lents de ce grand cou de statue! Quelles étranges profondeurs dans ses yeux parfois à demi fermés, voluptueux et doux, parfois s'ouvrant tout grands, perçants et froids! Quelle gaieté dédaigneuse dans cette bouche souriant à peine d'un côté! Quel goût d'artiste exquise dans cette toilette simple et grandiose à la fois! A sa beauté, à son langage, à sa mise, à son jeu, quelle femme complète et, ma foi, bien élevée!... Et tant de perfections pour aboutir à courir les hasards d'un souper avec le premier venu!...

Pauvre petite! à quoi bon tant d'indices d'une belle âme, dont nul de nous ne s'inquiète? Qui de nous se soucie de rien de plus que de son plaisir, et ne serait prêt à nier, pour sa plus grande commodité, cette belle âme que reflète ton beau visage? Qui de nous, blasés et fatigués que nous sommes, demande autre chose que l'oubli et l'ivresse d'un instant, s'inquiétant peu que celles qui les donnent aient d'autres besoins plus relevés?... Un peu d'affection ou de respect comme à de vraies femmes, un peu plus de souci de leur lendemain?... Quelle mauvaise plaisanterie!... Nous le voudrions, que nous ne le pourrions pas parfois. Moi, tout le premier, petite, à quoi me servirait de savoir mieux que d'autres lire en toi et deviner ce que tu vaux? Que pourrai-je autre chose que constater la valeur du diamant que je ne puis garder?... Ma vie est une bataille, et je vais, pareil au soldat qui pousse en avant dans la mêlée, sans s'inquiéter des fleurs ou des épis qu'il brise. Un instant de trêve me permet de reposer ma tête sur tes genoux; mais, demain, où serai-je? où seras-tu toi-même?... Il ne va donc falloir nous demander que ce que nous pouvons nous donner : le plaisir d'une heure, puis reprendre notre chemin chacun de notre côté. Il n'y aura là qu'une dure nécessité; il n'y aura là, chère fille, ni indifférence, ni mépris surtout. N'avons-nous pas tous deux le même sort?... N'avons-nous pas tous deux à divertir ce public qui nous paye..., et, si nous ne savons nous y prendre, le même avenir ne nous attend-il pas tous deux, toi, quand tu ne seras plus belle, moi, quand je ne serai plus drôle?

Je rêvais à tout cela, en l'écoutant, toujours couché à ses pieds; par moment, l'étreignant avec violence de mes deux bras; elle, un peu surprise d'abord, puis répondant en riant à mes caresses, et d'une main, tandis que l'autre continuait à jouer, me ramenant la tête contre elle chaque fois que je faisais mine de m'éloigner. Que j'étais bien ainsi, bercé par ces airs charmants, grisé à demi par les parfums de sa robe, remué dans tout mon être par les ondulations de son beau corps tressaillant sous mes étreintes! Je ne sais quels souvenirs lointains et profonds me traversaient l'esprit, comme un rêve oublié depuis longtemps qui, tout d'un coup, se réalisait. Dans quelle nuit fiévreuse de jeunesse avais-je entrevu déjà cette grande fille! Quel roman de Stendhal, quel tableau du Titien, quels vers de Musset m'avaient donc parlé d'elle? Dans lequel de ces keapseakes brillants d'or, présents des meilleurs jours de mon enfance, avais-je vu, pour la première fois, cette belle princesse en robe de velours?... Il me semblait reconnaître jusqu'aux objets qui nous entouraient. N'est-ce pas au dernier acte de Don Juan, que j'avais vu cette table richement servie, dans le désordre d'une fin de souper, les sièges vides, la flamme des bougies près de s'éteindre, tremblant au sommet des grands candélabres de bronze? N'était-ce pas dans un dessin de Tony Johannot ou de Devéria que j'avais vu une femme habillée comme elle, ayant un homme à ses genoux dans un haut salon sombre, la fenêtre ouverte sur la nuit, un grand rideau drapé dans un coin, les ramages de la tenture et les cristaux du lustre étincelants çà et là dans l'ombre?... Et, quand mes yeux revenaient sur elle, je la reconnaissais bien, cette belle jeune femme, qui me souriait comme ma mère me souriait enfant, et, comme son enfant, je me roulais à ses pieds, perdu dans les longs plis de sa robe, ébloui de l'éclat de ses broderies de jais illuminant le velours et les éclairs des diamants de son cou et de ses oreilles.

Vingt fois pourtant j'avais tenu dans mes bras une femme et dans un lieu pareil ; pourquoi près d'aucune n'avais-je éprouvé tout ceci ? Étais-je plus gris aujourd'hui ? Peut-être. Peut-être aussi les rêves accumulés de ma jeunesse prenaient-ils, pour la première fois, un corps digne d'eux ? Peut-être pareille à ces mouvements instinctifs, admirablement logiques, quoique prompts comme l'éclair, qui nous font reprendre notre équilibre au moment d'une chute, une passion subite s'emparait-elle de moi ? Moment d'intuition sublime, dans lequel, oublieux tout d'un coup des impossibilités et des ridicules, mon être tout entier, esprit, cœur et sens, s'élançait vers cette femme qui devait tenir tout ce que sa beauté me promettait.

Ivresse ou non, un moment vint où je n'y tins plus : pitiés, admirations, désirs, se concentrèrent en moi avec une violence telle que mes tempes battirent, ma gorge se serra, et tout d'un coup je pleurai...

A cet instant, la clef tourna dans la serrure du cabinet, je me relevai précipitamment, et le garçon entra ; c'était le dessert qu'on nous apportait. Nous nous assîmes de nouveau l'un près de l'autre sur le canapé ; elle plus câline, s'abandonnant gentiment, la tête sur mon épaule, mais nullement émue et me regardant fixement pleurer. Rien de plus sot qu'une émotion non partagée ; évidemment la mienne était peu en situation, à en juger par la surprise condescendante avec laquelle on l'accueillait ; je me vis parfaitement ridicule, et à la fin embarrassé, rageur presque, sous ce regard froid et persistant, je rejetai sa main qui serrait la mienne en lui disant brusquement :

— Mangez, mais mangez donc !

Au fait, que pouvait chercher ici cette femme ? Une affaire ?... je répugnais pourtant à le croire, tant ce souper avait été fortuit et naturellement amené, tant surtout cette femme me paraissait autre que toutes. Un caprice ? Hélas ! je voyais dans la glace mes cheveux déjà rares et mes yeux rougis ! Si pourtant cette dernière alternative eût été vraie, je me serais senti moins ridicule, tandis que ma vanité souffrait trop de la première. Pour me relever à mes yeux, je voulus alors ne voir en effet dans tout ceci qu'un caprice dont il fallait savoir profiter immédiatement et je résolus, puisque j'allais la ramener chez elle, d'obtenir le soir même de cette femme ce que dans les règles, en cas d'affaire sérieuse, je ne pouvais espérer obtenir qu'après un temps plus ou moins long de cour obligée.

Je hâtai la fin du souper et nous remontâmes en voiture. Là, je devins pressant, l'étreignant de plus près, elle riant en se débattant, ne répondant qu'évasivement, mais laissant mes lèvres rencontrer les siennes, ce qu'elle m'avait refusé jusque-là, et par moment, se dégageant avec un : Laissez-moi, laissez-moi... si faible que je me vis sûr de l'emporter. La voiture s'arrêta, nous étions arrivés. Nous descendîmes ; je sonnai, la porte s'ouvrit. Elle passa la première ; j'avais à renvoyer la voiture ; pendant que je parlais au cocher, je la vis entrer puis s'arrêter sur le seuil, et tenir la porte entre-bâillée, la tête tournée vers moi, souriant, m'attendant évidemment. Hors de moi, je m'élançai fou de joie, mais, avant que je l'eusse atteinte, la porte retomba violemment refermée, me laissant dehors, tandis que le plus joyeux, le plus franc éclat de rire que j'aie entendu de ma vie retentit à l'intérieur...

Décidément j'avais le vin maussade : au lieu de rire, je m'irritai. J'étais joué, me disais-je ! Le caprice supposé était loin. C'était donc bien une affaire qu'on avait cherchée. J'étais outré contre moi, qui m'étais encore une fois laissé prendre à je ne sais quelles sottes illusions, contre moi encore assez faible à mon âge pour me livrer ainsi devant une femme que je voyais pour la première fois, et ne pas savoir encore apprécier à leur juste valeur de tels dehors et de telles avances. En une seconde, mes visions de la soirée repassèrent devant mes yeux, ridicule mirage qui me fit hausser les épaules, m'irritant, me ravalant; la rage me prit, et pour démentir d'un mot toutes les sottises sentimentales que j'avais pu rêver ou débiter, je m'approchai de la fente de la porte, et, de toutes mes forces, je criai, comme Cambronne à Waterloo :

— Merci!

III

UNE HEURE AU BOIS DE BOULOGNE

FRAGMENT

« ... La voiture roule vers le bois de Boulogne. Il est cinq heures ; il fait beau.

« J'ai travaillé tout le jour ; je me repose avec plaisir. Et puis je vais la voir ; elle doit venir au Bois aujourd'hui ; elle sera peut-être libre ce soir. Je me laisse aller mollement dans l'encoignure capitonnée, un bras passé dans une embrasse ; le bruit monotone des roues me berce ; le bon cigare que je fume m'entoure de petites spirales de fumée qui transperce le soleil ; je suis bien.

« L'embrasure de la glace sert de cadre à un tableau mouvant qui m'amuse dans ses moindres détails. Nous tournons l'angle de la rue Royale et de la place de la Concorde. Les grandes fontaines bruissent au loin, lançant dans l'air leurs panaches blancs ; l'obélisque est doré à son sommet par les derniers rayons du soleil; les chevaux de marbre de Marly se détachent blancs sur la masse sombre des grands arbres; au loin, le palais du Corps législatif dessine sur le ciel sa silhouette de temple grec.

« Les voitures vont et viennent avec fracas; l'air poudroie; les fenêtres du Cercle abaissent leurs bannes à raies blanches et roses, et s'émaillent de jeunes gens, aux beaux favoris; sur les trottoirs, quelques carabiniers au vaste dos dominent la foule, élevant vers le ciel la chenille rouge qui surmonte leur casque d'or.

« Nous voici aux Champs-Élysées. Au pied des arbres, des gandins, artistement groupés sur leurs chaises, étalent leur cravate groseille, leurs gants cœur de chêne et leurs tiges voyantes; de grands Anglais, à jaquette courte, promènent noblement sur l'asphalte leur parapluie bien serré dans l'étui; devant eux trottinent de jolies petites Anglaises aux cheveux blonds flottant sous la toque, aux bas rouges bien tirés sur leurs jambes fines et cambrées comme celles des nymphes de Coustou. Quelques voitures reviennent déjà, ramenant des jeunes mères avec leur enfant et la nourrice, des actrices attardées, des gens mûrs ennuyés.

« Nous entrons dans l'avenue de l'Impératrice, bordée de pelouses vertes et de châteaux en miniature. L'air devient plus vif; il apporte directement des coteaux l'âcre senteur des jeunes pousses. Au loin brille déjà la grille dorée du bois. Nous y sommes. La voiture s'enfonce dans l'allée verte; en un temps de galop, elle atteint l'extrémité du lac, et nous voici dans la foule.

« C'est l'heure du défilé quotidien. Les voitures s'avancent lentement sur quatre rangs, faisant grincer sous les roues le sable de l'allée; les chevaux, contenus, piaffent et font cliqueter les cuivres des harnais; les cochers, cravatés de blanc, se tiennent immobiles, le corps droit, le fouet haut; leurs livrées éclatantes tranchent, vives et gaies, sur l'uniforme sombre des gendarmes qui, impassibles sous leurs bonnets à poil, surveillent la forêt du haut de leurs grands chevaux noirs.

« Des cavaliers saluant de ci et de là, des amazones à la longue jupe flottante passent au galop dans la contre-allée sablée; le long du lac, qui scintille derrière les troncs noirs des sapins, quelques femmes mettent pied à terre, laissant apprécier tous les avantages d'une taille et d'une démarche qu'elles ne pouvaient faire valoir, assises dans leur voiture. Ce n'est pas que, les voitures allant au pas, on ne puisse y regarder à l'aise. Les femmes n'en paraissent nullement fâchées; nonchalamment renversées sur leurs coussins, la poitrine en avant, la tête pensive et penchée, sous le jour tamisé de l'ombrelle, elles se sentent jolies : elles le lisent dans les yeux des hommes.

« Je recommande au cocher d'aller très lentement, de garder toujours le milieu de la chaussée. Elle doit être ici ; je ne veux pas laisser passer une seule voiture sans y regarder. Rien d'ailleurs ne m'amuse comme ce défilé de tant de figures de connaissance, souvenirs de plaisirs, d'affaires, de bals, de théâtres, de voyages.

« Voici, notées une à une, à mesure qu'elles passent, toutes les personnes que je connais ou que je remarque :

« Mme G... et Mlle G..., en voiture découverte. La mère est triomphante aujourd'hui : elle a le nez moins rouge que celui de sa fille.

« Julia N... Toilette vert pomme, ébouriffante. Elle venait à pied au Casino, il y a trois mois ; aujourd'hui elle a un joli coupé noir à cocher blanc. Et l'on prétend qu'on n'encourage pas les arts en France !

« Lord D..., le vieux diplomate cavalcadour. Très bonne façon en selle. A Hyde Park, comme ici, toujours fidèle aux pantalons collants gris perle, maintenus sous la botte par trois chaînettes d'argent.

« Miss Maria D..., sa fille, amazone Van Dyck. Toque noir à plumes rouges ; petit col à gros boutons d'or ; jaquette bien coupée, dégageant le cou et faisant les épaules larges. Au galop, une héroïne, au pas, une petite fille frêle, affaissée dans un petit mouvement de va-et-vient nonchalant et voluptueux... Aie! aie! aie!

« La belle Mme de C... dans sa calèche jonquille. Elle ne rit jamais : une grande douleur ou de vilaines dents.

« Mme C..., jolie, mais l'air méchant. Les yeux clairs et les dents pointues. Chatte et vipère, cette petite femme-là doit détester celui qu'elle aime.

« Une députation de l'Académie impériale de musique (danse), suivie d'une députation de l'Académie des Bouffes-Parisiens (chant). Quel dommage, on ne voit pas les jambes!

« Le gros F... s'étalant seul dans la voiture de C... Un homme bien précieux à dîner. Il parle et mange de tout.

« La jolie Russe de Bade.

« L'affreuse Mme de Z..., tirée à quatre cheveux. Mais quelle jolie toilette blanche! Une chenille dans une rose mousseuse.

« Ce brave général E... conduisant sans prétention son bel attelage. L'air d'un homme venu pour faire là comme tout le monde, mais auquel tout cela est bien égal. S'il osait, comme il en *sécherait une!*

« Un petit *chienchien* inconnu. Rien que des yeux; bandeaux plats ramenés très bas sur le front; grandes brides cerises. En passant devant moi, pourquoi a-t-elle ajusté la passe de son chapeau, comme une femme décontenancée? Je ne lui ai pourtant jamais rien fait. — Y songer.

« Mlle S... l'ingénue. Grande calèche découverte tendue de ponceau. Fortune trop rapide. Chapeau vert, mantelet rouge, robe bleue! Krrr!

« Ce grand fat de C... Il n'est pas mal sur son nouveau cheval. Mais, à pied, il manque d'esprit, comme dit Dalila. Encore un qui, parce que son grand-père a été piqueur chez le prince de Condé, s'imagine descendre des Montmorency. Par les chiens?

« Une belle jeune fille avec sa mère. Quels yeux! Si j'épousais une femme qui eût ces beaux yeux-là, je lui ferais porter des lunettes bleues.

« Elle n'est point encore ici; en l'attendant, je continue de noter un par un les gens qui défilent.

« Le gros M. L... et la grosse Mme L... à cheval pour combattre l'embonpoint. Ils ont fort à faire.

« L'adorable duchesse blonde qui cirait une botte dans la revue des Délass. Com. Toilette lilas d'un tendre! Large peigne d'or étincelant.

« Cora B..., une ancienne. Elle n'a pas eu l'air de me reconnaître. Comme si on n'avait pas su lire dans son cœur. J'y ai même laissé ma canne.

« Jules sur *Flora*, la jument d'Ernest. Il salue trop, mais il a un si joli coup de chapeau à la cavalière!

« Mlle D..., cette horrible jolie blonde qui cherchait fortune cet hiver à l'Opéra. Une beauté au-dessus du ton : les yeux trop noirs, les lèvres trop rouges, la peau trop blanche. Tiens! elle n'a plus la même mère que l'année passée.

« Les Incas et leur fille. Elle serait jolie, cette petite Montezuma, si elle n'était pas si riche. Je lui ai vu au bal une robe lamée d'argent massif, garnie de dix-huit volants de billets de banque ruchés, et des lingots d'or dans les cheveux. Mais qu'elle est bien en amazone!

« Mme de N..., belle brune impassible. Le « front stupide et fier » de la Vénus de Milo; passions violentes comprimées. Au seizième siècle, elle eût fait assassiner ses amants, au dix-neuvième, elle se contente d'engraisser.

« Z... « l'acteur aimé du public » dans un milord découvert. L'air d'un homme qui se montre au peuple à 2 fr. 25 l'heure : une barbe en train de pousser et des gants trop frais.

« La vieille baronne D... dans sa voiture à tabatière; encore des roses sur l'œil! Le bon cocher en garde-française.

« La petite R...; la jolie brune du Palais-Royal. Que nous avons donc l'air mélancolique, aujourd'hui! Nos bottines nous feraient-elles souffrir?

« La belle P..., une vraie Italienne : beaux cheveux noirs, grand cou, larges épaules; un Titien authentique malgré quelques repeints.

« Le vieux prince K... conduisant le dernier des cabriolets. Regard étrange : c'est un artiste; sa barbe bien teinte, sa perruque bien ajustée, son rouge bien mis, il a encore l'air vivant.

« M. V... et sa fille, la petite suédoise blonde du bal des C... Qu'elle était jolie dans sa pelisse de satin vert brodée de cygne blanc! Et qu'elle riait de bon cœur quand, en venant chercher sa musique dans le petit salon, elle m'y surprit en train de rajuster mes guêtres d'Espagnol qui me retombaient toujours sur les pieds en dansant! Son père me rend mon salut; elle détourne la tête pour cacher une toute petite envie de rire. Maudites guêtres!

« Émile de T... conduisant son dog-cart. L'air grave et pénétré d'un homme qui porte d'aussi grands favoris. Il se sent trop beau, il effleure à peine les femmes du regard, il leur ferait trop de mal en insistant. Quelle différence avec ce joli petit bêta de K..., assis à côté de lui sur le siège, l'air tout étonné de se voir des moustaches sous le nez et d'être regardé par les femmes.

« La jeune comtesse de S... Tous les yeux sont fixés sur elle et la suivent jusqu'à ce que sa voiture ait disparu. C'est comme à l'Opéra : dès qu'elle est entrée dans sa loge, on ne voit plus qu'elle dans la salle. De jolis gestes de la main jouant dans ses cheveux bruns; des ondulations de cou et d'épaules pour faire glisser encore plus bas une robe déjà trop échancrée; cherchant et bravant les regards, par cet air de défi à tout oser, qu'inspire une haute fortune, jointe à la saveur de l'honnêteté. Est-ce une rouée? Est-ce une étourdie? Toujours est-il qu'elle est trop belle; ça vous fait froid dans le dos.

« Ah! un cocher brun à revers bleu de ciel. Voici enfin l'idole de mon âme. Elle m'a vu. Elle a mis son petit doigt dans le coin de sa bouche, signal convenu pour me dire qu'elle sera libre ce soir. Tout va bien.

« Je dis à mon cocher de prendre une allée de traverse et de rentrer droit à Paris.

« Singulière fille! son monsieur est beaucoup mieux que moi; les plus belles moustaches et les plus jolis favoris de rifleman qu'on ait jamais vus... Après tout, on ne peut avoir envie que de ce qu'on n'a pas.

« Qu'elle était jolie dans ses dentelles noires!... Et quel regard elle m'a lancé! Un joli acompte pour ce soir... Malheureusement, bête comme un petit chou... Mon père me dit bien que j'ai tort de n'aimer que des femmes de cette sorte... Bah! c'est peut-être le meilleur moyen de conserver mes illusions sur les autres. »

Là s'arrêtaient les notes du jeune Mébillot. Son carnet ne contenait plus d'autres renseignements sur l'emploi de sa soirée que ce fragment de dépense :

Dîner au Cercle. . . . . 8 fr. »
Souper. 78   50

IV

LETTRES DE FEMMES

I

A MONSIEUR HENRY MÉBILLOT

« Ne pourriez-vous donc, monsieur, faire une visite rue d'Aumale? Ce serait simplement poli et je vous verrais. Vous m'avez si peu habituée à faire ce que je vous demande, que j'ose à peine espérer que vous voudrez bien vous déranger demain.

« La coquetterie me retient un peu; je suis toute brûlée du soleil; je suis affreusement laide! Je me désole; j'ai besoin de tous mes avantages pour revoir Monsieur Henry.

« Que je m'ennuie! que je suis triste! Il me semble que je viens d'éprouver un grand chagrin. Je ne puis penser qu'à vous; vous revoir me remettra; je suis malade depuis quelque temps. Tiens, mon cœur déborde, je t'aime de toute mon âme; je suis lâche de te l'avouer encore; je me méprise moi-même!

« Pardon, je suis folle, mais bien malheureuse ; prends pitié de moi ; que je te voie un instant seulement demain. Réponds-moi de suite. »

DE LA MÊME AU MÊME

« Combien j'ai été heureuse de te revoir hier ! Mille tristes pensées m'étaient venues ! Ta vue a tout chassé ! C'est que je t'aime plus que je ne puis te le dire, et plus que tu ne pourras jamais le comprendre. Mais nous nous voyons trop peu ! Quel bonheur, cet été ! je pourrai aller passer près de toi tous mes après-midi ! Je tâcherai d'être tranquille et silencieuse ; mais il faudra me récompenser ! Je prendrai mon ouvrage, et tandis que vous travaillerez pour de bon, moi, je ferai semblant et je vous regarderai ; cela sera si bon ! Les belles journées ! Nous aurons des fleurs autour de nous ; je t'apporterai des lilas de mon jardin, et nous nous aimerons bien !

« Adieu, je t'aime plus que ma vie, et pourtant je suis une vilaine coquette ; tu le dis, méchant ! »

DE LA MÊME AU MÊME

« Oubliez-vous celle qui pense à vous sans cesse ? Que devenez-vous ? J'aurais voulu vous envoyer ce petit ouvrage, *fait par moi*, pour la Saint-Henry. Je n'ai pu. Je profite de ma sortie pour vous faire parvenir ce souvenir. Puisse-t-il vous empêcher d'oublier tout à fait celle qui vous aime toujours de toute son âme. »

DE LA MÊME AU MÊME

« Laissez-moi, monsieur, vous gronder un peu, beaucoup même, de votre peu d'empressement à faire ce que je vous demande. Il vous eût coûté si peu de m'écrire quelques lignes ! Pourquoi encore ne jamais venir de mon côté dans vos promenades ? Je suis bien ennuyeuse, n'est-ce pas ? Que voulez-vous ? Je n'ai qu'une excuse, c'est que je vous aime et que je suis bien malheureuse.

« Je vous en conjure, soyez franc. Dites-moi si vous m'aimez, oui ou non ! Peut-être, en me voyant si gaie et si folle, m'avez-vous jugée autre que je ne suis ? Maintenant, je ne suis peut-être plus celle que vous aimiez ? Depuis que je vous connais, je suis tout à fait transformée ! Tout le monde me demande ce que j'ai. Le soir, seule, je me mets au piano, je pense à vous et je pleure.

« Hier, monsieur, vers les quatre heures, j'ai eu le bonheur de vous voir au coin du boulevard et de la rue de la Paix. Mon émotion a été si forte que j'ai cru que j'allais tomber. Comment ne m'avez-vous pas vue ? Cela m'a donné un peu de courage. J'ai été souffrante toute la journée ; j'ai hésité à vous écrire jusqu'à présent. Non, c'est plus fort que moi, il faut absolument que je vous voie. »

DE LA MÊME AU MÊME

« Votre pensée me poursuit tellement que je ne sais plus que devenir. Pardonnez-moi donc, je vous en supplie, si je viens une dernière fois vous importuner. J'ai déjà trop souffert de votre silence, de votre indifférence, de toute votre conduite à mon égard. Toutes mes lettres sont restées sans réponse, toutes mes prières ont été repoussées. Pauvre Louise, qui croyais qu'en aimant beaucoup... Enfin je ne vous en veux pas. Votre vie trop occupée ne pourrait disposer d'un moment pour moi.

« Henry, il me semble que si je vous voyais une dernière fois, je souffrirais moins; je ne vous dirais pas un mot; mais laissez mes yeux vous contempler à mon aise; ils ont tant pleuré en pensant à vous, qu'il faut avoir pitié d'eux, pitié de la pauvre Louise! Au nom de mon amour, au nom du vôtre, qui, hélas! n'a duré peut-être qu'un seul jour, venez demain; je vous verrai une dernière fois. Je ne vous tourmenterai plus ensuite; quelquefois, de bien loin, je tâcherai de vous voir. Je pleure tant que je ne puis continuer. Pardonnez-moi, je vous aime malgré tout. »

D'UNE AUTRE AU MÊME

« Mon bon petit ami, vient ché le coifeur à midi et demi précisse, je t'attan.

« Ton Alice qui t'aime. »

D'UNE AUTRE AU MÊME

« Petit ami chéri, si tu savais combien je me trouve ennuyée ! j'ai un grand service à te demander, moi qui ne voudrais te demander et te donner que des baisers ; oui, petit chéri, je viens t'importuner ; je crois t'avoir fait part de l'achat d'une maison, mais, pour avoir cette maison à moi, je dois payer cinq mille francs ; n'ayant point cette somme, j'ai fait des billets, et voici qu'il m'en vient un mardi à trois heures ; il est de quatre cents francs, et je n'ai chez moi que deux cents francs ; je ne pensais plus à ce billet ; ensuite, c'est un mois bien désagréable, le mois du terme ; mon Dieu, si la personne que tu sais était là, je n'aurais point le chagrin de venir t'ennuyer. Cher ami, si tu peux me rendre le service de me prêter les deux cents francs qui me manquent, tu me rendras un bien grand service.

« Mille gros baisers. »

D'UNE AUTRE AU MÊME

« Tiens, Henry, te voilà donc revenu à l'horizon ! — Je te croyais mort, et je disais : Il a vécu ce que vivent les roses, — l'espace d'un matin. Plaisanterie à part, tu es un vrai monstre de m'avoir laissée si longtemps sans réponse, mais je suis un peu habituée à ne pas m'effaroucher de tes caprices.

« Je ne pourrai te voir mercredi, j'ai un grand dîner ; mais viens donc frapper à ma porte un jour que tu seras libre.

« Soyons bons amis, mais prenons-nous *l'un et l'autre* pour ce que nous sommes. Je t'embrasse. »

DE LA MÊME AU MÊME

« Est-ce que vous coucheriez en ville, oh ! mon ami, que l'on ne peut jamais vous rencontrer dans la matinée ? Ceci n'est pas très clair. Franchement, tu tiens bien peu à me voir. Enfin, adieu, et à toi quand même. Je t'écris dans le bain ; pardonne-moi mon griffonnage. »

DE LA MÊME AU MÊME

« Mon cher Henry, — il ne m'a pas été possible de répondre à ta lettre plus tôt, car j'étais sous l'impression de *ta mauvaise humeur*. Je voulais attendre d'être un peu calmée pour te répondre plus sérieusement. — Dans le commencement de notre liaison, je t'ai trouvé si insouciant, si peu désireux de m'être agréable, que je me défiais de mon exaltation pour te juger. — Mais, quand je t'ai vu persister dans ton système d'indifférence et d'enfant gâté, je me suis arrêtée tout court. — Il n'y a point ici de caprice. — Dans l'espace d'une heure, tu as détruit bien des illusions. — Je m'étais fait avec toi une vie de bonheur, de consolation, — *tu as voulu chercher à me croire, tu m'as froissée,* n'en parlons plus. — Revenir sur un rêve détruit est impossible. Je te verrai toujours à l'Opéra, — je te verrai toujours sur ce banc en face de mes fenêtres, je te verrai encore la première fois très ému, — et puis tout sera fini.

« Adieu, Henry ! »

LA SEULE LETTRE DE LA HONGROISE

« Montez ! »

D'UNE AUTRE AU MÊME

« Rappelez-vous que vous m'aviez autorisée à venir chez vous ; je ne croyais donc pas être importune en entrant malgré votre défense. Je m'étais levée très matin pour vous voir ; et, si j'ai eu le tort de forcer votre consigne, n'en accusez qu'une affection naissante pour vous.

« Allez, allez, rue Notre-Dame-de-Lorette, chez *vos ex-gardeuses de dindons ;* vous autres, jeunes gens, vous n'établissez aucune différence, et du moment que la soie Pompadour recouvre ces filles sans cœur, vous tombez aux pieds de la fille de votre concierge.

« Dormez donc en paix, je vous jure que je n'irai plus troubler votre sommeil agité ; je suis assez punie, puisque vous m'avez dit que *je vous ennuyais*, ce qui n'est pas beau pour un jeune homme bien élevé. »

LA PREMIÈRE D'UNE AUTRE

« Je suis horriblement souffrante, mon cher Henry; j'ai pris le lit hier, une heure après votre départ, et je ne l'ai pas quitté depuis. Si vous saviez avec quelle impatience j'attends l'heure de vous voir demain! Vraiment, Henry, je vous aime bien. J'ai vécu depuis hier avec le souvenir des si courts mais si bons moments que nous avons passés ensemble. Je suis toute heureuse de penser que j'ai pu ramener le sourire sur vos lèvres. Vous êtes arrivé si triste; vos grands yeux que j'aime tant, mon Henry, étaient pleins de larmes, et vous m'avez quittée emportant un peu de joie au cœur. Vous m'aimez donc un peu, Henry? Prouvez-le moi en venant demain de bien bonne heure. Vous me l'avez promis. Faites qu'une fois au moins je puisse croire que vous avez une parole. Vous pouvez compter sur la mienne quand je vous dis que je vous aime du plus profond de mon âme. A midi, n'est-ce pas? »

SA DERNIÈRE

« Vous avez tort si vous pensez que je doive vous faire quelque reproche, je suis trop souffrante et trop indifférente à tout pour prendre la peine de vous dire la moindre chose désagréable.

« C'est sans humeur, sans bouderie, sans la moindre amertume que je viens vous prier de me renvoyer mes lettres. Je les *veux* comme je *sais* vouloir. Celle-ci est la sixième. Je tiens les vôtres à votre disposition. »

CONGÉ DE L'ANGLAISE

« Dear sir. — I write to prevent your calling here to morrow. You will not come untill you hear me again. »

D'UNE AUTRE AU MÊME

« Nos visites sont tellement émaillées d'explications, qu'il faut croire que j'en perds la tête, puisque j'ai mis dans ma poche le paquet de cigares que vous m'aviez donné à tenir. Vous avez dû le chercher. J'aurai donc le plaisir de vous le reporter.

« Je m'arrête. — Comment finir ma lettre ?

« M'aimez-vous et tenez-vous à ce que je vous aime ? Que je le sache carrément, et autrement dit qu'avec votre petit ton sucré, parce que si vous ne le pouvez pas ni ne le désirez, il est inutile que je m'avance à vous dire toutes les tendresses que vous pouvez m'inspirer. »

DE LA MÊME AU MÊME

« Merci d'avoir fait le premier pas. Il en reste à faire : c'est à mon tour. Quand j'ai reçu votre lettre, je n'y comptais plus : j'en ai été heureuse. Aussi, ne trouvant pas qu'une réponse par écrit suffisait pour de si bonnes paroles, j'ai voulu vous voir.

« Voyez ce que c'est que de me parler avec tendresse, je ne sais plus ce que je fais de ma fierté. Vous avez souhaité savoir ce que je désire le plus. En ce moment, c'est de vous embrasser, et le plus tôt possible. »

DE LA MÊME AU MÊME

« *Jeudi.* — Après avoir beaucoup réfléchi, mon bon Henry, je ne sais comment il se fait que j'ai encore envie de vous voir. Trouvez-vous ce soir, à huit heures, rue de Martignac, devant l'église. »

« *Vendredi.* — Oui. »

« *Samedi.* — Oui, j'irai. »

« *Lundi.* — Je suis de retour ; et vous ? »

« Ne m'attendez pas, Monsieur : mon extrême désir était de vous être complètement agréable, mais par malheur je n'y réussis en rien. Je dois donc être raisonnable, ne m'en prendre qu'à moi de si peu vous plaire et me punir en me privant de vous voir — avant que de guerre lasse vous ne le fassiez vous-même, ce qui ajouterait une humiliation à la peine que j'en éprouve. »

D'UNE AUTRE AU MÊME

« Pourquoi donc ne m'écrivez-vous pas, vous qui n'avez pas de confitures à faire ? »...

II

Ces vieilles lettres m'ennuient décidément à relire. A quoi bon remuer ces cendres de mon passé ? La chanson est toujours la même : un peu, passionnément, plus du tout ! En trois lettres on en voit la farce ! A quoi bon continuer ? Elles me semblent si banales aujourd'hui ces pages, si brûlantes jadis quand je les lisais au grand soleil de ma jeunesse ! Je fais là une phrase ; du diable si jamais je m'en suis soucié plus que de cela. Tout au plus éprouvais-je un peu d'émotion vraie en recevant la première lettre d'une femme, mais les suivantes chatouillaient à peine ma petite vanité.

Était-ce ma faute après tout ? Pourquoi les

femmes mentent-elles tant ? Pourquoi ne tiennent-elles jamais ce qu'elles promettent ? Pourquoi si mobiles, si insaisissables, toutes d'apparence et de premier moment ? Toujours prêtes à s'éteindre comme un lampion après la fête ? Divines de face, bêtes de profil ? Et toutes les mêmes ! A quoi bon leur demander autre chose que l'illusion et le plaisir d'un moment, puisqu'on finit toujours par retrouver chez toutes la même irritabilité de nerfs, la même exaltation factice, la même attente de l'impossible, la même incohérence d'émotions, à vous donner plaisir à les faire rire d'un œil et pleurer de l'autre ?

Est-ce bien vrai cela ? Beauté, n'es-tu donc qu'un nom ? N'es-tu qu'une froide combinaison de la nature, qu'un appât calculé pour nous amener à des fins toutes matérielles ? Un beau visage ne serait-il pas plutôt le rayonnement d'une belle âme ? d'une âme, mine de diamants inaccessible, dont nous aimons mieux nier les trésors enfouis que de nous donner la peine de les conquérir ?

Osons donc l'avouer : l'éclat du diamant nous attire, mais nous reculons devant l'effort à faire pour nous en assurer la constante possession. Pour nous, le plaisir cesse dès que le devoir commence, et nous aimons mieux croire qu'il n'y a rien au delà, parce que nous n'avons pas la force d'aller plus loin.

Un air entendu à l'improviste sur quelque lointain

piano nous saisit, et nous charme : joies folles ou tristesses infinies s'envolent du clavier sous les doigts émus de la musicienne inconnue ; et ce même air nous devient insupportable joué près de nous, par la même musicienne pourtant ; nous n'entendons plus que le désagréable cliquetis de ses bracelets ; nous ne songeons qu'à tourner la page et qu'à ne pas oublier de passer demain chez l'accordeur. L'air au loin, c'est le plaisir ; l'air près de nous, c'est le devoir. Un égoïste ne goûtera que le premier ; un honnête homme s'estimera heureux du second, parce qu'il aimera de sa femme jusqu'au bruit de ses bracelets.

Toi, Mébillot, tu as fait comme tant d'autres, tu as aimé la musique et jamais la musicienne. Quand la pauvre créature a voulu s'attacher à toi, tu n'as su que ricaner.

Et maintenant que l'âge est venu, les musiciennes t'ont planté là, et elles ont bien fait.

Au diable! n'est-il pas d'autres joies que celle-là ? Ne puis-je me marier? Pas de si tôt ! Tu sais trop encore ce qui t'attend et ce que tu mérites. La famille? Elle m'endort. Les amis ? Mariés presque tous et se souciant peu de te revoir. Oublier, s'étourdir? Souper me fait mal, la valse m'essouffle. Le repos, la campagne? sans femme? Ai-je assez fait de mots là-dessus ! Les livres? Je les ai en horreur ; je hais surtout ces poètes, et Musset le premier, pour n'avoir jamais su chanter que la jeunesse et la beauté, comme si l'on n'avait plus qu'à se tuer quand on a plus ni l'une ni l'autre ! La musique ? Malheureux ! est-il un motif d'opéra, une phrase de valse qui n'évoque en toi quelque charmant et douloureux souvenir, si douloureux parfois que tes tempes battent et que ta gorge est brûlante ?

Ah ! bourgeois dont j'ai ri, qui gagnez le pain des vôtres, braves pères qui ne vous inquiétez guère s'ils sont rares et blancs, ces cheveux à travers lesquels votre enfant passe sa petite main en vous câlinant, que vous ririez à votre tour si vous assistiez à cette ridicule agonie d'un homme inutile qui ne sait pas vieillir, qui chaque matin compte ses cheveux avec une stupeur toujours renaissante, et fait la grimace au miroir pour se trouver moins laid ensuite !

Et vous, chères femmes, créatures divines sur lesquelles j'ai piétiné, moi qui aurais eu honte de marcher sur un morceau de pain, pardonnez-moi ! Pauvre folle qui m'apportais des lilas et manquais de tomber à ma vue (quelle dérision !), et toi la jolie ébouriffée qui m'aimais et m'attendais chez le coiffeur, et toi pauvre fille qui me demandais si piteusement un petit service, et toi *que j'ai voulu essayer de croire* (voyez-vous aujourd'hui quel mignon d'enfant gâté !), et la Hongroise, et l'Anglaise, et l'Allemande aux confitures, et toi la belle fille aux cigares, qui m'apparais encore comme au premier jour, venant à moi frissonnante, vision blanche sur le satin rouge de la chambre ; toutes vous êtes vengées ! Ce Mébillot qui jeune s'est joué de vous, le voilà aujourd'hui abandonné de tous et de toutes, vieux, laid, chauve ridicule et lâche, et bête à vous aimer plus que jamais.

V

AU BAL DE L'OPÉRA

I

... On est bien ici. Dans le va-et-vient des dominos froufroutants, notre loge reste embaumée de parfum de femmes. L'atmosphère, renouvelée par les deux lucarnes ouvertes, se maintient tiède et repose des couloirs torréfiés. A travers une de ces lucarnes, je regarde vaguement, attendant je ne sais quoi, heureux d'être là avec des amis dans cette joie et cette lumière, laissant venir, presque grisé des senteurs de ces chignons embaumés et de ces chairs nues qui passent à portée...

... L'orchestre invisible gronde au loin ; des bouffées de valses, tantôt langoureuses, tantôt précipitées, nous arrivent à travers les lazzis des masques pressés dans le couloir. Un grand diable tout vêtu de drap d'or déchiqueté, agitant sa crête de coq et ses longues basques d'incroyable, tient tête aux habits noirs qui le harcèlent en riant. Chaque femme au passage est happée par lui, étroitement pressée et embrassée. Quand un cavalier fait mine de se fâcher : A vos ordres ! dit l'incroyable, et il tend à l'offensé une énorme carte où se trouve un prospectus de sommiers. Chacun a reçu la sienne autour d'eux, et tout le monde de rire si le nouveau venu prend mal les choses...

Des deux escaliers surgissent à chaque minute des arrivants un instant éblouis... Plus épaisse encore, la foule glisse avec peine, forçant aux étreintes et poussant aux baisers sur tout ce qu'on rencontre au passage.

... Sombres dominos, dont les deux yeux de cagoules brillent inquisiteurs, luttant d'éclat avec les deux diamants des oreilles : fraîches bouches et blanches peaux rendues plus fraîches et plus blanches encore par le noir profond des velours. Sous l'ample sarrau de satin bouffant ou sous la longue mantille qui les enveloppent de la tête aux pieds, qui sont-elles ? Andalouses d'un soir, sphynx d'une nuit, pas une qui ne me fasse un peu la cour !... Qui es-tu, toi qui entr'ouvres la porte de la loge ? Tu me prends les mains, m'écartes les bras, et viens en riant t'étendre sur ma poitrine... Il y a du vrai dans les sornettes que tu me contes en dissimulant ta voix par un fausset enfantin... Ah ! je te reconnais !... Hier, tu passais à son bras, et tes yeux fixes me dirent tant de choses, que j'en restai bêtement décontenancé et te laissai remonter dans ta voiture, n'y pouvant croire. Tu m'avais entendu parler, quelques jours auparavant, du bal de ce soir, et t'y voilà... Pour moi ???... Tu ris, petite, et ne dis mot... mais ta gorge qui me frôle, ondule et se soulève en remous précipités ; tes genoux emprisonnent ma jambe, tandis que tes lèvres entr'ouvertes restent longtemps, bien longtemps sous les miennes... Ah ! sot que je suis ! Là, tout à fait au coin de sa bouche, une dent de moins !... Tu n'es pas elle, va-t-en !... Non, reste... Vois l'état où tu m'as mis !... Mon cœur bat, ma parole !... Qui sait si je ne t'aimerais pas plus qu'elle, petit démon muet maintenant et tout interdit... Qui peux-tu être pour m'avoir dit tout cela ?... Tes petites mains serrent toujours les miennes... Veux-tu ce soir ? Es-tu libre ? Dans une heure ? — Soit... ici même... à tout à l'heure... — Et la porte de la loge se referme...

— Viens donc ici ! crient mes amis. — Accoudés sur le velours du devant de la loge, ils regardent dans la salle. J'approche, on commence un quadrille. Au-dessous de nous, des hauts panaches ondulants dominent le tourbillon bariolé ; casques ailés étincelants, dolmans flottants, deux dragons fantaisistes à gantelets, la poitrine et les bras nus, lancent de ci et de là leurs jambes nerveuses moulées dans la peau de daim et haut bottées. De leur côté, deux femmes, l'une commune, en pêcheur de fantaisie, le corsage fermé et montant ; l'autre, un chef-d'œuvre !... une sorte de petit page ; mignonne et grassouillette dans son corselet collant de velours noir à revers de satin, échancré en cœur très bas et sans manches ; les hanches puissantes, la cuisse pleine et la cheville fine, emprisonnées dans un maillot de soie bleue ; des bottines de satin bleu à bouffettes ; sur ses longs cheveux blonds, laissés tout à fait flottants, un tout petit calot de velours noir à aigrette bleue et noire ; au cou, deux rangs de perles très serrées, en collier de chien.

Une fois vue, impossible d'en regarder d'autres. On ne la quitte plus des yeux, et elle le sait bien ; mais son impudeur ne paraît plus que rayonnante franchise et confiance triomphante. La petite merveille va, vient, faisant tout voir... Son vrai tort eût été d'en rien cacher. Et tout cela souple, alerte, élégant, et pas un instant en place. Au repos, elle piaffe ; en action, tout s'ébranle ; bras tordus au-dessus de la poitrine cambrée et saillant en avant ; jambes lancées, tantôt tendues ou jetées haut... tantôt fléchissant sous le poids des hanches singulièrement ramenées de côté et comme tressaillantes... Tout se dit ainsi : prélude et pâmoison suprême... Instinct ou science du plaisir, ce petit être libertin a combiné là le cancan, la cachucha, la pyrrhique des courtisanes antiques et la danse du ventre des Égyptiennes.

La foule, attroupée, bat des mains, hurlant : *Bis !* Mais le quadrille est fini. Nous faisons signe à la petite de venir nous trouver. Elle a, du reste, bien remarqué notre loge ; à chaque prouesse, elle a regardé de notre côté pour s'assurer que nous n'en perdions rien. Dans ce manège, ses yeux ont rencontré les miens plusieurs fois.

Au lieu de passer par l'escalier de sortie et de gagner la loge par les couloirs, elle dit un mot au dragon, son cavalier : il l'enlève de terre, la met sur ses épaules et nous l'amène. Un de nous la prend sous les bras, la fait passer par-dessus la balustrade ; elle est à nous.

Nous l'entraînons au fond de la loge, sur le petit canapé. Assaillie par tous de gestes, de paroles et d'offres de souper, elle se défend gentiment, et toujours riant, elle se laisse facilement ôter son masque, rajustant à la dérobée, devant la glace, ses longs cheveux blonds qui retombent sur sa figure à chaque mouvement. Elle est vraiment jolie ; la tête de son corps : ronde, pleine, presque enfantine ; lèvres épaisses ; deux vrais yeux de chatte, clairs, limpides, dilatés et comme indifférents à tout.

Nous voilà les meilleurs amis du monde : elle, riant, croquant des bonbons, défaisant un gros bouquet pour en parer nos boutonnières ; nous, toujours de plus en plus pressants. A la fin, comme lassée de tant d'instances :

— Laissez-moi, dit-elle. — Et s'écartant un peu

pour nous regarder l'un après l'autre : — Je ne veux souper qu'avec celui-là!...

Et, me prenant par le cou, elle me fait asseoir auprès d'elle.

Au fond, on n'a tenu qu'à la voir d'un peu plus près. On me l'abandonne sans trop de difficulté.

— On ne croit pas que je quitte le bal si tôt, me dit-elle. Allons-nous-en de suite, sinon on sera revenu devant la loge et on m'empêchera de partir.

Sa fourrure prise au vestiaire, nous montons en voiture, le domino brèche-dent tout à fait oublié.

En entrant chez moi, un froncement de sourcils. Le sombre et le solitaire de cette grande chambre à sévères tentures de velours rouge encadrées d'ébène, à peine éclairée par la lampe que le domestique élève pour nous guider, dépaysent un peu la petite. Évidemment, elle regrette la Maison d'Or ou le Café Anglais.

Le temps d'allumer les bougies de deux candélabres, de ranimer le feu, de dresser une petite table avec deux couverts, un formidable pâté de gibier et deux bouteilles dans leur seau, et il n'y paraît plus.

— C'est gentil chez toi, dit-elle.

Et la voilà gaiement installée à table. De temps à autre, elle se lève pour fureter partout dans la chambre, fouillant les vide-poches sur la cheminée, essayant les fauteuils, s'étendant sur le lit très bas, qu'elle trouve très commode. Entre deux baisers, elle va lorgner un vieux tableau, une grande nudité italienne, et revient me prendre la main et me faire comparer.

Du milieu d'un trophée de fouets et de cravaches, elle décroche un frontail hongrois : rattachées par un arc de cercle, ce sont deux larges rondelles émaillées de noir, cerclées d'or, garnies de turquoises et d'améthystes, une longue floche de soie bleue mêlée de fils d'or pendant de chaque côté. Sur ses longs cheveux relevés net aux racines, la voilà qui pose cet étrange caparaçon formant couronne... Ah ! l'amour de petite princesse bizarre !...

Encore cinq minutes de grignotage, deux ou trois coupes de moët, et la voilà tout à fait bien... Étendue à mes côtés, ou sur mes genoux, elle parle, parle, les yeux brillants, la joue allumée, riant en s'écoutant :

— La drôle de chose de me voir ici !... Gustave m'attend, j'en suis sûre... Mais j'ai tant entendu parler de toi ! j'ai voulu te connaître... Et puis ce soir tu avais ta petite moustache si drôlement hérissée et l'on voyait ta peau sous la batiste de ton plastron...

Je la laisse dire, aimant mieux regarder que parler en buvant...

Elle est si jolie ainsi, à travers la fumée de mon cigare !... Les bretelles du corsage ont été rejetées, et les épaules et la gorge nues émergent du velours noir, blanches et mouvantes ; le moindre geste, le moindre éclat de rire s'y prolonge en soubresauts voluptueux ; les cheveux ainsi relevés et retombant épars de chaque côté la font sauvage, plus à l'état de nature encore, et ce diadème oriental sur ses cheveux blonds, ce corsage velours noir et satin bleu retombant la laissent pourtant en toilette... Qui est-elle réellement? Vision palpable, tableau vivant, je ne sais plus... Ces chairs blanches, ces couleurs vives... ces caresses... Suis-je gris ?... Bizarre créature nue, et pourtant parée, qui es-tu ? Ève ou la reine de Hongrie ?... Que m'importe !... Si le bonheur est l'oubli, il est ici, dans tes bras charmants qui m'attirent, dans ton corps souple, tressaillant sous mon étreinte, dans ce seul mot dit par toi dans un baiser :

— Viens !...

II

Quelle singulière idée j'ai eue ce soir d'amener mes invités au bal de l'Opéra !... Tout ce monde sent horriblement mauvais : friperies de louage, parfums de toilette douteux, cela rappelle les mauvais lieux et les magasins d'accessoires des figurants de boulevard. Une chaleur accablante : les narines s'en bouchent, le sang vous en monte à la tête, et sous le chapeau les frisures s'aplatissent, s'écartent et ruissellent en mèches piteuses... Au diable la corvée ! Piloter ici deux Prussiens, deux officiers supérieurs, aussi raides que leur grade, et parlant à peine français !... Notre loge est le refuge de tout ce que les autres ne veulent pas... Ah ! pourtant, en voici deux qui entrent, assez présentables... gros diamants de côté sur une tignasse rouge, belle poitrine en avant, gants à douze boutons... et sa compagne à l'avenant : de la vraie guipure, et grande à n'en plus finir... Mes deux Prussiens dignes semblent se consulter et rient niaisement dans leurs grands favoris... Je prends les deux belles par la taille, une sous chaque bras.

— Tiens, dit l'une, ce n'est donc pas ici la loge du Jockey ?... Laisse-nous nous en aller, alors, mon gros chat !...

Et les voilà parties...

Son gros chat... son gros chat !... Certainement, je prends un peu de ventre ; mais, enfin, cela ne se voit pas encore à ce point... Ernestine ne m'en a pas fait apercevoir en me revoyant tantôt... C'est une manière de parler de ces femmes... A propos d'Ernestine, elle ne vient guère... Elle me l'avait pourtant bien promis, et devait amener à tout hasard deux amies pour ces messieurs... Je serais fort embarrassé sans elle. Je suis décidément un peu rouillé et ne connais plus aucune de ces filles-là... Deux heures et demie !... Il va falloir prendre un parti et n'importe quelle femme... Nous ne pouvons pourtant pas souper entre hommes... c'est indécent... Dieu! que je m'ennuie!...

— Ohë! l'encadré!

Je crois qu'on se moque de moi ; voilà une heure que, par contenance, j'ai la tête dans la lucarne, à regarder passer les gens dans le couloir...

Sont-ils assez sales! Les tristes guenilles sur ces dos stipendiés! Rien de lugubre comme le contraste entre ces oripaux excentriques, criards et grotesques, avec ces faces banales, soucieuses, aux yeux éraillés, et cet avachissement de tout le corps au repos... Tous le même nez indécent, saillant en trompette, collé au visage par un enduit pâteux qui coule le long des joues... Des pompiers de banlieue, des nourrices, des conscrits, tout cela sorti de la barrière et sentant le petit bleu... à éviter au passage de peur de vermine... Et ces sempiternellement tristes dominos noirs! Une femme ainsi masquée ne me dit plus rien, ce n'est qu'un tas... Qu'est-ce?... Un bébé, un peu mûr pour son âge, qui me tend son panier et me demande cent sous pour se rafraîchir?... Mettons trois francs?... Quarante sous? Non, rien...

— Va donc, pané!...

Qu'on est donc spirituel ici!... Et Ernestine qui n'arrive pas... Au fond, tant mieux!... j'ai horreur de souper maintenant... Toujours la même histoire. Des femmes piaillardes et chamailleuses entre elles, couvrant de plâtre vos revers d'habits, les yeux bouffis, les visages défaits, fatigués de la veille, les cheveux tombants, le corsage délacé par le mal d'estomac, intimes avec le garçon et sortant à chaque instant pour affaire dans les cabinets voisins!... Merci bien!... Et ces cabinets aux divans tachés, aux glaces éraillées, puant tous les tabacs, tous les patchoulis, toutes les viandes de la soirée, qu'on trouve encore chauds de ceux qu'on y remplace, vrais lupanars!... Emmener une femme chez soi? Même garçon, cela n'est guère possible, et, dans tous les cas, pas plus amusant et beaucoup plus compromettant... Cet être de hasard se sent gêné dans ce milieu ordonné de longue main ; soi-même on est honteux du sourire familièrement gouailleur de son valet de chambre. Ces honnêtes meubles de famille, les souillera-t-on? Et ces portraits, les peut-on faire assister à cela!... Et puis, et puis, je n'aime plus veiller ni manger la nuit ; mon estomac s'y refuse, le voilà alourdi et dérangé pour huit jours, et une migraine inévitable le lendemain... Ma foi, Ernestine a aussi bien fait de ne pas venir!... Pourtant, c'est se moquer de moi... et de mes deux emplâtres d'Allemands qui, par parenthèse, se seraient bien mieux tirés d'affaire tout seuls... Ni gênants, ni causeurs, par exemple!... Que regardent-ils donc là, à n'en plus souffler? Un quadrille... C'est ignoble : un jeune garçon sans barbe, déguisé en Alsacienne blonde, fait le grand écart en retroussant ses jupes et montrant ses cuisses nues entre le caleçon trop court et ses bas bleus. Il reste étendu sur le plancher, tout écarté, les deux mains seules battantes, et les yeux au ciel, comme pâmé. Auprès de lui se trémousse un municipal haïtien : énorme ventre postiche sous son uniforme, jambes frêles flottant dans le tricot et les grandes bottes trop lâches ; accroupi sur la pointe des pieds, il fait avec son bras ballant la plus dégoûtante pantomime ; le malheureux ahanne à se démener en tous sens, et la sueur sillonne en blanc son visage noir de suie... Encore une fois, c'est ignoble ! L'on ne m'y reprendra plus !

. . . .

Mébillot, mon ami, n'êtes-vous pas plus dépité que sincère ? En somme, vous n'avez pas fait vos frais, et l'on n'est pas venu à votre rendez-vous... Rappelez-vous certain petit page noir et bleu, qui vous fit jadis prendre plus de plaisir aux bals de l'Opéra....Mais il y a quinze ou seize ans de cela... Depuis, vous avez perdu quelques illusions et pas mal de cheveux ; avec le ventre sont venus les scrupules, et si vous trouvez qu'on ne s'amuse plus ici comme autrefois, n'est-ce pas simplement parce que vous étiez jeune alors, et que vous ne l'êtes plus ?...

UNE LOGE D'ACTRICE

Jacques n'arrivait au théâtre que le plus tard possible. Quand il devançait son heure habituelle, il restait à fumer au dehors aux dernières lueurs du jour, hésitant à monter, savourant vaguement ce dernier moment de liberté de sa soirée, faisant provision d'air pur avant de se plonger dans l'antre. Son cigare fini, il entrait d'abord un instant dans la salle, passait en revue le public, gêné parfois de se trouver seul à porter des gants blancs et un gilet ouvert dans cette zone lointaine. La salle vide s'emplissait peu à peu. Sur la scène, un cortège et un décor étincelants de l'Empire Jaune ; quelques secondes après, une sombre forêt de sycomores semée de rouges lueurs derrière les troncs noirs ; un va-et-vient de Génies ; un ballet de Sonnettes ; puis, à travers les grands arbres, entourée de ses nègres, appuyée sur l'épaule d'un magicien noir à haute coiffure tartare, apparaissait une Reine africaine, demi-nue, splendide sous ses lambrequins de drap d'or et son harnachement de corail, d'un geste altier, elle commandait à l'orage, immobile et magnifique statue surgissant des flammes de Bengale.

C'était *Elle*.

Elle ne reparaissait qu'une heure après et était libre jusqu'au cinquième ou sixième tableau. Aucun prétexte pour ne pas monter. Jacques s'exécutait.

L'antre s'ouvrait sur une ruelle sale et sombre, derrière le boulevard. Dès l'entrée, les yeux, le nez, la gorge, étaient blessés de la lumière crue et de l'odeur méphitique du gaz brûlant nuit et jour pour éclairer l'étroit et raide escalier conduisant aux loges. Au passage, corridors noirs, lueurs fumeuses, ombres demi-nues ; vagues odeurs de pommades et de plombs ; sueurs de femmes trop musquées et de figurants malpropres ; milieu fantasque, équivoque, écœurant et nauséabond en somme...

Plus tard, Jacques lui fit donner une autre loge, vaste, bien éclairée, à grandes glaces, à tentures d'étoffes, à canapés profonds ; mais la cabine où il la connut d'abord lui donnait particulièrement sur les nerfs : Une boîte de dix pieds carrés au plus ; plafond bas à toucher avec la main ; un papier perse clair avec torsade bleue aux angles ; une portion de fenêtre étranglée derrière un auvent de bois ; une glace étroite flanquée de deux quinquets à réflecteur, au-dessus d'une planchette encombrée de flacons, de boîtes à poudre, brosses, houppes et pattes de lièvre ; un épais tapis sur le plancher, seul luxe.

Les minces cloisons de planches laissaient arriver les moindres bruits des loges voisines, criailleries intimes, chansons triviales, lazzis obscènes ; une piaulée de petits Génies, garçons et fillettes, se déshabillaient pêle-mêle près de là. Une chaleur accablante. Pas d'air, même la fenêtre ouverte.

Tous les soirs, Jacques entrait, maussade, impertinent, le chapeau sur la tête. En venant, il s'était demandé ce qu'il allait encore faire là ! Famille, amis, plaisirs, affaires, il avait dû tout laisser pour rendre à cette femme une position qu'il pouvait croire abandonnée pour lui. Ni beau, ni jeune, il ne se faisait pourtant aucune illusion. Mais était-ce bien un devoir qu'il accomplissait, ou une fantaisie qu'il faisait durer ridiculement ? De la façon la plus imprévue, la plus désintéressée, elle s'était donnée à lui. Caprice ou calcul ? Dans tous les cas, devait-il se croire engagé à ce point ?... Il se le répétait tous les jours, et tous les siens avec lui, et cela depuis longtemps. Mécontent de lui, d'elle, de tout le monde, il entrait ainsi chaque soir, prêt à rompre.

Elle connaissait Jacques par cœur et se gardait de lui faire la moindre avance. A peine semblait-elle s'apercevoir de son entrée. Tout au plus un regard en dessous, de côté, sans quitter son livre, sans dire mot, laissant venir, sûre d'elle.

A cette heure de la soirée, elle avait quitté son premier costume, ne gardant que le maillot ; à cheval sur une chaise, les jambes raides étendues, pour éviter les faux plis, enveloppée d'un grand peignoir à petit collet qui la couvrait de la tête aux pieds, un livre à la main, elle attendait l'heure où elle devait redescendre en scène. Jacques arrivait alors. Un bonjour mutuel du bout des lèvres. Un furetage silencieux des poches et des armoires, où pouvaient traîner des lettres. Du reste, déclarations, offres de soupers ou d'argent, bouquets envoyés, étaient fort adroitement laissés en évidence. Jacques, qui passait avec elle toutes ses journées et toutes ses nuits, était bien forcé de la trouver fidèle et lui sacrifiant mille occasions. Après tout, qu'avait-il à se plaindre ? Calcul pour calcul, le contrat était loyalement exécuté ; et en conscience pouvait-il en vouloir à cette belle et brave fille qui avait mis tout son espoir dans le bon cœur d'un honnête homme ?... Sottise pour sottise, au moins en devait-il profiter.

Jacques s'approchait d'elle alors ; d'un revers de main il écartait le peignoir, il parcourait du regard ce grand corps à moitié nu, et l'attirant violemment sur lui, il le maintenait dans ses bras sous ses baisers. Elle, riant, se laissait faire, pas plus surprise de cette explosion de tendresse qu'elle ne l'avait été de l'impertinence de l'entrée.

Contre toute attente, cette heure passait toujours

trop rapidement, à lire ou à causer. La vie de plaisir est ordinairement remplie à ce point par les dîners, les visites, le bois, le jeu, le théâtre, que l'intimité n'y trouve place qu'au lit. Pendant plus d'une année que fut jouée cette éternelle féerie, cette heure de solitude passée avec sa maîtresse est restée pour Jacques le plus étrange et le plus charmant souvenir de cette liaison !

On causait. Du passé, presque toujours. Jacques prenait un bizarre plaisir à remonter aux plus lointains et aux plus secrets souvenirs de cette vie folle, au fond si triste. Se faisant redire vingt fois les mêmes détails pour contrôler, sans pouvoir la prendre en faute. Quelle âme n'intéresserait, ainsi mise à nu ? A plus forte raison celle-ci, fière et hautaine de naissance et d'éducation, subissant misères et plaisirs sans plier. Entièrement maîtresse d'elle-même en tout instant, charmeresse calculée, prenant l'homme au plus profond de ses vanités les plus nobles comme les plus puériles ; ne visant qu'au cœur, bien que la plus savante en raffinements sensuels. Tous le savent, celui que remplaçait Jacques était mort d'elle, épuisé d'amour furieux. Avec cela, par réaction de cette tension perpétuelle, prête à se fier et à s'abandonner comme un enfant à celui qu'elle aurait pu croire un instant plus fort qu'elle.

Ou bien on lisait : *la Dame aux Camélias, les Filles de Marbre, Manon Lescaut,* Musset, Feuillet,

4.

tous les Évangélistes du demi-monde. *Manon* la laissait froide ; elle lui trouvait trop peu de sens moral et trop peu d'esprit de conduite pour avoir pu être aimée autrement que comme une grisette. Elle eût tout donné pour avoir pu consoler Musset, qui lui paraissait l'amant le plus capable de mieux souffrir et de mieux aimer. Jacques se sentait remué à l'écouter lire tout haut les derniers moments de Marguerite Gauthier, vague pressentiment d'une fin semblable. Marco et Dalila étaient elle-même. Elle avait une façon de lire simple, sans la moindre emphase, discrète et contenue aux moments les plus pathétiques, qui contrastait le plus drôlement du monde avec l'enflure ridicule et piaillarde avec laquelle elle croyait devoir débiter son rôle de reine de féerie ; source d'interminables discussions entre elle et Jacques, qui soutenait qu'on doit parler aussi simplement au théâtre qu'à la ville, et la traitait de *grue*. Elle prétendait qu'on est forcé de prendre le diapason des gens qui vous entourent. Un soir, elle consentit à donner à Jacques le plaisir de l'entendre parler naturellement sur la scène. Le rideau tombé, le régisseur vint l'avertir qu'elle était à l'amende pour avoir joué le rôle autrement qu'il n'était *noté*. Jacques n'insista plus.

Une heure passait ainsi. L'habilleuse, puis le coiffeur, entraient alors, et l'on procédait à la seconde toilette. Un grand costume de couronnement.

A partir de ce moment, Jacques, blotti dans un coin, restait muet, n'ayant plus assez de ses yeux pour voir.

Pendant qu'on la coiffait et qu'on lui laçait ses bottines, elle passait simplement sur son visage un nuage de poudre brune qui porte son nom. Ni pâte ni liqueur sur ce beau teint mat et chaud. La peau se nacrait sans se vernir ni s'engluer. Une seule touche juste d'estompe sur les cils, et l'œil avivé brillait surnaturel sans prolongements ridicules au pinceau. Aux lèvres, à peine un léger frottis de pommade ; jamais de ces stigmates sanguinolents habituels. La même poudre brune passée rapidement avec la patte de lièvre sur son cou, ses épaules et ses bras, et elle était prête. Commençaient alors les mille petits soins d'une véritable artiste en toilette. On l'avait coiffée, le chignon haut, retombant en boucles ; des touffes de cheveux sur le front sous un diadème de pierreries. Mais les boucles étaient trop raides, elle les défrisait, les alanguissait ; les touffes étaient trop dures, elle les brisait, les irrégularisait, tout cela du bout des doigts, procédant par touches vives et sûres, comme un peintre sur sa toile. Son teint fait, coiffée, ses bijoux mis au cou et aux bras, elle se levait, rejetait tout à fait son peignoir, et, pendant quelques instants, restait quasi nue sous le maillot nacré ; Jacques retenait son souffle et son lorgnon.

Vous figurez-vous cette reine vêtue de sa seule

couronne et de bottines de satin rouge ! Et quel corps ondulait sous ce réseau de soie ! Grande, le cou long, les épaules larges, la taille fine haut placée au-dessus de hanches volumineuses, la cuisse charnue, la jambe mince et bien arquée en avant, le pied petit, cambré outre mesure par le haut talon des bottines. Le maillot du haut du corps étroitement adapté au corset et rattaché, au bas des reins, au maillot des jambes, sans arrêt disgracieux à la ceinture, moulait d'un seul jet ce beau corps encore avantagé. Le moindre mouvement en faisait onduler harmonieusement toutes les parties ; la moindre incertitude dans l'aplomb de ces hauts talons sur lesquels elle semblait piaffer faisait alternativement saillir une hanche ou l'autre, cambrant la taille en arrière ou la rejetant comme affaissée par devant ou de côté. Le ton rosé du maillot de soie semblait un épiderme nacré, poli, luisant, à la fois chair et marbre.

Sans rien dire, par moments elle regardait Jacques. Silencieux, il serrait les dents ; n'y tenant plus parfois et s'élançant sur elle, en dépit de l'habilleuse et du coiffeur. Elle riait et l'écartait après un baiser. Elle ajustait alors très bas autour de ses reins les bandelettes d'or à signes cabalistiques noirs, qui, avec un oiseau de pierreries sur la poitrine et un grand manteau royal à dessins égyptiens sur les épaules, formaient tout son costume. Un dernier coup d'œil à la glace, puis aux laçures des bottines ; et relevant du bout des doigts les longs pans de son manteau traînant que l'habilleuse soulevait par derrière, en avant son sceptre porté par le gardien des accessoires, elle descendait sur la scène, vraie reine victorieuse.

Jacques la suivait jalousement jusqu'à ce qu'il l'eût vue étendue sur le lit royal où la trouvait le lever du rideau. Puis, sortant par la petite porte de. de la salle, il s'allait cacher au fond d'une avant-scène pour déguster pour la centième fois l'acte du Couronnement. Déjà bien ébranlé en entrant, il en sortait fou un quart d'heure après...

... Sous les hauts portiques mauresques, le long des escaliers de marbre, le cortège de la reine défilait. D'abord les hérauts nubiens, noirs sous la peau de tigre qui pend de leur tête, aux sayes blanches rayées de rouge, soufflant dans leurs étranges trompettes recourbées à tête de dragon ; puis les prêtres à longues barbes, à hautes coiffures, à mitres de forme bizarre, majestueux et gouailleurs comme ces pontifes à figures de faunes qui officient dans les ruines et les charniers de Tiepolo ; puis une garde noire (de vrais nègres trouvés à prix d'argent) dans de grands manteaux rouges ; puis des guerrières nubiennes choisies parmi les plus grandes et les plus fortes, la masse d'arme au poing, l'arc et les flèches à l'épaule, dans leurs cheveux crépus deux plumes rayées noir et blanc, bizarrement plantées au-dessus de chaque oreille.

Un intervalle, un silence, puis la fanfare reprenait plus éclatante, et l'on voyait entrer les Amazones, les plus belles filles qu'on eût pu trouver.

Casque d'or, cuirasse d'or, cuissards d'or sur la maille dorée ; sous le casque et l'armure, de longues flammes de drap rouge dentelé, flottant sur les cheveux épars ou relevées aux épaules pour bien dégager les bras nus ; de l'échancrure de la maille qui ceint les reins, la jambe sort libre et nue ; le pied seul emprisonné dans une haute bottine de cuir rouge à tête de lion. Au bras gauche, un bouclier dentelé, doré et doublé de rouge ; dans la main droite, une haute lance dorée portant, fixées à la hampe, deux ailes de vautour éployées.

Derrière les Amazones, la Reine, un haut spectre à la main ; puis, sa cour, ses prisonniers, un roi et sa fille captifs, des gardes, encore des esclaves, des almées, tout un peuple.

La Reine allait s'asseoir sur un trône élevé de plusieurs marches, où se groupait sa suite, et les danses commençaient...

Du fond de son avant-scène, Jacques, haletant, dardait sur elle sa lorgnette immobile, la suivant dans tous ses mouvements, qu'il savait par cœur, impatienté quand les écharpes et les palmes des danseuses interceptaient sa vue. Il était quelque peu peintre, et ne pouvait assez admirer la noblesse, l'aisance, la grâce de toutes les poses de cette admirable créature, divinisée par le feu de la rampe, l'éclat du costume, l'entourage, les chants, les danses, dont elle était le centre naturel, de par son écrasante beauté.

Pour s'asseoir, elle étendait et drapait soigneusement sous elle son grand manteau royal, dont la doublure égyptienne, à raies concentriques de toutes couleurs, lui formait comme une gloire de rayons. Sur ce fond, son beau corps ondulait libre et quasi nu sous les pierreries de la poitrine, les hanches saillantes et sorties des bandelettes soigneusement placées très bas ; au-dessous, les jambes, sans entrave, se croisaient l'une sur l'autre, accolant amoureusement les deux petits pieds enchâssés de satin rouge. Rien d'éhonté, rien d'impudique, tant ces formes divines ne laissaient à l'esprit satisfait et reposé que des idées de noblesse et de perfection, tant surtout cette tête hautaine, indifférente à tout, semblait se complaire au seul sentiment de son indiscutable supériorité; aussi dédaigneuse des murmures dénigrants que des admirations passionnées.

Elle avait la vue basse, ce qui rassurait Jacques sur ces coquetteries d'instinct aux autres avant-scènes et aux fauteuils d'orchestre, d'ailleurs assez mal composés après les premières représentations. Mais, lorsque, détournant la tête, elle souriait à quelque invisible interlocuteur placé dans les coulisses, Jacques sentait sa tête se perdre, partagé entre la rage d'intervenir et de courir droit au théâtre, et l'implacable fascination qui le clouait immobile, lorgnette en main, pour ne pas perdre une seconde de l'admirable tableau qu'il avait sous les yeux. Chose étrange, ce dernier sentiment fut toujours le plus fort, ce qui prouverait que Jacques était décidément encore plus artiste qu'amoureux.

Je vous l'ai dit, Jacques sortait de là tout à fait fou ; à la hâte, il jetait à l'ouvreuse la pièce d'argent qu'il trouvait dans son gousset et s'élançait hors du théâtre, traversait le boulevard à la course, et, quatre à quatre, remontait l'escalier pour courir à la loge. On sortait de scène. Cet acte exigeait le plus nombreux personnel. Jacques, impatienté, trouvait les étroits corridors et le petit escalier encombrés de danseuses et de figurantes remontant lentement à leur loge. Au passage, mille agaceries de la part des ces filles presque nues, se déshabillant en route. On savait Jacques riche ; on jalousait et raillait leur fidélité mutuelle, on se souvenait qu'avant de se fixer Jacques avait remarqué une ou deux des plus jolies Amazones. Et de l'arrêter au passage pour lui montrer un détail de costume mal ajusté, les lèvres sur sa joue, les épaules et les seins hors du corsage, et de le prendre par le cou et par la taille, lui réclamant des bonbons promis. Jacques ne répondait rien, bousculait tout sur son passage, avançant toujours, n'ayant qu'une idée :

arriver avant qu'elle ne changeât la petite chemise courte qu'on porte sous le maillot.

Elle avait de singulières pudeurs ou de singulières coquetteries. Attendre ou se préparer lui était odieux, il fallait qu'on profitât de l'occasion. C'était à Jacques d'arriver assez tôt pour ne la point trouver déjà rhabillée à moitié. Ajoutez que ni prières ni violences ne l'eussent décidée à se mettre chez elle telle qu'elle se trouvait là.

La porte était fermée et la clef en dedans, mais au pas de Jacques l'habilleuse ouvrait, et discrètement se retirait...

Il reste au Musée une statue de jeune Lacédémonienne vêtue, pour la course, d'une transparente chemise courte commençant sous les seins et laissant les jambes entièrement découvertes. Telle il la voyait; plus belle encore que tout à l'heure, l'œil encore avivé de kohl, les cheveux épars en grappes drues, tranchants, noirs, sur cette peau mate et brune. Un bas à passer, la chevelure à relever, une épingle à ramasser, motivait chez ce grand corps libre des mouvements de Diane au bain. Muses de Raphaël, Aurores du Guide, Grâces de Jean Goujon, Nymphes des Carrache, tout ce que Jacques avait rêvé et cru mort à tout jamais, il le revoyait là, vivant, à lui. Ou bien il l'étreignait furieux, l'étouffant sous ses baisers, et tous deux roulaient de nouveau enlacés sur le tapis; ou bien, calmé, il s'éloignait de quelques pas : elle souriante, épanouie ; lui, le croirait on, pleurant presque. Ses incertitudes du commencement de la soirée lui faisaient horreur ; combien il se trouvait mesquin et vil auprès de cette admirable créature se donnant tout entière. Plus encore : il se sentait pris comme d'un attendrissement religieux sous l'étreinte de cette complète et immense volupté. Parfois, dans sa jeunesse, un matin, dans la campagne solitaire, aux pénétrantes senteurs, sous l'éclatante lumière que la nature semblait prodiguer à lui seul, il se souvenait avoir ainsi pleuré, pénétré de reconnaissance et de honte de tant de bonheur immérité.

A cela elle ne comprenait rien, sinon qu'il l'aimait bien plus qu'il ne le voulait dire. Les derniers moments de la soirée étaient un enchantement ; elle confiante dès lors, redevenue douce et bonne comme elle l'eût toujours été sans la lutte constante à soutenir, elle allait au-devant des baisers, se blottissant le long de lui et l'étreignant longuement ; lui, redoublant de caresses et de prévenances pour se faire pardonner. On riait, on pleurait, on s'embrassait encore ; la toilette n'en finissait plus, au grand désespoir de l'habilleuse, qui les gourmandait en riant, menaçait d'éteindre les lampes, et les poussait dehors comme deux écoliers attardés.

UNE SEMAINE PARISIENNE

NOTES

Ces notes ne forment point un récit ayant commencement et fin. Elles ont été prises au soir le soir, pendant une semaine, et ne peuvent avoir d'autre intérêt que leur exactitude. Taine a démontré l'influence du milieu social en histoire. Du grand au petit, la loi est la même. On a cru qu'il serait peut-être curieux de décrire notre milieu, à nous : bals, soirées, toilettes, et surtout femmes de toutes sortes; milieu bien frivole d'où naissent pourtant ce goût et cet esprit qui sont Paris. Les journées d'affaires et les nuits de plaisir mises de côté, voici simplement sept soirées de la semaine d'un Parisien, notées telles quelles, il n'y a pas quinze jours. Une représentation à un petit théâtre, un dîner du monde, une visite aux coulisses de l'Opéra, une réception officielle, un bal de la colonie étrangère, un concert aux Italiens, une soirée de famille et d'amis, et c'est tout.

LUNDI. — ... L'un de nous est aux Tuileries et doit nous en écrire longuement. En règle de ce côté, notre soirée est à nous.

Rendez-vous pris avec H. et M. devant les *Folies*. Nous devons de là aller à un petit théâtre : une actrice à leur faire connaître.

En attendant, vu un acte du *Petit Faust*. Très drôle. Jolie musique, une jolie voix et pas mal de jolies filles. De l'avant-scène, où des amis m'ont donné asile, on les touche, et pièce et musique finissent par avoir tort; nous ne faisons plus attention qu'à ces yeux trop noirs, ces lèvres trop rouges et ces teints trop blancs. Cette peinture d'ailleurs est si fort d'usage à la ville, que celles-ci ne nous semblent preque point exagérées. Les bras, le dos, les gorges s'étalent, éclairées à cru par la rampe; juste au niveau de nos yeux qui plongent en dessous, les jambes vont et viennent, emprisonnées dans le maillot nacré, chaussées de bottines ou de petits souliers de satin de toutes couleurs, rehaussés de pompons tirant l'œil et de bouffettes provocatrices; fines, nerveuses, bien cambrées, éthérées, vraies pattes d'adorable oiseau; ou charnues ou potelées, sensuelles, vraies colonnes d'amour. Des jambes, on en conclut aux différentes manières de ces demoiselles, et la conversation tourne à l'ordure...

Une cigarette à l'entr'acte. H. et M. sont exacts au rendez-vous. Un peu d'air nous calme et nous amène à de plus tranquilles propos. On cause livres nouveaux. Néant de l'*Homme qui rit*. Vanité boursouflée, aigrie et grotesque. Il écrit sous lui. Notre pauvre parti démocratique ne s'en relèvera pas. Lui et Budaille, c'est à les croire payés par la police à l'approche des élections. Une preuve du bon sens public. Un courtier en livres vient proposer à H. les œuvres complètes de Hugo : — Soit, dit H., mais à l'exception des derniers romans; je veux le Hugo qui commence aux *Orientales* et finit au *Rhin*. — C'est comme tout le monde! dit tristement le courtier, qui a ordre et n'a de prime qu'en vendant le tout.

Un nouveau livre bien autrement curieux à lire, nous dit H., c'est le *Voyage en Australie*, d'un tout jeune homme, voyageant avec le duc de Penthièvre. C'est vrai, simple et grand comme les spectacles qu'il raconte. La vie rustique des pasteurs sur une échelle immense. Point de relais dans ces plaines à perte de vue au même propriétaire. Les premiers chevaux fatigués, on en siffle d'autres errants en liberté et on les met à la voiture. Quand on a à s'approvisionner d'un bétail qu'on juge suffisamment engraissé, on en fait la plus singulière chasse; à cheval, on pousse devant soi des troupeaux de bœufs par milliers jusqu'à ce que certains refuges ménagés sur les hauteurs soient combles. On laisse fuir le trop-plein et le reste est pris. Un accroissement de population effrayant ces dernières années. Et l'Australie est aussi grande que l'Europe...

Nous en oublions le *Petit Faust.* Un clair de lune superbe. Mieux vaut causer ; et toujours devisant, nous arrivons au petit théâtre où nous entrons voir l'acte en question.

Sur la scène, une superbe fille en grande toilette de bal, satin vert, dentelle et jais blancs ; belle brune, grande et fine, Espagnole et Parisienne, un Velasquez mitigé de coquetterie moderne. Prévenue, elle s'applique à mettre de côté les rengaines et à être bien elle-même, simple, naturelle, et, en dépit de mille défauts d'inexpérience, réellement sympathique et touchante. Un seul de nous paraît satisfait, les autres plutôt étonnés et ne sachant que décider. Un compliment poli, une promesse vague. Simplicité, naturel et originalité sont décidément choses inadmissibles au théâtre et font hésiter les plus braves. Bien le bonsoir.

En revenant, la Porte-Saint-Martin est encore ouverte. Entendu le dernier tableau de *Patrie.* Le plus grand mérite de ce drame, on ne l'a pas dit, c'est d'avoir résisté à la diction traînante, chevrotante et trémolante de ses deux principaux interprètes. J'étranglerais une femme qui me parlerait d'amour avec ces bêlements épileptiques. Mais l'autorité sur le public ! une belle chose qui ne s'acquiert qu'après vingt ans de rengaines consacrées qui vous laissent flétrie, le cou et le visage couturés de rides, en assez piteux état pour représenter une jeune Espagnole amoureuse. Qu'y faire? Qui oserait le premier revendiquer en faveur du vrai naturel et du vrai charme de la femme? Précisément, huit jours auparavant, je parlais avec quelqu'un, on ne peut plus compétent, de l'admirable simplicité de grand ton de Mme Pasca dans *Séraphine*. — J'en conviens, répondit-on, mais combien loin de ce qu'eût été dans ce même rôle Fargueil, avec ses cris et ses élans de lionne blessée!... *Amen! amen! amen!...* Ce ne sont plus là nos affaires après tout, sauvons-nous et réfugions-nous dans cette simple petite *Vie Parisienne* dont sont à tout jamais bannis les cris de lionne et les trémolos d'orchestre!

MARDI. — Dîné et passé la soirée chez... Grand luxe et grande simplicité. Rien de reposant comme une soirée de causerie ici, après une journée d'affaires et de préoccupations. Le sentiment de la vie bonne et facile vous prend dès ce large vestibule à colonnes de marbre rouge, aboutissant à une vaste cour où s'élèvent des communs tout tapissés de lierre. La calèche revenant du Bois n'est pas encore dételée. Une douce lueur du soir; senteur et souffle tiède de printemps.

Un grand *Fflunkey* poudré, en petit habit court marron, en culotte de nankin, en bas de soie rosés, pose les paletots sur la grande table du vestibule, et montre le chemin. Doux escalier de marbre à marches basses recouvertes de pourpre. Rampe forgée où courent des écureuils d'argent. Une succession de petits salons avant d'arriver au sanctuaire; tableaux et fleurs partout. On cause en attendant l'heure de plus en plus tardive des dîners d'aujourd'hui...

Tout d'un coup, les doubles portières de la porte du fond s'entr'ouvrent et la maîtresse de la maison fait son entrée. Vraie marchesa à cheveux noirs, à peau mate et brune, dans sa toilette de gros-grain noir. Sa robe, tout à fait gaine devant et sur les côtés, s'étale et s'allonge indéfiniment par derrière, toute surchargée de retroussis Louis XIV, drapés et maintenus par des gros nœuds bouffants. Les manches les plus originales : longues et larges, elles sont fendues dans toute leur hauteur et retenues de distance en distance sur le bras nu par quatre agrafes de perles. Une rose rouge dans les cheveux noirs, une autre sur le côté du corsage drapé et agrafé en biais.

On passe dans la salle à manger séparée du salon par de grandes glaces sans tain partant du parquet au plafond, et tendue de stores de soie rouge plissés qu'on relève à l'occasion. Ce qu'on mange, on y fait peu attention ; on se laisse aller à ces sauces raffinées, sans grande conscience de leur plus ou moins de perfection, au fil d'une conversation pleine d'inextricables soubresauts. Comment de Versailles en vient-on à parler duels? De la nouvelle salle du Vaudeville à la bataille de Wattignies, et à l'inexplicable chiffon rayé blanc et violet que Mme de M... portait l'autre soir par-dessus une jupe rayée blanc et jaune?... Peu vous importe, perdu que vous êtes derrière un buisson de fleurs, sous le feu du lustre reflété dans les hautes pièces d'argenterie, en contemplation devant un bras ferme et blanc... et des vins dans cinq ou six verres...

On repasse au salon prendre le café; les dames y donnent l'exemple de la cigarette; peu à peu les fidèles arrivent et vont baiser tour à tour la main de notre hôtesse; les groupes se forment au hasard des sièges jetés çà et là; poufs, serpenteaux, ganaches américaines, tous bas, intimes, profonds et tentant au possible, et la causette va son train. Le plus joli moment de la soirée; les jupes s'étalent en nuages légers sur le satin brun ou noir des fauteuils; ici les moustaches ont de faux airs d'intimité avec une petite oreille où brille un diamant, susurrements confidentiels, tandis que là-bas le rire éclate franc et sonore; on fait cercle autour d'une jolie comtesse qui vous narre gentiment ses transes de débutante dans une représentation de bienfaisance... Sur tout cela, la lumière douce des lampes encapuchonnées de dentelles, striées çà et là des traînées lumineuses des réflecteurs braqués sur les tableaux. Ceux-ci vivent ainsi seuls éclairés, trouant le mur, décuplant l'espace, et emportant l'esprit en leurs lointains horizons. Le temps s'oublie ici, et il est deux heures du matin que vous vous croyez encore au sortir de table...

MERCREDI. — A l'Opéra, rentrée de Mme Miolhan dans *Faust*. Un quart d'heure avant le ballet, dans les coulisses et le couloir du fond, un va-et-vient, un pêle-mêle des plus réjouissants, rappelant les beaux jours de l'Opéra de Gavarni. Méphisto hurle au premier plan, et des chœurs de diables en bourgeois lui répondent derrière une toile. Des mannequins de sorcières à cheval sur un balai, deux cavaliers accrochés à des chevaux de carton traversent l'espace ; une flamme brille soudain et s'éteint, éclairant une seconde les ténèbres entre les portants où les gilets à cœur s'enlacent aux jupes de gaze.

Trop belles, toutes ces créatures demi-nues, les yeux trop brillants et les joues trop animées, sous le demi-jour des coulisses, dans ce déshabillé rendu plus étrange et plus libertin par le voisinage de l'habit noir. En action, la danseuse peine et ahanne sous son sourire de commande. Au repos, ici, rien de plus gracieux que ces corps souples aux poses correctes, aux jambes bien arquées, aux pointes bien en dehors ; toutes plutôt minces et fines du haut du corps. Et coquettes, et Parisiennes, et bien coiffées ! Pas une de même ; coiffure et bijoux ont beau être semblables, également donnés par l'administration qui punit d'une amende le moindre changement, peu importe ; une légère inflexion de ce petit bonnet phrygien sur le côté, une touffe de cheveux ramenée à propos sur le front, une rose plantée ici plutôt que là, et, on ne sait comment, chacune de ces frimousses retrouve son originalité.

Bêtes ou drôles, celle-ci plutôt que celle-là, peu importe ; on a plaisir à manier ces petites mains, à attirer à soi ces épaules délicates, quelles qu'elles soient ; ce qu'elles vous disent, ce qu'on leur dit, en sait-on rien ?... — Décidément, de quel côté es-tu plus jolie ? De face ou de profil ? — Quand tu seras fixé, je te ferai faire ma photographie. — Certainement, la direction ne sait ce qu'elle fait en ne vous mettant pas plus en évidence ? — Simple coryphée, quand il y a de si drôles premiers sujets. — Pourquoi donc vous coiffez-vous en chauve ? — Et toi, pourquoi as-tu toujours une lorgnette à un seul œil ? — Chut ! j'ai pris ça au musée des Souverains, c'est la lorgnette avec laquelle Napoléon a gagné la bataille d'Austerlitz. — Seule, ce soir ? — De moins en moins. — Ah ! c'est à nous, bonsoir ; reviens plus souvent. — Bonsoir, petit chef-d'œuvre...

Du reste, honni soit qui mal y pense, et voit à cela un plaisir autre que celui qu'on aurait à flatter de la main la croupe luisante et rebondie d'une jolie pouliche. Ce n'est pas que parfois, à contre-jour, à travers les nuages des jupes transparentes, les jambes et les hanches se dessinant tout à fait en vigueur, ce ne soit à se donner au diable, mais ce n'est qu'un éclair...

Pendant ce temps, sur la scène, Faure et Mme Miolhan se surpassent eux-mêmes...

Tiens ! voici justement, dans la petite loge sur la scène, la dame au chiffon violet dont nous parlions hier à table...

Jeudi. — Chez la Princesse. On se retrouve ici avec plaisir ; suisse et livrée traditionnels ; dans la seconde antichambre, on a son coin derrière un immense vase de Sèvres, pour retrouver le paletot que vous ôtent de majestueux notaires en habit marron et en culotte courte. Grand goût partout, depuis le palier où les tableaux rampent déjà le long du grand escalier, jusqu'à ces antichambres tendues de tapisseries d'après Raphaël et Jules Romain.

Ce soir, représentation en l'honneur de Leurs Majestés, hôtes de la Princesse ; un anniversaire.

Dès la porte du grand salon, une houle de hauts chignons et de blanches épaules vus par derrière, rangés sur des chaises. Impression d'un charme et d'un éclat indéfinissables : luxe et volupté ; chairs blanches satinées de reflets ; cascades de cheveux défaits, étoilées de diamants.

Vite au bon coin. Au fond de la serre, toujours un nid des plus jolies femmes. Par les grandes portes de plain-pied, on voit et l'on entend tout. D'ici,

l'assistance est vue de face, assise devant l'actrice
que nous voyons de dos. Au centre, au premier
rang, Leurs Majestés, d'une bonne volonté et d'une
attention exemplaires. A quoi pense l'Empereur, la
tête penchée et les yeux mi-clos? On ne saurait le
dire ; mais l'Impératrice suit, les yeux dans les
yeux, les moindres gestes, les moindres nuances
du débit de l'actrice, son long cou ondulant sous le
va-et-vient de cette tête qui suit tout, ses grands
yeux, grands ouverts sous leur haute arcade, voyant
tout.

On leur déclame, le croirait-on, des vers de Hugo,
mais du vrai Hugo : l'ode sur le *Retour des Cendres
de Napoléon I*[er], résonnante comme une fanfare de
clairons, chaude et colorée comme un tableau du
Titien ; un souffle patriotique court de strophe en
strophe, réveillant en nous les souvenirs et les
rêves confus de l'enfance, et rendant vivante une
fois encore la grande image du héros. Cela est
vraiment beau, comme tout ce qui est écrit sous la
dictée des faits. Tant il est vrai que ce par quoi
poètes ou artistes valent le mieux, ils le tirent de
ce qui les entoure, hommes ou choses ! Isolé, aigri,
le même poète en arrive à écrire... vous savez
quoi !...

Après ces vers, d'autres. Dans l'intervalle, un
coup d'œil à ce qui nous entoure : éblouissant
pêle-mêle ce soir. Un orchestre relégué dans les
plantes rares. Recouverte d'un tapis turc, une

estrade formant balcon pour les nécessités de la pièce qu'on joue, et communiquant de la serre au salon ; un jet de lumière électrique partant de la toiture de verre, rasant les feuillages et venant se poser sur le dos blanc encadré de cheveux noirs emperlés de l'actrice qui déclame ; tout cela dans un entourage de fleurs étranges et de plantes vertes et luisantes, compliqué de paravents chinois et de meubles japonais, de formes et de couleurs si exotiques, qu'ils semblent comme les gigantesques produits d'une flore artificielle éclose comme l'autre sous cette immense cage de verre. Ajoutez un va-et-vient de robes blanches semées de bouquets, fleurs et diamants, de gilets à cœur étalant un cordon de couleur vive tranchant sur le plastron blanc ; une musique discrète alternant avec les éclats de voix de la vocératrice ; un doux et énervant parfum d'essences de femme et de fleurs de serre. Ici comme à l'église, la pompe de la mise en scène gagne le cœur par les yeux, et d'une impression toute physique fait presque une émotion religieuse. Pour perdre un peu à l'analyse, l'impression n'en persiste pas moins, et, malgré qu'on en ait, on reste comme pénétré d'un respect et d'une admiration qu'on étend facilement jusqu'à soi. Ce soir surtout, Leurs Majestés étant ici, nous avons tous arboré la culotte courte, et c'est plaisir de voir l'importance mal tempérée de familiarité condescendante avec laquelle nous nous saluons les uns les autres.

Vendredi. — Chez l'Américain X..., au bal. — X... est un enragé voyageur. En poète, il nous conte un épisode de son dernier voyage d'Espagne. Un trait chevaleresque d'un chef de bandits fantaisistes chez lesquels il passa plusieurs jours. Les chevaux, tous de couleur foncée, dressés à ne pas hennir ; des chiffons aux sabots ; trajets silencieux et invisibles pendant la nuit. X... tombe, avec sa maîtresse habillée en homme et ses domestiques, dans une venta occupée par eux ; des gardes à la porte. Il commande son dîner comme à l'ordinaire et, se voyant regardé de tous plus que curieusement, il va droit à un fort joli garçon qui lui paraît le chef de la bande, et l'invite à dîner en regrettant de ne pouvoir inviter tous les compagnons de José Garcia, en effet garrotté depuis.

A ceux-ci, il fait distribuer une caisse d'admirables cigares et une rasade de vin. La conversation liée en espagnol que X... parle fort bien, il leur apprend et leur prouve qu'il est un simple touriste anglais. Rien à craindre de lui, la glace est rompue.

Les *bottinas* de Séville que X... porte aux jambes attirent d'abord l'attention du beau José, par leurs admirables piqûres ; puis les armes, un revolver nouveau système ; on se l'approprierait peut-être, si X... ne lui faisait peur du danger à manier cette arme. On dîne, puis l'on se couche pêle-mêle dans un coin de l'unique salle. Au bout d'un quart d'heure, X... et sa maîtresse s'éveillent rongés de vermine.

Il faut mettre habits bas et chemises aussi et se relever nus. José voit l'embarras de la femme, il va droit à elle, et, défaisant sa propre mante, il l'enveloppe de la tête aux pieds... Pends-toi, Scipion !...

Nous entrons au bal. Ce monde est troublant. En est-il du goût comme des religions ? Où est le vrai ? Voilà des femmes, et dans le nombre de fort jolies, le plus sincèrement et le plus volontairement ridicules. Du bleu, du jaune, du vert, entassés sur les mêmes robes ; des manches à gigot, des collerettes Empire raides, des rideaux de théâtre rattachés par de la serrurerie ; des bijoux de poids, des boucles comme des saucisses au chignon... Et toutes ces femmes se croient jolies, et le pis, c'est qu'elles le sont. On viendrait souvent ici, que les yeux se blaseraient sur ces déchirements criards et ne verraient plus que la forte race, jeune, charnue et bien membrée que couvrent ces oripeaux. Au fond, l'énergie sauvage de ces caractères n'a-t-elle pas besoin de couleurs analogues ; l'originalité, la bizarrerie vierge de la Yankee s'accommoderaient-elles de la discrète harmonie et du savant chiffonnage de la Parisienne ? Regardez-y d'un peu près. Je vous passe quelques têtes à mâchoires saillantes, à nez proéminents, beaucoup d'épaules coupées carrément, types inachevés, résultats d'accouplements préoccupés ; mais prenez quelques-uns de ces types complets résumant bien la race. Beaux grands yeux bien ouverts, regardant en plein ; cheveux relevés droit ; nez résolus, bouches hardies, mentons volontaires, tout cela coupé net, franc, définitif ; et ces larges épaules, cette blanche et éblouissante carnation ! Bref, la beauté dans sa plus éclatante manifestation virginale. A croire, à certains moments, le gaz trop monté, ou sa lorgnette trop forte ! Trop de beauté à la fois pour nos yeux faits aux sous-entendus et aux raffinements, aux demi-jours, aux demi-entrevoiements de nos demi-beautés ou de nos demi-laideurs parisiennes.

SAMEDI. — Concert aux Italiens. La Patti, dans un acte de *Roméo et Juliette ;* Mme Krauss, dans *Lucrezia*. Là n'est pas l'intérêt du concert, mais une occasion rare d'entendre en public, dans une vraie salle de théâtre, plusieurs morceaux de musique d'amateur.

Un singulier préjugé que celui qui refuse à un homme du monde le droit d'être en même temps vrai musicien. Que la peinture ou les lettres, exigeant un long apprentissage, restent l'apanage des spécialités, cela même est discutable ; mais l'absurde est d'oublier que, plus que tout autre, un homme oisif et riche a eu le loisir des longues études, dès l'enfance, au piano, et de ces interminables rêveries qui font le musicien à un moment donné. De tous les arts, la musique est le seul qu'une mère puisse réellement aimer et enseigner à son enfant. Et quels fonds de sensations originales, amoureuses, cavalières, profondes ou frivoles, gaies ou tristes, souvenirs de femmes, souvenirs de voyages, à recueillir dans une vie de loisir et de plaisir ! Les musiciens assermentés, réduits aux rêves, que savent-ils de la vraie vie et de la vraie passion ? La peine, l'effort, et au bout le néant ; des entrevoiements vagues, des velléités tourmentées ; jamais une mélodie ou une sensation franche, profonde ; des habiletés incomparables, des combinaisons raffinées à l'accompagnement, jamais un chant net, un cri juste. De là mes crispations au Gounod. De là mon intérêt à ce concert pour y entendre cinq ou six morceaux détachés d'œuvres dont des amis m'ont dit grand bien.

Mauvaises conditions que ce public distrait, cet orchestre dérouté, surtout cet amphigouri sans lien qui forme nécessairement la composition de tout concert. Malgré cela, on est pris. Large, simple et vraiment grand, un chœur du *Frank* de Musset. Douloureux et passionné au possible, l'air de la coupe des *Amants de Vérone*. Rien de bizarre et de plus original qu'un certain air, à rythme sautillant, exécuté presque en sourdine par l'orchestre seul, une pastorale, je crois. Le malheur, encore une fois, est dans la brièveté et la diversité de ces morceaux se succédant. On saisit à peine le chant qu'il est fini. Une tyrolienne et des airs de danse hongrois, seuls bien saisis au passage. Ces derniers touchent particulièrement, ces mélodies cavalières, rageuses, piaffantes, vous saisissent dès les premières mesures. Mais où est l'attaque furieuse des huit violons de Patykarus !...

Une salle splendide. Dans une avant-scène, la bande de la haute cocodetterie au complet. En face, à demi cachée derrière un rideau, une étrangère dont la beauté inédite semble beaucoup préoccuper ces dames. Les lorgnettes sont mises en batterie ; toute la soirée foudroiements mutuels à travers les jumelles. A un moment, l'étrangère, pour décider la victoire, laisse tomber sa mantille de dentelle, fait glisser son corsage aussi bas que possible et en fait sortir le plus admirable dos et la plus admirable poitrine, larges, fermes, blancs... Déroute de l'ennemi un peu maigre...

Dimanche. — Dîner de famille traditionnel, présidé par une bonne maman. Rien que de vieux amis. Vrai repos et vrai bonheur. La vie, jetée au vent chaque jour, serait un rêve sans ces haltes régulières où l'on reprend haleine et conscience des siens et de soi. Que de souvenirs ici, et qu'un serrement de main rappelle d'épreuves subies en commun ! Et quelle aise, quelle franchise entre amis sûrs d'eux ! On ose tout se dire. Audaces, baroqueries, saugrenuités même, mais aussi que de jugements sûrs, d'impressions justes en dehors de toute convention. Tout est inattendu et franc, tout porte. Ici est la source de toute valeur, de tout mérite. Bien à plaindre qui n'a pas un coin comme celui-ci où se reposer, se retremper, et d'où repartir plus fort et plus sûr de lui-même. Encore une fois, nous ne valons que par qui nous élève et nous entoure. Orgueilleux et sot qui se croit le seul artisan de son mérite et de sa fortune.

Une vraie Babel ce soir. Tous parlent à la fois, qui des courses, qui de l'Exposition, qui musique et Hongrois. A travers la fumée des cigares, les grands tableaux du salon semblent vivre : vieux amis aussi, témoins de notre vie. On ne les regarde que ces jours-là, en fumant paresseusement, écoutant à demi la rumeur des conversations, à demi quelque mélodie ébauchée au piano. Cette femme de Rubens semble vous sourire et s'être tout particulièrement faite avenante et belle aujourd'hui ; cette belle tête de Van-Dyck vient de retrousser sa moustache, et de son regard fier vous suit et vous scrute. Nymphes italiennes, nourrices flamandes, palais de Venise, rouges aurores japonaises, pêle-mêle vous passent devant les yeux. A cela, joignez le bruit des voix, la diversité des propos, les vapeurs d'un bon dîner, et vous voilà comme gris... Que disent-ils ?... Êtres bizarres que ces petits anges entrevus tantôt aux courses, sous l'œil de leurs coquettes mamans ; les voilà qui luttent de poudre de riz et de tournure extravagante avec les plus cocodettes ; candeur et coquetterie, virginité et raffinement, l'assemblage est-il possible ?... Où se marier ? D'adorables maitresses, mais de singulières femmes... Ce qui n'empêche pas le portrait de Prim, tête nue, d'être le chef-d'œuvre de l'Exposition ; du Velasquez et du Goya : fierté, énergie, fantasmagorie de couleur ; un révolté fatal s'il en fut. Prim, dit-on, réclame un chapeau à cornes et refuse de payer ; il a bien raison : Raffet illustra aussi la première édition de la *Révolution française* de M. Thiers ; ses gravures hardies firent pâlir le texte et disparurent à la seconde édition. A côté d'un portrait comme celui-là, le modèle paraîtra toujours un assez piteux original....?

..... Charmante la styrienne entendue hier soir aux Italiens. Si on avait eu la bande des Hongrois pour la jouer ! Ah ! les braves musiciens nerveux, fiévreux, tourmentés, rageurs, si héroïques et si fiers ! Et la brave musique courageuse et cavalière !... Et le piano de dire en sourdine les premières mesures de l'Hymne de Rakotzy, puis d'éclater, arrêtant toute conversation, par un orage d'accords sauvages pleins d'éclairs et de cris...

DANS L'AVANT-SCÈNE

Celle-là était rousse, trop rousse...

Elle et Jacques sont dans l'avant-scène, lui, caché dans l'ombre, dissimulant son plastron blanc derrière le rideau de velours, elle, bien en évidence, penchée, le corps à moitié sorti, faisant face à la salle qu'elle lorgne minutieusement. Elle essaye l'effet d'une riche et théâtrale toilette où perce le mauvais goût anglais mitigé par la bonne faiseuse : sur une étroite tunique de satin vert, des dentelles noires à larges fleurs, pailletées d'or, s'étagent sur deux rangs en méandres compliqués ; par derrière, sur cette jupe, une sorte de manteau de cour de satin vert, dont la doublure de velours noir, frangée de crépines d'or, est relevée sur les côtés par une large écharpe de velours noir à nœud gigantesque retombant sur les flots du satin ; pour corsage, deux doigts de dentelle noire également pailletée d'or sur un morceau de satin vert, sans manches, ni épaulettes, maintenus seulement sur les épaules par deux torques d'or bruni. Au cou, la même torque d'or. Dans ses cheveux rouges haut crêpés et dans les longues boucles descendant par derrière en cascades de feu, de larges bandelettes de velours noir frangées d'or retombant en longs bouts flottants ; sur le côté, sortant d'un petit bouquet de plumes vert et noir, une aigrette en filigrane d'or, scintillante et mobile. Hauts gants blancs à douze boutons ; éventail or et dentelle noire.

Ainsi parée, elle est vraiment belle. Elle remplit et occupe la salle entière. Toutes les lorgnettes sont braquées sur elle. De la scène, acteurs et actrices ne la quittent pas des yeux, la pièce semble être jouée pour elle seule. Elle donne le signal des applaudissements et pour peu saluerait le peuple.

De l'intérieur de la loge, tout embaumée d'elle, le tableau est charmant. Rempart d'étoffe, rejeté tout d'un côté par-dessus le fauteuil, la longue traîne de la robe serpente en opulents replis, entre lesquels la crépine d'or jette ses lueurs métalliques, vraies étoiles dans ce ciel de velours sombre. L'esprit est emporté en de lointaines rêveries de courtisanes de Venise ou de patriciennes de Florence, pendant que l'œil, remontant le long de cette enveloppe majestueuse, arrive avec admiraration à ce buste de statue vivante, émergeant nu, de son alvéole de dentelle et d'or. Les seins bien servis, encadrés et soutenus par le corsage sombre, appelant la main et le baiser, semblent le doux oreiller où l'homme épuisé puisse reposer sa tête. Le dos tout bestial, à courbes puissantes, découvert très bas, a des creux et des saillies de tigre accroupi. Pour qui est assis derrière, la lumière de la rampe, arrivant d'en bas, cerne les contours extérieurs des chairs et de la chevelure d'une sorte de nimbe lumineux. Et tout cela mobile, remué, palpitant, exhalant une subtile odeur de femme et d'essences. Ainsi parée, l'idole est surhumaine. Comment ne pas plier les genoux, quand on la sent vivante et qu'on attend le plaisir...

Derrière elle, Jacques alourdi cuvait son dîner. Les fumées de vins trop capiteux engourdissaient sa volonté, alanguissaient ses yeux. Évidemment la digestion du dîner était pour Jacques l'heure la plus pénible de la journée. Comme hébété, il n'eût parlé pour rien, et semblait dormir éveillé. Il ne perdait pourtant aucun des manèges de la femme, qui se penchait au dehors, lorgnait circulairement la salle, avec de longues stations voulues; imperceptibles sourires sous la lorgnette, bonjours du bout de l'éventail, mouvements d'épaules pour faire glisser encore plus bas la robe et faire sortir un des seins tout entier en se penchant; puis, comme fascinée subitement, elle laissait retomber la lorgnette, et, la tête penchée sur une main dont le petit doigt caressait le coin de la bouche, elle regardait fixement quelqu'un. S'il eût pu remuer, Jacques, qui sentait son sang battre chaud et précipité dans la paume de ses mains et comme des aiguilles au bout des cinq doigts, eût d'un coup de poing bien asséné sur cette tignasse rouge, fait rouler la femme sous les chaises..

Mais, jusqu'à ce que son ivresse, bien portée d'ailleurs, fût tout à fait dissipée, il ne pouvait que rester inerte; sans souffler mot, il regardait cet amas de chairs et de dentelles avec la plus singulière expression de lassitude et de dégoût, et haineux, honteux, incohérent, il rêvait...

« ... Comment et pourquoi diable suis-je ici?...
« Elle était ma foi si étrange à ce retour d'Epsom
« où je la vis la première fois ! Mais est-ce une rai-
« son pour que cela dure encore?..... Je revois la
« route encombrée devant l'auberge..... Son grand
« duc à barbe de fleuve, monté sur les coussins de
« la voiture, brandissait d'une main une haute pinte
« de porter, et de l'autre retenait cette fille contre
« lui..... elle riant, criant, ses cheveux blonds, et
« vrais alors, dénoués et retombant sur son châle
« de dentelle blanche...... A un moment, ce grand
« diable d'homme porta la pinte à ses lèvres, la
« vida d'un trait et la lança en l'air, puis, élevant
« la femme jusqu'à sa bouche, il l'y baisa longue-
« ment, et, dans le mouvement, les jambes de la

6

« femme se débattant sortaient des flots des jupons,
« nacrées par les bas de soie..... Enfin, relevant la
« tête, mais sans lâcher prise, il souleva son cha-
« peau tout chargé de poupées..... et d'une voix de
« stentor satisfait, il poussa un hurrah formidable,
« qui trois fois fut répété, plus formidable encore,
« par la foule qui battait des mains..... Est-ce une
« raison pour l'avoir aimée ? Non, mais au moins
« pour l'avoir remarquée quand je la revis à cheval,
« au bois de Boulogne, trois ans après, un peu flé-
« trie, mais avec un nom et presque une fortune...
« Un peu hasard, beaucoup vanité..... Des voitures,
« un hôtel, tout un train de maison..... Pourquoi
« pas celle-là plus qu'une autre..... et l'affaire fut
« conclue..... Affaire médiocre..... Pourtant elle
« me trottait toujours par la tête, cette belle fille
« blonde entrevue par cette belle soirée de course,
« rieuse, échevelée..... gardant toujours pour moi
« cet attrait de l'imprévu et du lointain voyage.....
« Piqué au jeu, j'y retournai sans intermédiaire,
« et sans intention bien arrêtée..... une fois, puis
« deux, puis tous les jours, et, sans m'en douter,
« m'en voici venu à être le tenant aussi exclusif
« que possible de cette exotique beauté..... Caprice
« éteint?... habitude?... Singulière partie d'échecs
« engagée..... sotte vanité, stupide espoir de rani-
« mer ce cœur mort..... Débauche et mangeaille...
« car elle s'y entend et la table est bonne..... Tou-
« jours est-il que j'ai tout quitté pour elle, et qu'elle

« m'a cent fois plus que je ne l'ai..... Qu'y faire ?...
« Loin d'elle, tout s'éteint..... J'ai besoin de son
« bagout, de son amusant baragouin, mi-français,
« mi-anglais, pour m'étourdir, de ses toilettes pour
« me griser..... Bah ! que ferais-je ailleurs ? Des
« femmes trop bien gardées pour valoir la peine
« qu'on se donnerait ? La porte est grande ouverte
« ici, et j'arrive au même but..... Que j'ai la tête
« lourde, et que ces gens de la salle m'ont l'air
« bête à tous rire ainsi..... Qu'est-ce qu'on a dit ?...

« ..... Loin, diablement loin la fraîche et déli-
« cieuse vision d'Epsom..... Grossière comme un
« laquais de mauvaise maison, sèche comme un
« huissier dans l'intimité..... Les lustres éteints et
« les invités partis, les voitures sous les remises
« et les gens couchés, sa robe et ses jupes éparses
« sur les fauteuils et les tapis, quand je la tiens là,
« seul à seul, sous la pâle lueur du globe du pla-
« fond, quel néant..... Pas même belle !... Son
« masque de plâtre s'écaille au bout du nez où elle
« s'est mouchée, et aux deux rictus profondément
« marqués le long de ses deux grandes lèvres re-
« tombantes..... La tête de mort saille sous ses
« pommettes décharnées..... Cheveux rares, déjà
« morts sous les teintures..... poitrine flétrie, va-
« guant à l'aventure sous la mousseline..... jambes
« cagneuses..... Volé ! volé ! volé !...

« ..... Et fatiguée, épuisée, regimbante au plaisir

« comme à son plus dur travail..... Et j'y reste !...
« Effroyable torpeur de la volonté !... Invisibles
« et toutes-puissantes chaînes de la vanité, car elle
« est toujours fort remarquée, et notre luxe fait en-
« seigne à la boutique !... et j'en suis fier ! Du luxe !
« parlons-en ! Un perpétuel chassé-croisé d'huis-
« siers pour dettes antérieures inavouées..... Des
« diamants dégagés du Mont-de-Piété le matin
« d'un grand bal..... Des domestiques prêtant de
« l'argent..... Mais l'habitude ! et surtout l'inutilité
« de chercher ailleurs !..... Où ne pas trouver cette
« même leçon récitée les premières nuits, oubliée
« les suivantes, quand l'habitude, la vanité, les
« illusions enracinées et les sacrifices antérieurs
« ont rivé l'homme à la chaîne ?... La même bêtise
« de sotte adulée par des sots..... la même igno-
« rance de la vraie vie et de ses devoirs chez des
« malheureuses tirées de la boue pour le luxe, ahu-
« ries de la transition, prêtes à croire en Dieu et
« aux miracles après d'aussi brusques revirements...
« fainéantes, niant la peine, le bien, l'honneur qui
« ne rapportent rien..... exécrant pourtant leur mé-
« tier qui leur rapporte, mais bien juste de quoi les
« faire vivre jusqu'à l'hôpital, les estropie le plus
« souvent, et les fait expertes en débauche en les
« rendant impuissantes au plaisir..... Ma parole, je
« prêche, mais je vais mieux, et me voilà capable
« de réunir deux idées de suite.

« Tiens, là-bas en face, dans l'autre avant-scène,
« une jolie fillette... flanquée d'une mère et d'un
« papa... Elle ne quitte pas ma donzelle de sa lor-
« gnette... Décidément elle est ravissante, cette
« robe écossaise boutonnée sur le côté, fort mo-
« deste, mais moulant un buste bien bombé aux
« deux bons endroits, et d'une façon que l'on n'i-
« mite pas... Et quels yeux profonds, chercheurs,
« tout grands ouverts et brillants d'ignorance cu-
« rieuse !... et ses tempes bien fournies !... Mais
« qu'elle est donc mignonne et souple !... elle s'est
« levée pendant cet entr'acte... et au moindre de
« ses mouvements, cet adorable fourreau collant la
« modèle presque du haut en bas, faisant saillir
« ses seins, ses hanches, son petit ventre modeste...
« et que ce cou long s'emmanche donc bien au-
« dessus de ses jeunes épaules un peu tombantes !...
« Que c'est frais, sain et vraiment jeune !... Aïe !
« aïe ! aïe !... qu'est-ce que c'est, vieux paillard ?...
« En serais-tu seulement capable ?...

« Tout est là !...

« Par quels longs détours en arrive-t-on à voir
« que le bon, en toute chose, est ce qu'il y a de
« plus simple et de plus naturel ?... Combien est
« supérieure cette fraîche enfant à ce corps banal,
« inerte, usé par tous... et que j'ai payé fort cher !
« J'ai passé des jours, des mois à essayer d'en
« obtenir autre chose que l'imitation du plaisir;
« quand elle ne s'est plus donné la peine de mentir,

« je n'y ai jamais trouvé qu'inertie, fatigue, souf-
« france même ; et quand, grisé de mes propres
« paroles et de ma propre ardeur, je la pouvais
« croire un moment galvanisée, je n'en ai tiré que
« grossièreté ou mutisme... Vous qui nous regardez
« passer en ouvrant vos beaux grands yeux pleins
« d'envie et de curiosité, honnêtes femmes, hon-
« nêtes filles, que vous seriez vengées si vous
« saviez de quel prix est pour nous cette rougeur
« qu'un regard un peu fixe vous fait monter au vi-
« sage, ce tressaillement de tout votre être au seul
« contact d'une main d'homme!... Et quel charme,
« quel repos à former une de ces âmes vierges,
« pour soi... rien que pour soi!...

« Honnêteté, douce honnêteté, pour savoir ton
« prix, faudra-t-il donc toujours s'être d'abord
« épuisé à expérimenter le vice?... Comment de
« cette chose simple, saine, de nature, nos péda-
« gogues en sont-ils arrivés à faire je ne sais quel
« épouvantail compliqué?... De quels grands mots
« rébarbatifs ne l'ont-ils pas défigurée!... Vertu et
« Devoir?... Jouissance saine et santé de l'esprit,
« tout simplement... Mais qu'il faut de temps pour
« en arriver à se le persuader!... Singulière édu-
« cation que la nôtre!... Encore aujourd'hui, après
« la Révolution, ne sommes-nous pas encore élevés
« tout juste comme les jeunes gentilshommes du
« temps de Louis XIV l'étaient par les jésuites?

« Et nos familles s'en font gloire ! Même ignorance
« absurde des réalités de la vie, mêmes exercices
« puérils d'écureuils en cage à tourner des pra-
« tiques pieuses, des chronologies, des syntaxes,
« des prosodies grecques et latines, toutes choses
« archimortes et nauséabondes ; impuissantes
« même à leur but, qui est de mater le corps et
« d'éteindre toutes les ardeurs de l'esprit et tous
« les désirs de la chair... Et quand nous sortons
« de là, soûls de règles et de devoirs, livrés à
« l'effroyable pente où nous entraînent fatalement
« nos curiosités et nos besoins trop longtemps
« comprimés, au premier appel du plaisir facile,
« au premier minois de fille publique un peu en
« vogue que nous venons à rencontrer, fortune, santé,
« honneur, tout y passe... jusqu'à ce que ruinés,
« usés, vidés, nous songions à nous unir, cadavre
« vivant, à quelque petite cousine dont la dot nous
« remettra à flot, et dont la fraîcheur nous ressus-
« citera... peut-être !

« Mais où prendre conseil? Nos pères sont plus
« bêtes que nous. Étudier de nouveau, achever
« notre éducation par la lecture, les arts, le
« théâtre, etc.?... Mais grands poètes, grands ro-
« manciers, renchérissent à l'envie sur cet entas-
« sement de superstitions stupides que notre igno-
« rance nous a fait accepter sur toutes choses de ce
« monde. Pauvres diables de génies, aussi déclassés
« et aussi ignorants de la vie réelle que les pauvres

« diables d'abbés ou de pions qui formèrent notre
« jeunesse, ils ont, par leurs idéalisations chimé-
« riques, fait le plaisir (ce terrible plaisir!) aussi
« grand pour nous jeunes hommes que les absurdes
« déclamations de nos pédagogues l'avaient déjà
« fait pour nous enfants.

« De tous nos poètes le meilleur, Musset, qu'a-t-il
« su voir et chanter de la vie? Rien que le plaisir!
« Au fond un piètre sire, fort égoïste, rapportant
« tout à ses souffrances personnelles, toujours
« trompé, toujours furieux, et demandant la lune.
« De tous nos romanciers, le plus grand, George
« Sand, est-il un guide à suivre, lui le plus chimé-
« rique, le plus décevant par l'impossible perfec-
« tion de ses héroïnes?... Encore une fois, où
« apprendre la vie vraie? Au théâtre? Il n'y a pas
« à en parler tant que le talent des plus sérieux
« consistera en stériles parties d'échecs avec les
« mêmes pions cent fois rebattus, les mêmes paquets
« de lettres retrouvés, les mêmes adultères décou-
« verts et récompensés à point... Puérils et inu-
« tiles, vous dis-je, tous ces prétendus enseigne-
« ments de notre maturité qui, par leur faiblesse
« et leur fausseté, ne font qu'enfoncer plus profon-
« dément encore dans notre cervelle toutes les
« indéracinables superstitions de notre éducation
« jésuitique. Superstition du plaisir confondu avec
« le bonheur, superstition de la femme confondue
« avec la maîtresse, du travail confondu avec la

« peine, du devoir confondu avec l'effort et du bien
« confondu avec le mérite. Que de temps pour
« s'apercevoir combien tous ces vertueux épou-
« vantails, bien, travail, devoir sont, au fond, choses
« simples, naturelles, profitables, aimables ; vraie
« santé de l'esprit pour lequel elles sont ce que
« l'exercice et la propreté sont au corps!... Com-
« bien de temps encore faudra-t-il donc en être
« arrivé à n'avoir plus ni cheveux ni dents, pour
« reconnaître la supériorité de la plus simple enfant
« saine et fraîche sur ces misérables instruments
« de plaisir...

« Heureux ceux qui s'en tirent à temps ! Serais-je
« de ce nombre? Oui, ma foi... Ma digestion faite,
« et l'esprit redevenu net, rentré en possession de
« moi-même, dans un de ces rares et délicieux
« instants, comme celui-ci, par exemple, où ma
« harpie, toute à ses coquetteries avec le public ou
« toute aux niaiseries de la scène, me laisse me
« taire et rêvasser à loisir, j'entrevois dans un
« prochain avenir une autre vie, une famille, de
« vieux amis à regagner... Dans peu, je serai à peu
« près ruiné et tout à fait délivré. Ce qui me res-
« tera, fortune ridicule pour cet aimable vampire,
« me sera l'aisance la plus douce pour un homme
« revenu de tout. Riche, sans charges, sans devoirs
« qu'envers moi-même, j'ai voulu tout connaître...
« Je pouvais manger mon bien avec de moins

« belles et de moins réputées, et je n'aurai rien à
« regretter de ce côté... Donc, ma fille, fais ton
« métier tout à ton aise... distribue à tes amis de
« la salle ces menues espérances qui entretiennent
« une clientèle ; rien de plus juste ! C'est ta caisse
« d'épargne, après tout, et il est prudent de songer
« à l'homme qu'on aura beaucoup plus qu'à
« l'homme qu'on a... Veux-tu des conseils ?... Je
« suis capable de t'en donner de bons et de souve-
« rainement désintéressés, tant il me reste peu de
« colère maintenant que me voilà tout à fait dé-
« grisé et remis dans mon bon sens... La colère ?
« à quoi bon ? Pas même le mépris ! Je ne t'en
« veux, je t'assure, pas plus qu'au vin qui m'a-
« lourdit, qu'au cigare qui m'hébète, qu'à la carte
« qui me ruine ; pas plus qu'au trop-plein de ce
« dîner que je viens enfin de cuver... »

Pendant ce temps, à l'orchestre, les amis de Jacques se disaient :

— Voyez donc là-haut, dans l'avant-scène, Jacques qui fait encore sa tête avec sa Rousse ; quel imbécile !

L'ONDINE

Depuis trois semaines, elle ne lui parlait plus d'autre chose, que de ce costume d'ondine. Avant tout, elle voulait paraître à la scène plus belle encore qu'on ne l'avait jamais vue à la ville, et voici le costume qu'il lui avait imaginé :

Au fond, le corps superbe de l'admirable créature en faisait tous les frais ; mais, devant les justes susceptibilités d'une censure chatouilleuse, il avait fallu ruser et trouver un compromis qui laissât tout voir sans rien montrer. Vert et argent, pour une ondine, c'était inévitable. Le dos, la poitrine, et les hanches, comme nus sous le maillot de soie nacrée, étaient enveloppés d'un réseau de lanières d'argent brillant filetées de satin vert et garnies de longues poires d'émeraude. Entre les larges interstices du réseau étincelant, la chair rose apparaissait à chaque mouvement, alternativement découverte ou voilée par les émeraudes vacillantes. Au bas des reins, commençait seulement la jupe. Ainsi dégagée, la taille fine contrastait bien avec le volume de hanches Renaissance très développées.

La jupe de satin vert à larges bordures d'argent se découpait en lambrequins Louis XIV très courts devant, très longs derrière ; à travers les fentes, le haut de la jambe se laissait deviner, recouvert cependant encore par les entrelacs de perles garnissant la jupe, et les mêmes émeraudes du corsage répétées au bas. Au-dessous, moulées dans un maillot de soie tout pailleté de rondelles d'argent brillant, les jambes émergeaient librement d'un inextricable fouillis de déchiquetures satin vert et argent, formant par derrière comme un long manteau de cour s'évasant à deux ou trois mètres de la femme. Sa haute et noble stature exigeait ce développement indéfini et majestueux. Aux pieds, de hautes bottines de satin vert garnies d'émeraudes, à talons d'argent. Par-dessus tout, descendant des épaules, des bras, du haut chignon roux à longues boucles, une pluie d'étroits et longs rubans verts pailletés d'argent, de cordons de perles, d'émeraudes et de boules de cristal faceté, jetant sur cet ensemble déjà trop étincelant, un second ruissellement mobile, rayonnant en tous sens.

L'exécution d'un tel costume promettait d'être longue, compliquée, fatigante ; mais pour elle et pour lui les jours de la couturière étaient des jours de gamineries et de congé, vrais jours de fête. A l'habitude, on se quittait le matin pour se retrouver seulement dans la soirée, fort tard quelquefois ; de longues heures de solitude pour elle ; mais, dans d'aussi graves circonstances, toute affaire cessante, il ne la quittait plus, heureux d'un sérieux prétexte à donner tout son temps à cet être charmant qu'il allait faire plus charmant encore. Pour elle, ces jours-là seulement, elle le tenait bien à elle, et ces jours-là surtout c'était le plus joyeux, le plus babillard et le plus uni des ménages.

Lui-même y trouvait son compte : il prenait là les leçons de goût le plus vrai et le plus parisien, apprenant tout ce qu'une nuance plus ou moins vive peut avoir d'irritant ou d'harmonieux, tout ce qu'une broderie lourde, un estampage grossier, a d'odieux et de bas.

Ce tact et cette distinction qu'il soupçonnait en elle, il en avait la preuve à ses joies et à ses répugnances à elle. Quant à tout ce que cela allait coûter, qui y songeait ? Dans ses longues courses à travers les magasins, ne se faisaient-ils pas l'effet de deux nouveaux mariés s'installant ? Dans la voiture, on jabotait, on conseillait, on projetait. On mettait à peine pied à terre, que les passants se retournaient et s'arrêtaient sur le passage de cette belle grande fille, sur laquelle la toilette la plus sombre et la plus simple semblait robe de cour. On entrait, et les commis se troublaient, et elle en abusait pour se faire tout montrer.

Puis l'amour-propre de l'artiste s'en mêlait ; il se trouvait merveilleusement secondé par cette délicatesse minutieuse à saisir et faire exécuter les moindres détails du costume qu'il avait dessiné lui-même. Et quelle patience ! Les étoffes choisies, aucune couturière ne put se charger du réseau du corsage, il fallut aller trouver un armurier ! On essaya cinq ou six fois une armature en carton, et chaque fois en maillot passé sous sa robe à l'avance. L'armurier, assez bel homme, prenait gaiement son parti des retouches à faire, modelant son carton sur ce beau corps dont il lui fallait bien passer tous les contours en revue. Une chaste moitié assistait à ces séances et soutenait le digne homme de sa présence... La traîne et la jupe furent l'affaire de la couturière ; autres séances dans un atelier rempli de jeunes et jolies frimousses curieuses, et pouffant de rire aux explications très compliquées du monsieur... L'auguste et éternel Milon envoya inutilement cinq ou six projets de maillots pailletés, il en fallut faire venir de Londres un modèle. Pour le chignon, le coiffeur dut aussi inventer un certain rouge anglais intermédiaire entre le rouge à la mode, trop dur et d'ailleurs commun, et le blond, trop fade et trop vieillot. La bijouterie nécessita des courses au bout du monde, au Marais, qu'ils ignoraient tous les deux. Vieux grands hôtels dont les façades sculptées disparaissent sous les enseignes bariolées, rues étroites à bornes saillantes, vastes cours d'honneur servant aujourd'hui de magasins et encombrées de ballots et de barriques, tout cela passait comme un rêve au travers de la glace du coupé retentissant et filant comme une flèche. Un jour, on mit pied à terre dans ce charmant et mélancolique enclos planté de vieux arbres à la française, qu'entourent les grandes maisons brique et pierre de la place Royale. Vraiment oui, le bout du monde ici... solitude à peine troublée par les cris d'enfants jouant aux billes, ou le faible murmure des vasques dégouttant l'eau au centre des pelouses.... Paris est loin. Toute réalité, tout obstacle s'oublie ici...; et, tout en marchant étroitement serrés l'un contre l'autre, on peut se jurer sans mentir que cela durera toujours !...

On rentrait très tard souvent dans la soirée, et l'on étudiait son rôle en se mettant au lit. Le plus singulier et le plus complet contraste entre sa façon de le parler et sa façon de le dire. Au naturel, la plus fine, la plus câline, la plus sensée et maîtresse d'elle des coquettes ; femme, c'est-à-dire charmeresse jusque dans les moindres inflexions et les moindres gestes. Sitôt qu'elle récitait, toutes ses qualités naturelles disparaissaient : une élève d'un cours de déclamation s'exerçant au bien dire avec deux boules de caoutchouc dans la bouche, roulant les *rrr*, nuançant chaque syllabe, perdant le sens général et quittant une voix jeune et pleine et bien de poitrine, pour un fausset nasillard et suraigu semblant descendre de la racine de ses cheveux. Le professeur l'avait ainsi noté, il n'y avait pas à discuter. Il fallait ruser pour la ramener à son vrai naturel, interrompre la leçon, causer un instant et l'amener dans la conversation à prononcer sans qu'elle s'en aperçût une phrase analogue à la phrase en litige, l'arrêter court, la lui faire redire, et comparer l'intonation naturelle et l'intonation affectée, et, sur le fait, lui prouver que ce qui plaisait en elle, c'était elle-même et non la centième édition d'une leçon rebattue et que toutes pouvaient réciter aussi bien. *C'est bien, c'est bien*, devait-elle dire en entrant en scène, *que ma voiture attende et qu'on aille dire à mon coiffeur*... etc, et de prendre l'air et l'intonation de Mme Plessy distillant Célimène. N'était-il pas plus simple de parler comme à sa femme de chambre, en femme affairée à sa toilette, brève et sèche ? Au lieu de cela, des pauses à n'en plus finir, et des lèvres en cul de poule égouttant longuement les mots vides de sens ainsi séparés les uns des autres... Mais le professeur ?... Au diable ! Il fallait encore prouver les ridicules du pédagogue et lui démontrer ses vrais charmes à elle pour lui prouver toute sa supériorité de vraie femme coquette et rusée sur ce pauvre diable à tant le cachet... Se laisserait-elle conseiller par lui pour le moindre ruban, la moindre nuance d'étoffe lui seyant plus ou moins ?

Pourquoi donc le faire juge en matières bien autrement intimes et délicates ?...

... Et il parlait, parlait, parlait, la tenant dans ses bras, puisant dans ses yeux et sur ses lèvres des arguments à n'en plus finir, et les appuyant de preuves d'une si évidente sincérité qu'il fallait bien qu'elle se rendît et en arrivât où il voulait. C'était bonheur alors de la voir ainsi souple et soumise, comprenant, devinant à moitié mot et allant au delà !... Les plus dures railleries exagérées à dessein portaient juste et se pardonnaient, dites dans un baiser. Elle, toute surprise de se voir ainsi gouaillée et dirigée, plus surprise encore du contraste incompréhensible pour elle entre ces transports vrais et cette impitoyable clairvoyance. Tant de sang-froid lui faisait se demander si bien réellement elle était maîtresse de lui ?... Et dans cette tourmente capricieuse qui était son état d'esprit ordinaire, elle n'en avait que plus de plaisir à trouver ce point d'appui, basé sur la plus juste appréciation d'elle-même. Si supérieure par sa beauté, sa science de l'homme et du plaisir, qui la faisait si sûre de lui, elle avait alors bonheur à abdiquer toute prétention et toute volonté, à la fois triomphante et vaincue...

Autre histoire pour les couplets qu'on avait cru devoir intercaler dans ce rôle un peu trop court. Le costume, essayé d'ailleurs devant la direction, avait été décidé trop coûteux et trop brillant pour ne point mériter une entrée en musique. L'ondine devait donc se promener quelques instants sur la scène, et murmurer quelques mesures d'une mélodie vague avant d'entamer le dialogue. Grosse affaire. Assez bonne musicienne, mais sans presque de voix, elle parlait d'aller trouver Faure, le grand M. Faure du grand Opéra lui-même, et de lui demander quelques leçons au prix qu'il voudrait. Elle en dut rabattre et se laisser simplement mener à une reprise des *Prés Saint-Gervais* pour y entendre la bonne Déjazet. Déjazet et Mario étaient ses deux passions musicales, à lui. Même absence de voix chez tous les deux, mais même sentiment de la phrase mélodique, même tact, même charme discret, même justesse et même netteté; jamais un effort apparent, jamais une trivialité... Le petit singe comprit bien, et son chant fut bientôt, comme son débit, simple, sans effort, dit à demi-voix, spirituel et net.

Vint le grand jour de la première. Il était temps. Bien qu'en se jouant, que de fatigues au fond! Et que d'attente, de fièvres et d'espoirs! Peu à peu ce bout de rôle avait pris à leurs yeux une incroyable importance. Toutes plastiques d'abord, leurs préoccupations s'étaient faites plus sérieuses: tant de beauté, tant de charme, tant de goût et d'intelligence ne pouvaient-ils un jour être appliqués à quelque vraie création? Non pas que l'on fût bien ambitieux; mais où trouver au théâtre, aujourd'hui, une grande belle figure comme celle-ci, dont la seule présence sur la scène fit battre le cœur, et emportât l'esprit en des rêves lointains de reines et d'impératrices du Titien ? Un Mélingue femme !... Pour en arriver là, c'était un bien faible commencement ; mais qui sait, dans un jour comme celui-ci, parmi tous ces critiques spécialement convoqués, qui sait si l'un d'eux ne s'apercevrait point d'une intention, et ne donnerait l'éveil ?... Et de redire ces cent lignes, et de noter les effets par cœur, de peur de défaillance, et d'espérer, de supputer, de craindre...

Le matin la trouva dans d'assez fâcheuses conditions, courbaturée d'essayages répétés et de répétitions nocturnes ; fatigues périodiques de la femme, énervement total de contretemps multipliés ; la nuit de la veille, rien n'était prêt de ce costume odieusement compliqué, rien n'allait. La courte journée, trop courte, se passa en courses à tous les fournisseurs, essayant de nouveau, se déshabillant, se rhabillant, oubliant de déjeuner, répétant son rôle dans le coupé tout en se bourrant de gâteaux...

Rapide, le soir est venu. Rien n'est prêt. On finira le costume sur elle. On la porte en voiture. De dîner, il n'en est pas question. On soupera... Le jour finit à peine. Déjà du monde aux portes du théâtre... Vite à sa toilette !... Fièvre, impatiences, larmes... La jupe arrive, puis l'armature d'argent... On a oublié les nœuds d'épaules et la garniture de boules de cristal... Entrée de la perruque... Voici le maillot d'écaille... Est-ce tout?... Oui, sauf les bottines... Vite la femme de chambre en voiture............ On sonne pour le troisième tableau, le sien!... Horrible de lourdeur ce chignon surmonté d'une large écaille d'argent formant casque : il bascule sur la tête, l'entraînant tout de son poids en arrière... Lourde aussi, et pesante, et impossible à manœuvrer, cette longue traîne à cinq rangs d'écailles de satin bordés de galons d'argent... Et les bottines n'arrivent pas!... Bien maintenant! on a oublié de garnir d'étoffe l'intérieur des doubles bracelets de poignets et d'épaules, et les rugosités de la monture de cristal écorchent la peau et la font saigner... Les bottines! les bottines!... le dernier coup est sonné, on lève le rideau... Enfin les voici! Trop grandes! les pieds y tournent, mal affermis sur les talons trop hauts... Rien à faire... il faut les mettre telles quelles... La canne, le lorgnon, les gants... Enfin c'est fini... Au rideau!...

Heureusement elle n'est point de la première scène... Comme ivre, escortée de deux femmes portant la traîne relevée, elle descend sans voir, à tâtons, une à une, les marches de l'étroit escalier, qu'elle éclaire, éblouissante, tous se rangeant, admirant, stupéfaits sur son passage. Premier succès qui la remonte. Une halte au foyer devant la grande glace en pied... et la voilà remise; elle n'avait pu se voir en entier dans la loge trop étroite... A cet éblouissement d'ensemble, fait d'éclairs des lames et des paillettes d'argent, de lueurs d'émeraudes, de chatoiements de l'épais satin vert, à cette vision surhumaine entrevue dans la glace, corps charmant mis en relief et bien encadré sous l'armature transparente, tête plus charmante encore par le rouge éclat des pommettes, les longs cils allongés des paupières, l'éclat humide des yeux enfiévrés... elle se sourit et décidément se trouve bien... Plus de fatigue, plus d'embarras d'équilibre, de meurtrissures dans les chairs, elle entre en scène galvanisée... Un frémissement d'admiration dans la salle... Elle est sauvée?... Hélas! elle ne s'attendait pas au jet de lumière électrique qui, découvert à l'improviste, tombe cru sur elle, l'aveugle tout à coup et lui fait perdre la tête!... Faux les couplets! plus faux et plus ridicule encore le récit ânonné!...

Et le lendemain, homme juste mais sévère, le critique du plus autorisé des journaux disait d'elle : « Quant à la belle Mlle X..., nous lui conseillerons de s'exercer à passer dans des cerceaux de papier, plutôt que de continuer à jouer la comédie... »

Telle est la véridique histoire de la pauvre ondine et de sa première et dernière tentative au théâtre, où elle ne voulut jamais reparaître.

RETOUR

I

A dessein, le capitaine Jean avait laissé partir le train par lequel il avait écrit qu'il arriverait, et retardé son départ de plusieurs heures pour éviter à son entrée en gare les gênantes effusions de sa famille et de ses amis. Morose, découragé, il voulait être laissé seul. — Après quatre années d'absence, il rentrait au pays. Et quelles années ! Les trois premières, follement remplies par d'assez brillantes et bruyantes aventures de garnison, qui lui avaient à peu près dévoré l'héritage paternel ; la dernière, lugubre, tout entière à la guerre. Après Sedan, il était venu reprendre du service à l'armée de la Loire, et, devant Orléans, avait eu le bras droit fracassé. A la suite, amputation de la main, six semaines de fièvres dans un couvent, au milieu des mouvements de troupes, fuyant devant l'ennemi ; puis, une longue convalescence à Bordeaux, où sa mère l'avait ramené, et, une fois guéri, pour régulariser ses états de service et ses titres à la croix, d'interminables et fastidieuses sollicitations dans les bureaux en désarroi de ce gouvernement ambulant, sollicitations qui, quoi qu'il en eût, l'avaient mêlé au plus sale monde de panachards et de tripotiers. Coup plus cruel, il avait rencontré là sa dernière maîtresse ; il en avait été fou, s'était quelque peu ruiné pour elle, et il n'était pas bien sûr de ne pas l'aimer plus que jamais ; la guerre seule l'en avait pu séparer. Dans une superbe voiture de louage, tous les après-midi, elle trônait aux Allées, aux côtés d'un fournisseur gambettiste. Il l'avait revue chez elle, un matin : lui, fort gêné de sa pelisse râpée et de son moignon ; elle, ne dissimulant pas un dédaigneux étonnement ni un définitif oubli ; d'ailleurs, plus jolie et plus tentante que jamais dans sa robe de chambre, sorte de dalmatique rouge à la hongroise toute soutachée d'or. Bonne personne, du reste, elle lui avait offert sa protection, et, en effet, dernière honte, elle parla de lui à son insu à un familier du ministre de la guerre. Quatre fois porté à l'ordre du jour, et la main droite coupée, Jean n'en eût pas moins attendu de longs mois, et peut-être en vain, la croix qu'il méritait. Mais l'illustre Fontanarose, qui présidait alors aux destinées de la guerre, mis en éveil par le nom de famille de Jean, n'avait pas été fâché de faire preuve d'impartialité, et sur-le-champ avait signé sa nomination.

Cela n'avait pas suffi pour tirer Jean de son abattement. Défaites sinistres, turpitudes et défections ! au milieu de quelles abominations n'avait-il pas vécu depuis six mois, lui, élevé dans la religion d'une France invincible !... Cette croix, d'ailleurs, lui rendait-elle sa main ?... Et son argent ?... et sa maîtresse ?... Lui, dont la vie jadis ne semblait pas avoir assez de jours pour ses plaisirs et ses devoirs, il se voyait maintenant à tout jamais estropié, inutile, dédaigné, incapable de défendre une femme, ni de monter un cheval !... Le cœur serré, muet, blotti dans le coin de son wagon, Jean comptait une à une les dernières stations qui le séparaient encore de la retraite où il allait s'enfuir. Il était nuit quand il entra en gare. Personne autre, en effet, pour l'attendre que le cocher resté seul avec la voiture. Ainsi qu'il l'avait prévu, il avait échappé aux étreintes d'une smalah attendrie : en grande pompe, tous les siens et leurs amis, auxquels s'étaient joints les oisifs de la petite ville, l'avaient attendu à l'arrivée de quatre trains consécutifs ; puis, de guerre lasse, s'étaient séparés.

Noires, lugubres, silencieuses et mortes, ces rues pavées de cailloux inégaux, où la voiture cahotait retentissante. Au passage, masses plus noires que le ciel, les grands toits du vieux marché, et perdue dans les étoiles, la massive tour carrée de la vieille église romane ; aux fenêtres, de rares lueurs rougeâtres, sur lesquelles se dessinaient en vigueur les croisillons de pierre ; quelques débits borgnes entr'ouverts, d'où s'échappaient des traînées de lumières, faisant paraître plus noires encore les étroites ruelles sans gaz... Puis, plus de maisons ni de cahots ; une route, dans la nuit, bordée de troncs décharnés que les lanternes de la voiture éclairent au passage...

Et pourtant Jean allait retrouver sa famille. Mais, sauf sa mère, que lui importait ? D'ailleurs, il venait de passer deux mois avec elle à Orléans et à Bordeaux, d'où elle avait pris les devants pour préparer son installation au château. Les autres ? Deux générations d'oncles et de cousins du cru, l'inévitable petite cousine, qui, de tout temps, lui avait été destinée... Une vraie perle !... Sa chère mère lui en avait rebattu les oreilles pendant les deux mois de sa convalescence ; comme elle l'en avait fatigué dans toutes les lettres qu'elle lui écrivait depuis quatre ans, pour le faire venir passer au moins quelques jours à leur château. Une belle et bonne créature, lui disait-elle, élevée par moi à t'aimer et t'admirer, et riche, ce qui ne gâte rien... Mais Jean avait la tête à d'autres, et du temps devant lui alors ! Aussi, chaque fois que sa mère entamait le chapitre de ce mariage, il lui fermait la bouche par une mauvaise plaisanterie stéréotypée : *l'Huître et la Perle*, fable ! lui disait-il en riant, et il tournait les talons. Que les temps étaient changés ! Dans l'état où il était, ne serait-il pas forcé d'accepter la seule huître !... Le moins possible il songeait à cette suprême extrémité. Pour l'instant, il n'en était qu'au regret de sa vie passée et à l'effroi de la vie nouvelle qu'il allait mener au milieu de parents ou d'amis dont il n'avait gardé que les plus vagues souvenirs, au vol de ses vacances d'écolier et de ses congés de soldat. Qu'allait-il faire parmi ces gens-là ? Économiser, végéter et mourir ?...

Lentement, maintenant, la voiture gravit une rampe bordée de gigantesques platanes, sans feuilles, montrant à nu leur écorce grisâtre, rugueuse et plissée comme la peau des éléphants, vieux colosses, fantastiques gardes d'honneur du château dont ils précèdent l'entrée. Un arrêt au fer à cheval devant la grille qui s'ouvre en grinçant ; le fracas des roues sur les pavés de la grande cour sonore, un va-et-vient de gens s'éclairant de lanternes, un dernier bruit de la voiture qu'on remise et de la grille qui retombe, et, de nouveau, le silence et la nuit partout.

Ses excuses faites et le bonsoir donné à sa mère, Jean s'en allait droit à sa chambre de garçon ; mais on le conduisit à l'ancien appartement de son père, fermé autrefois, ouvert et remis à peu près en état pour lui. C'est vrai, pensa-t-il, aujourd'hui c'est pour toujours !

Et plus triste encore, il se laissa mener par les grands corridors, sentant la cave ; il revit les vieux tableaux chassés des chambres et pendus au hasard sur les murs, et au-dessus de la porte du salon, la plaque de marbre commémorative d'une visite du duc d'Angoulême. Un grand feu de bûches énormes flambait dans l'âtre, encore trop vaste, sans réchauffer l'immense pièce glaciale ; les lumières s'y perdaient comme en des lointains ; les vieux meubles Restauration, hauts sur pieds, les tapis, rares et courts aux places officielles, laissaient à nu le carrelage du plancher, et par tous les vieux huis disjoints l'air sifflait et cinglait. Tant qu'il put, Jean retint son ordonnance allant et venant à déballer ses objets de toilette et à l'habiller de nuit. Jean, resté seul, aurait pleuré.

— Toujours ! se répétait-il en se mettant au lit, ici pour toujours ! et je n'ai pas trente ans ! Que faire désormais avec mes dettes, et ceci pour gagne-pain ?... Et il levait dérisoirement au ciel son bras sans main... Dans le jour, il prenait encore assez bien son parti de cette mutilation, dissimulée encore sous une coquette et soyeuse écharpe de foulard noir, cousue à l'uniforme ; mais le soir le cœur lui manquait parfois en tirant cette manche d'où rien ne sortait. — Pour toujours aussi cela ! ajouta-t-il en hochant la tête.

Atroces toujours pour lui, ces premières heures de la nuit. Debout, au jour, sa volonté prenait encore le dessus ; mais ces instants où, cherchant le sommeil, l'esprit prend la dérive, étaient pleins pour Jean de désespoirs lugubres. N'y tenant plus, il se releva au bout d'une heure, s'enveloppa de son grand manteau de cavalier, mit une bûche au feu, et résigné se mit à arpenter la chambre, se forçant, pour ne pas penser, à examiner les moulures des meubles, les boiseries du mur ; ouvrant les armoires et en tirant une à une leurs reliques : des vieux fusils de chasse à garde-joue de velours ; un casque de garde du corps à croix d'argent fleurdelisée, à chenille noire gigantesque hérissée ; un album des uniformes de la cavalerie française en 1818, à vives et fanfaronnes couleurs, à triomphants panaches exagérant encore ceux de l'Empire... A feuilleter ce livre, tout enfant, il avait pris le goût des armes ; en ce moment, il n'en voyait plus que la sanglante charlatanerie dans la défaite... Et il rejetait le volume avec dégoût... Et le sentiment de sa ruine et de son néant lui revenaient... Et sa maîtresse perdue !... Et aussi les projets de sa mère...

Si encore il n'eût pas fallu s'humilier devant une famille qui avait maintes fois glosé de ses coups de tête !... Mais solliciter ces rustres !... Courtiser une pécore de province !... S'il y avait au moins égalité de position ! Mais elle était riche, et il ne l'était plus !... Elle était belle, disait-on, et lui !... Estropié ! Estropié ! Estropié !... Et la rage le reprenait... comme si l'éclat d'obus qui lui avait fracassé le poignet n'eût pas aussi bien pu lui écraser la tête !... Dans ces moments-là, sans sa mère, il se serait achevé !...

Au petit jour, brisé de fatigue, il se recoucha et finit par s'endormir, mais d'un mauvais sommeil hanté de mauvais rêves : il lui semblait s'enfoncer dans un puits ; au-dessus de sa tête, la couche d'eau, plus profonde d'instant en instant, laissait arriver jusqu'à lui une dernière lueur au centre de laquelle apparaissait, comme dans une gloire, une belle femme en robe de chambre à la hongroise, rouge et toute soutachée d'or ; encore, encore, il s'enfonçait... la lueur faiblissait... il suffoquait... un dernier éclat de rire lui arrivait d'en haut, puis la nuit et le silence se faisaient sur lui pour toujours...

II

Le lendemain était un dimanche. Jean se leva tard, trouva sa mère déjà partie à la ville, où elle le faisait prier de la venir chercher ; elle serait, avec ses tantes et sa cousine, à la messe de onze heures. La voiture l'attendait, attelée ; Jean se laissa emmener.

Un beau soleil, le grand air de la route, remirent Jean de sa nuit d'insomnie ; au moins il était sûr de ne plus être au fond d'un puits. En ville, les petites rues s'émaillaient de gaies toilettes et de groupes babillards. Les cloches tintaient joyeuses ; sur les marches du parvis de l'église, les gars, roides dans leurs habits neufs, épiloguaient les fillettes arrivant par bandes. Sur le passage de Jean, tous se taisaient et respectueusement se découvraient. Si devant le café républicain deux ou trois culotteurs de pipes n'eussent enfoncé avec affectation leur feutre mou en voyant venir l'officier, celui-ci eût pu tout à fait oublier les tristes temps que nous traversons ; il se retrouvait presque enfant à cette joie du dimanche, au milieu de ces braves gens.

Pour arriver à la chapelle du faubourg Saint-Germain de la ville, Jean dut traverser un réseau de ruelles à pignons, à croisées cintrées, à portails historiés, dont le soleil soulignait les saillies : fines nervures gothiques, nobles courbes Renaissance, bossages Louis XIII, hautes fenêtres à mascarons et à balcons flamboyants du grand siècle, un monde dans le moindre coin de ces étroites rues, où cent fois Jean était passé distrait et indifférent, où tout le frappait aujourd'hui qu'il sentait désormais sa vie là !... Et à chaque pas une maison de parent ou d'ami; à ce balcon, il venait, étant enfant, voir défiler les processions ; à ce portail, il se rappelait un portique de fleurs pour un mariage; sous cette arche sombre, son premier rendez-vous ; tranquilles souvenirs qui peu à peu le regagnaient et finissaient par lui faire honte de son arrivée si saugrenue, la veille.

Il entra à l'église déjà tout autre. La messe était commencée; ne voulant déranger personne, il resta au fond de la nef, rêvassant... Très coquette, cette petite, mais aristocratique église, aux voûtes peintes de fresques récemment rafraîchies, aux autels resplendissants d'ors neufs, aux boiseries brunes, mais brillantes ; aux statues blanches doucement éclairées du haut; partout des fleurs ; au pavé des nattes, et dans l'air des parfums de femmes et d'encens. Pleine aussi de souvenirs : que de fois, enfant, dans l'attente de ses promenades du dimanche qui suivaient la messe, il avait levé les yeux à cette voûte, vagabondant en pensée dans la campagne qu'on y voyait peinte entre les arceaux d'une riche colonnade. Ici, il avait communié pour la première fois; à ce banc-d'œuvre, son père, mort, était autrefois assis ; et, à droite de l'autel, comme autrefois, sa mère était toujours là, cette chère mère qui venait encore de le soigner et de le sauver comme quand il était petit... et du regard il la chercha dans la foule, comme repentant de n'être pas à ses côtés. Il l'aperçut, abîmée dans sa prière, les mains sur son visage, loin de tout... Près d'elle, dépassant ses voisines de toute la tête, une fort grande personne, dont il ne voyait que le haut chignon. Cette grande personne paraissait distraite, s'agitait sur sa chaise, cherchant évidemment, pour se retourner tout à fait, un prétexte qu'elle trouva à un moment où l'on se leva pour s'agenouiller. Elle scruta le fond de l'église, et finit par fixer sur Jean un long regard, curieux, surpris, puis comme attendri et pourtant plein de reproches.

— Serait-ce là ma perle de cousine? pensa Jean un peu ébaubi. Quatre ans avaient-ils à ce point changé une fillette qu'il voyait encore venant à lui au parloir du couvent, gauche, anguleuse et noiraude, ses bras croisés sur la poitrine, avec des gants de coton trop longs qui lui faisaient des bourrelets au bout des doigts? Une superbe brune, à présent, au grand cou long, aux larges épaules, à la taille fine, au-dessus de hanches pleines et rondes, moulées sous la robe collante!... Et la douce figure!...

A ce moment, le premier coup de clochette de l'enfant de chœur tintait pour l'élévation; tous les fronts se courbèrent; des nuées d'encens s'élevèrent aux voûtes, et, dans le silence de tous prosternés, l'orgue laissa tomber des chants voilés, lointains, comme venant d'en haut. Jean, agenouillé, se recueillait dans les plus douces et les plus poignantes pensées. Souvenirs d'enfance, apaisements, sentiments tout nouveaux de reconnaissance, oubli et pardon des maux passés, doux émoi de la vision de tout à l'heure, entrevoiement d'un bonheur préparé par sa mère... A un moment, il se sentit à la fois si heureux et si indigne qu'il dut en mordre sa moustache pour ne pas pleurer.

On se releva. De nouveau, leurs regards se rencontrèrent. L'orgue éclatait alors; après s'être fait tout accessible, tout effusion et tendresse, le ciel semblait s'ouvrir pour inonder l'église de cataractes harmonieuses... Chant de joie et de triomphe qu'un secret instinct lui faisait s'approprier; tout ce qu'il éprouvait en ce moment, les anges se chargeaient de le lui aller dire à elle !...

Brusquement, l'orgue se tut, et les chants divins firent place au prosaïque bruit des chaises remuées ou renversées pour la sortie. Cette fin d'extase à l'heure lui rendit son sang-froid. — Suis-je assez sot ! Me monter la tête pour une femme à peine entrevue ! Voyons-la d'abord de près, cette beauté.
— Il se posta près du bénitier, et de l'air le plus méchant, il fixa la grande fille qui s'approchait, donnant le bras à sa mère. — Peuh ! quelque chose de faunesque dans ce nez trop court, dans ces lèvres charnues, et ce menton déjà trop plein... — Mais il avait beau s'en défendre, il était pris des pieds à la tête par cette belle et saine créature, qui s'avançait, grande, noble, parfaitement mise, et simple. Quand les deux femmes furent près du bénitier, Jean, tout troublé, voulut tremper sa seule main dans l'eau bé-

nite pour la leur offrir ; mais elle retenait sa canne et son képi, qu'il fallut laisser tomber... Et avant lui, la jeune fille mit lestement la main au bénitier et l'offrit à sa mère et à lui. Un silence embarrassant... Plus troublé encore, piqué de se voir ridicule, la tête baissée, il fronçait déjà le sourcil, quand avec effort il se décida à la regarder de nouveau ; les yeux de la jeune fille étaient fixés sur son bras sans main, et de grosses larmes en tombaient sans qu'elle y songeât.

Tous trois, longuement ils s'embrassèrent, pleurant, sans se rien dire ; mais cette muette étreinte disait assez : ce sera toujours ainsi maintenant ; elle t'aidera à vivre, si tu veux vivre pour ta mère, ta femme et tes enfants.

Inutile d'ajouter que ce mariage est aujourd'hui chose faite. La jeune femme a ressuscité le vieux château. Le chambre du père de Jean est devenue la leur ; mais on n'y voit plus de carrelage : l'air n'y siffle plus aux portes ; des tapis et des portières partout ; seuls, les meubles, hauts sur pieds, ont été conservés, mais restaurés, parce qu'elle a prouvé à son mari que ce mobilier, qu'étourdiment il avait cru de la Restauration, était du plus pur et du plus fin Louis XVI, une fois débarrassé du badigeon maladroit qui en engorgeait les délicates moulures. Et en cela comme en bien d'autres choses, elle ne s'est point trompée. Jean est le plus heureux des hommes à faire valoir un domaine dont il est sûr de doubler un jour le revenu, et heureux de toutes façons : en dépit de ses pudiques réticences, je tiens pour certain qu'il a rencontré cent fois mieux que ce que pouvait cacher certaine dalmatique hongroise rouge, toute soutachée d'or.

FANTAISIE HONGROISE

Je me rappellerai toujours une suite de gravures que je vis sur les murs d'une auberge allemande. L'escalier, à rampe de bois, grimpait extérieurement dans un coin de la grande cour; à chaque étage, une galerie à balustres. Sur les longs murs extérieurs de ces galeries, chassées des chambres, dont le mobilier s'était tout à fait modernisé, s'étalaient, dans de vieux cadres dédorés, une douzaine de gravures militaires du siècle dernier.

Quatre représentaient des exercices de manège : sous des voûtes à la Piranese, des chevaux à tête busquée, à pommelures criardes, étaient exercés au bruit des tambours battus à tour de bras et de coups de feu tirés aux oreilles; dans la fumée flottaient de grands étendards; des engins de guerre, cuirasses, mousquets, obusiers, formaient trophées dans les coins; sur une galerie, en haut de la voûte, des femmes, en galant costume de cour, applaudissaient à la bonne mine des cavaliers, droits en selle en dépit des ruades exagérées de leur monture.

Les autres gravures, plus petites, représentaient simplement un cavalier isolé ou quelque groupe chevauchant : un cuistre intelligent les avait ornées de légendes classiques. Sous un cavalier galopant dans la campagne, on lisait ces vers de Virgile :

... *Mediis in vallibus acri*
Gaudet equo.
Au milieu des vallées, il jouit de l'élan de son cheval.

Rien de plus inattendu et de mieux approprié pourtant que ce calme souvenir classique sous ce farouche cavalier lancé, le sabre haut, dans l'espace.

Sous un autre, contenant son cheval impatient :

Stat sonipes ac frena ferox spumantia mandit.
Le cheval aux pieds sonnants est debout, sauvage, et mâche son frein écumant.

Rien de plus gracieux et de plus puissant que la courbe de l'encolure du cheval maintenu; tout son harnachement, compliqué de lanières de cuir et d'ornements de métal, cliquetait à travers ce vers harmonieusement imitatif.

Deux autres, encore plus farouches, chevauchaient la nuit, devant une caverne, fumant leur pipe; résignés; de grands manteaux à collet carré les enveloppaient, hommes et bêtes; au-dessous le cuistre, moins bien inspiré, avait écrit, toujours d'après Virgile :

Consilium summis de rebus habebant!
Ils se consultaient sur des choses graves !

Deux trabans, la pipe à la bouche !

Des légendes en allemand, avec la traduction en français approximatif, accompagnaient les autres sujets.

Sous un coup de sabre bien donné :

A courageux et magnanime,
Fortune approche et s'avoisine.

Sous un choc de cavaliers turcs mis à bas :

Assez fait qui fait ce qu'il peut.

Enfin, sous un cavalier présentant un guidon et une paire de timbales pris à l'ennemi :

A cœur vaillant et voulant
Rien malaisé ni pesant.

A quelle nation appartenaient ces étranges cavaliers? En dépit des légendes, je ne pouvais les croire Allemands; naïvement et classiquement guerrières, elles juraient trop avec la tournure martiale et les bizarres accoutrements des personnages. Tous étaient représentés galopant presque debout sur les étriers, le cou nu, longues moustaches pendantes, bonnet fourré à triple aigrette, veste courte, bottes, large sabretache, et sur les épaules une peau de tigre flottant au vent. Rien d'analogue dans Parrocel ni Casanova. Nulle part ailleurs cette fantaisie, ce goût fier, ni cette grande allure à la fois farouche et bonne...

L'autre jour, en écoutant les musiciens hongrois de l'Exposition, ces vieilles gravures me sont revenues en tête ; c'est la raison qui m'a fait vous parler d'elles avant de vous parler d'eux.

Ils sont douze, au fond d'un ignoble café du quartier allemand de l'Exposition, à deux pas des Géants Chinois et de l'Homme au casque de fer ; on les a perchés tant bien que mal sur une étroite estrade de bois blanc qui les sépare à peine des buveurs. Derrière eux, sur le mur, est peinte une enseigne d'un jaune criard où l'on apprend au public que la bière que l'on boit dans ce bouge est *la meilleure bière du monde ;* au-dessus, l'aigle double d'Autriche plane avec des allures de perroquet héraldiquement déplumé. Ce cadre sale les sert mieux que l'estrade officielle d'un concert : leur dignité frappe avant tout, calme et comme inconsciente des trivialités de l'entourage. Douze types plus étranges les uns que les autres ; depuis le mulâtre presque nègre, à cheveux crépus, jusqu'au blanc à cheveux blonds clairs. Tous barbus et chevelus, avec de féroces hérissements de moustaches et de mèches rebelles ; élégants et bien pris, dans la redingote à brandebourgs serrée au corps, la culotte collante et les bottes à la hongroise. Un seul porte une majestueuse barbe blanche, vrai lion. Leur chef, maigre, toujours debout, énergiquement campé sur la hanche, a toute l'allure farouche et calme du Jour de Michel-Ange : la tête est la même, surtout ce magnifique mouvement de la moustache menaçante et fière, l'œil terrible sous le sourcil fourni.

Tout ce que je sais d'eux se borne à quelques renseignements obtenus de l'un des leurs parlant français. Presque tous sont Hongrois d'origine ; trois ou quatre Bohémiens, un juif. Ils sont ensemble depuis plus de dix ans. Ils n'écrivent point leur musique ; lorsque l'un d'eux a été frappé par un air, il le joue à ses camarades, et, selon qu'ils l'agréent, ils le répètent en cherchant d'instinct chacun leur partie, l'adoptent définitivement et le jouent quand il leur plaît, sans plus d'études ni de préparations. Jadis les grands seigneurs de leurs pays entretenaient à leurs frais des bandes de musiciens semblables. Aujourd'hui, ils ne les appellent plus que dans les grandes occasions : pas de fête sans les *tziganes*. Eux seuls peuvent jouer ces longues *tchardaz*, danses nationales qui terminent les bals et durent deux ou trois heures. Les prix ne sont point faits d'avance ; ils comptent à juste titre sur l'enthousiasme qu'ils peuvent exciter, et vers la fin d'une *tchardaz,* lorsque les *chevaliers sont bien gais* (c'est l'expression même de mon musicien), l'un d'eux fait prosaïquement le tour de la société ; mais c'est à qui comblera ces chers tziganes ; à Pesth, à une soirée où se trouvait l'ambassadeur de France, ils ont recueilli ainsi jusqu'à dix mille francs.

Leur chef se nomme Patykarus. Ce dieu de Michel-Ange est bonhomme au possible. Comme je lui faisais demander s'il pouvait me donner sa photographie, il me fit signe que non, mais, me priant d'attendre un peu, il tira de son portefeuille une photographie représentant une femme et un petit enfant monté sur une chaise : sa femme et son fils, c'était toujours cela. Six ans ! me fit-il en comptant sur ses doigts ; puis il imita le jeu d'un violon et applaudit en riant : l'enfant aussi était déjà bon musicien. Quant à sa femme, il envoya d'abord un énergique baiser de ses cinq doigts bien ouverts, puis, prenant ses cheveux à pleine main, il fit le simulacre de les tirer jusqu'à ses bottes : une excellente femme et des cheveux jusqu'au genou ! Tout cela avec des roulements d'yeux, des grognements rauques perdus dans sa longue barbe, les plus farouches du monde. Au moment de nous séparer, comme il me serrait énergiquement la main, semblant me demander en quoi, à défaut de sa photographie, il pouvait m'être agréable, je le fis prier de renoncer à l'affreux cosmétique avec lequel il avait ciré ce jour-là les crocs de sa moustache, leur

ôtant ainsi leur belle ondulation michel-angesque ;
ce qu'il a fait.

Sur les douze, il y a neuf violons, un violoncelle,
une contre-basse, une clarinette et une sorte de
clavecin sans caisse, dont les cordes sont directement frappées par deux petits marteaux tenus en
main. Rien ne donne une idée de l'excessive sonorité obtenue par ce petit nombre d'instruments. Le
chant des violons, sans les lourds accompagnements
ordinaires, se dégage net et strident ; leur vigueur
d'exécution est d'ailleurs incroyable ; les cordes,
fièvreusement raclées, semblent à chaque instant
prêtes à se rompre dans un paroxysme de tension
sonore. Ni mesure battue, ni forte ni piano indiqués par le bâton pédant d'un chef d'orchestre.
Leur chef n'est qu'un violon de plus, peut-être le
plus fort, à coup sûr le plus énergique ; son silence
fait trou ; ses reprises ramènent de plus belle la
mélodie maîtresse ; ses compagnons semblent lire
sa fantaisie dans ses yeux ou au mouvement de ses
doigts ; tous égaux d'ailleurs, tantôt s'écoutant, tantôt s'annihilant dans une harmonie commune : cela
semble comme des voix amies se cherchant, s'appelant, se mariant au gré de leur caprice : la basse
veut parler, qu'on l'écoute, et la voilà qui reprend
la douce mélodie des violons et la dit à son tour
grave et terrible. Au milieu d'un ouragan de sons,
tout à coup, suraiguë, la clarinette jette une note

déchirante ; dans un moment de langueur, le violoncelle lance une gerbe de traits brillants s'élevant dans l'air comme une fusée dans la nuit ; cependant, les suivant, les soutenant, les couvrant parfois, l'étrange clavecin égrène à l'infini ses gammes cristallines, ténues, aériennes.

Leur union touche surtout ; ces douze ne font qu'un ; cette vaillante musique a là ses seuls interprètes possibles ; se battre et se dévouer, c'est le thème de toutes ces mélodies folles ; jouez-les au piano, écoutez-les exécutées par des gagistes, à peine vous y arrêterez-vous, les trouvant compliquées et bizarres : ici, la rage de l'attaque, l'exécution furieuse, par-dessus tout l'incroyable accord de ces douze âmes sœurs vous fera bondir le cœur et pleurer malgré vous.

Vaillante musique, en effet, je parle surtout de leurs airs nationaux. Airs de danse ou chants de guerre, c'est tout un. Dans tous, les mêmes tendresses et les mêmes fiertés. Élégance, grâce et bonté ; douleur, rage et révolte, c'est le fond. Peu de rythmes faciles et répétés comme nos refrains populaires, mais des thèmes se déroulant à l'infini, changeant de tons, de mesures, de sentiments, d'abord simples, peu à peu se perdant dans un inextricable enchevêtrement de broderies folles ou de variations lointaines ; revenant tout d'un coup à leur netteté primitive, pour disparaître encore dans l'harmonieux ouragan. A chaque instant des intonations et des traits inusités, comme des notes et des mesures fausses ; sons étranges, ornements sauvages, dissonances troublantes, mais d'une si impérieuse originalité, qu'après un moment de surprise et de confusion, tout d'un coup l'esprit se porte vers le point du temps et de l'espace auquel se rapporte l'air entendu.

Entre toutes, une de leurs marches a ce don singulier d'évoquer un monde inconnu pour nous jusqu'ici.

C'est d'abord comme un départ de cavalerie, au trot, en bon ordre ; mais sans rien de l'allègre simplicité de nos sonneries ; l'air est vif et joyeux, presque un air de danse, mais avec des traits d'une indicible fierté, ou d'une tendresse déchirante ; des surcharges, des complications de sons, des brusques changements de rythmes qui vous déroutent tout d'abord, mais vous saisissent et vous prennent tout entier. Fermez les yeux pour oublier les choses et les gens qui vous entourent. Peu à peu, à travers les innombrables arabesques de cette vertigineuse mélodie, vous percevrez d'abord comme de vagues visions ; éclairs passagers, pleins de piaffements de chevaux, d'ondulations d'aigrettes, de coups de cymbales, de cliquetis de sabres et d'éperons. La mélodie poursuit riche et sauvage, et nettement maintenant, et longuement, défile devant vous toute la pompe d'une étrange cavalerie.....

Turcs ou chrétiens ? On ne saurait le dire aux

costumes. Ce ne sont que longues dalmatiques de velours à manches flottantes, par dessus des robes de drap d'or à grands ramages, ruisselantes de soutaches et de brandebourgs. Hauts carquois bordés de peaux, retenus lâches et sonnants par de longues chaînes; doubles boucliers empennés portés sur chaque épaule comme des ailes. Majestueuses coiffures de fourrures rehaussées de cordons de pierreries et d'aigrettes à triple rang de perles. Des perles et des diamants partout : sur les larges fourreaux de velours des sabres recourbés, sur les boules massives des marteaux d'armes, aux pommeaux niellés des haches, aux oreilles des hommes, aux jambes des chevaux. Rasant le sol, de longues lanières constellées de rubis et d'émeraudes pendent des housses déjà surchargées de réseaux et de franges d'or et d'argent..... Faces basanées à pommettes saillantes, longues moustaches pendantes; cous, bras et poitrines nus ; et, sous le bonnet fourré, des crânes rasés, avec une touffe de cheveux au sommet.....

La marche continue, généreuse et fière, par moments s'alanguissant comme un adieu de femme, pour reprendre plus résolue et plus farouche. Peu à peu, la mesure s'accélère, les sons s'éloignent : au grand galop, les longues lignes de cavaliers ont été lancés dans la plaine immense. On charge l'ennemi. La ronde résonne de plus belle; la basse rugit, la clarinette lance des cris humains, et dans les roulements précipités du tympanon, dans les coups secs et drus des marteaux sur les cordes de métal on entend comme des chocs d'armes blanches et des tonnerres de sabots de chevaux lancés à fond de train. On est aux prises : la ronde devient furieuse. Joie et ivresse ! Ici tout s'oublie. Le sang bouillonne dans la course ; hommes et chevaux foncent affolés dans la mêlée, pleine de cris, à travers la chaude poussière, dans la vapeur du sang tiède et fumant ; ce sang aveugle et rend furieux, on frappe pour frapper ; Turc ou Hongrois, peu importe... A un moment, des plaintes, des sanglots : parmi les cadavres, une femme a trouvé le corps qu'elle cherchait ; ses lèvres se sont approchées d'une poitrine d'homme blanche et velue, toute sanglante, et longuement, à travers le sang, elle l'a baisée, et l'homme a tressailli encore, mourant de plaisir autant que de douleur... Ce n'est qu'un éclair : plus furieuse et plus sonore, la ronde interminable est revenue, tourbillonnante, écrasant tout. Çà et là, dans la rafale, un cheval cabré, un coup de feu illuminant une cuirasse, une housse en lambeaux égrenant ses perles... Puis, peu à peu, s'évanouissant, les spirales de combattants, folles de rage et de douleur, se perdent dans l'air et dans la nuit... Et cela finit le plus étrangement du monde par le motif du départ répété haletant, précipité et coupé court à la dernière note ; comme si, par une suprême fanfaronnade, morts et vivants se redressaient sur leur selle, s'allaient ranger au fond de l'immense champ de bataille, et tous de front, chargeant à fond de train, mettaient leur orgueil à s'arrêter à dix pas de vous.

Cette marche date de la première moitié du dix-septième siècle; elle s'appelle, du nom de son auteur, *Marche de Ragotzky*. Il la composa dans sa prison; quelques jours avant d'être pendu, il la grava sur le mur avec un clou.

Cette marche est l'hymne national de la Hongrie. Marche ou symphonie? Une composition musicale aussi compliquée déroute assurément nos idées sur les chants populaires, que nous avons toujours cru devoir être avant tout clairs et faciles pour frapper la foule. Qu'en conclure? Que ce peuple est sans nul doute plus poète et plus musicien que nous; mais c'est tout. Notre *Marseillaise* semble un calme cantique, quelque peu déclamatoire, auprès de cette marche piaffante, pleine de cris et de coups de sabre. Mais l'une est musique de fantassins chargeant bien d'ensemble à la baïonnette; l'autre musique de cavaliers galopant follement à travers la bataille. Tout est là. Ce peuple s'est toujours battu et a toujours souffert. Entre le Turc et l'Allemand, cette légendaire nation semble n'avoir jamais eu un moment de répit pour se reconnaître et se constituer; elle traverse l'histoire, héroïque, empanachée, toujours à cheval et le sabre en main;

rempart de l'Europe contre les hordes d'Asie, elle tourbillonne sans fin, d'un ennemi à l'autre, sur un étroit espace qu'elle remplit de victoires et de désastres. Nation poétique et chevaleresque entre toutes, mais grisée de batailles, épuisée de sang perdu ; nation folle, nation femme ; proie certaine de l'Allemand à lunettes, à grands pieds et à tête carrée, peut-être ne laissera-t-elle d'autres traces que ce magnifique chant de guerre et le costume de ses hussards.

SAXE ET SÈVRES

I

Cela a commencé dans ma pendule...

C'est là qu'il a fallu donner asile à leur fragilité sans cesse menacée. L'asile est fait à souhait ; c'est un petit palais, vitré de trois côtés pour bien laisser venir le jour et le soleil ; au fond un panneau de marqueterie cuivre et écaille ; là, découpés en noir sur l'or brillant, des oiseaux à queue et à crêtes en éventail, des chimères drapées de housses à glands, contemplent, dans un éternel recueillement, deux immobiles danseurs de corde en galant costume de bergers Louis XIV. C'est, d'ailleurs, Berain lui-même qui a surveillé tous les travaux de décoration. Sur le plancher, la même marqueterie écaille et cuivre, simule un parquet dont les rainures géométriques, par je ne sais quel artifice de perspective, le font paraître beaucoup plus grand qu'il n'est réellement. En haut, sous la voûte, dans les ténèbres d'un plafond fort élevé, mais fort obscur, tout un appareil imposant de roues, d'engrenages, de timbres, de cylindres, à se croire dans l'observatoire d'un astrologue, si le balancier à figure de Soleil ne faisait souvenir qu'on est dans une pendule. A l'extérieur, ce même goût fastueux et rococo des galeries et de la chapelle de Versailles ; un Apollon, lançant son quadrige à toutes brides, garde l'entrée, plaqué sur la vitre de devant ; sur les côtés, quatre cariatides, Cérès charnues, Mercure souriants, soutiennent un dôme à draperies, au sommet duquel un petit fripon d'Amour, jambe deci, jambe delà, le bras levé, guette l'endroit où il vous frappera de sa flèche.

De l'intérieur, à travers les vitres, la vue des environs est charmante. Les cristaux de deux lustres à pieds, qui flanquent l'édifice à droite et à gauche, semblent deux palais d'eau, laissant silencieusement retomber leurs nappes et leurs jets de diamants. A travers leurs irisements, on entrevoit les statues qui peuplent la plate-forme de la cheminée. Deux Vénus Renaissance font onduler leur large croupe de bronze et leurs longues jambes en fuseau, accrochant la lumière aux saillies ; un lourd Hercule à massue, une Minerve empanachée, un Mercure comptant une bourse, deux Muses antiques, tous symétriquement groupés sur la pelouse de velours vert, à l'extrémité de laquelle commence l'immense vallée qui forme le salon...

Devant cette cheminée, les pieds sur les hauts chenets, l'échine bien emboîtée dans un fauteuil profond, l'œil suivant vaguement les méandres tracés dans l'air par la fumée de votre cigarette, il vous en arrivera autant qu'à moi ; surtout à une certaine heure du jour, où le soleil, illuminant un instant ce sombre entresol de garçon, vient lancer sur ma pendule un rayon qui l'embrase, pareil à cette traînée lumineuse qui perce les ténèbres de l'*Alchimiste* de Rembrandt, et fait descendre le ciel à travers les vitraux coloriés...

Le calme de cette retraite vous gagne peu à peu ; le corps semble sommeiller et ne bougerait pour un empire, tandis que l'esprit rêve, rêve à n'en plus finir... De parti pris, en ce moment de sieste, vous abdiquez toute volonté, toute préoccupation, et les objets qui vous entourent décident seuls du cours de vos pensées... D'abord vagues entrevoiements des larges pans d'ombre et de lumière des vieux tableaux ; éclairs irisés des cristaux et des glaces biseautées ; harmonieuses oppositions de l'or et de l'ébène des meubles sur le fond des tentures de velours vert... Puis, quand, sans en avoir conscience, vous aurez tout parcouru, un point dans cet ensemble discret, éteint, attirera invinciblement votre regard: c'est l'intérieur de cette pendule ensoleillée. Là, seuls colorés des couleurs de la vie, parmi tous ces bronzes sombres et ces vieux tableaux, bien mouvementés, les bras en l'air, draperies flottantes, ailes palpitantes, vivants, lumineux, apparaissent une douzaine de petits culs nus d'Amour en porcelaine de Saxe et trois groupes de Sèvres en pâte tendre, plus blancs et plus clairs encore.

Jadis disséminés sur les étagères, après maintes blessures, il a fallu les abriter dans cet asile vitré ; épars, ils ne jetaient que bien faiblement leur note vive et gaie dans ce concert un peu sévère ; réunis, ils forment un petit monde, qui est la joie de mon coin...

... La marche est ouverte par un tambour, naturellement... De quel régiment ? Impossible de le deviner à son habit, car il va tout nu, vêtu seulement d'un immense tricorne noir qui s'embarrasse dans ses ailes, et d'un ceinturon de buffle où pend un sabre démesuré, battant ses petits mollets ; à son cou, un énorme tambour tout plat, dont la caisse est rayée blanc et noir... Derrière, pêle-mêle, des musiciens joueurs de musette, les joues gonflées ; de précieux pinceurs de guitares ; puis de terribles houzards en bonnet fourré, hache d'armes à la main ; des coquettes, vêtues de leurs seules manchettes et armées de leur pot à rouge ; des montreurs de lanterne magique à mèches désordonnées, à bas retombant sur leurs talons... et tous poussant de la hanche, cambrés et bien plantés sur leurs petits petons bien en dehors ; leurs chairs délicatement carminées aux saillies, tranchant, blanches, appétissantes, sous les tons vigoureux de leurs accessoires... et gais, souriants, à la fois finauds et bons, des vauriens qu'on mangerait de baisers...

D'où viennent-ils, les chers petits ?... A quel étrange, lointain, charmant et chimérique pays ils font songer !... Je me le figure assez volontiers. Ni ville, ni campagne ; ni rues, ni maisons, ni herbe, ni eau, ni arbre. Trop réel, trop grossier, tout cela. Et pourtant je ne voudrais pas jurer n'y pas voir de belles avenues et de beaux monuments... On y arrive par des escaliers à rampes de pierre, tournant on ne sait pourquoi, aboutissant on ne sait où, sous des tonnelles à treillages tarabiscotés, s'ouvrant sur un ciel vert et rose, où des montagnes sont peintes en camaïeu bleuâtre. Déjà, sur les marches, des groupes de bon augure... amoureux devisant, bergères bien poudrées, mais en guimpe défaite et jupon court ; bergers décolletés, dont les jambes sortent nues de leurs chausses de satin... Montez encore, et là-haut, aussi loin que la vue peut s'étendre, une plaine scintillante, où, dans un fouillis de couleurs vives et gaies, s'alignent des rangées d'arbres formées de candélabres rustiques, où se dressent çà et là, en guise de tours et de dômes, de hautes pendules, ou les pièces monumentales de quelque gigantesque service de table. Partout un va-et-vient des plus divertissants ; une foule bigarrée au possible : marquis en manchons, marquises en paniers, la bouche en cœur et les pieds en dehors ; tout le monde ici veut plaire et sait se tenir, les porteurs de chaises, les coureurs eux-mêmes sont du débraillé le plus galant, le col et le sein nus, le regard attendri tourné vers la dame qu'ils escortent, mais sans s'écarter un instant des principes que leur a donnés leur maître à danser. Jusqu'aux plus pauvres artisans, chacun ici est tenu d'être aimable avant tout ; un rémouleur met des plumes à son bonnet, et sous son habit troué montre un corps blanc et rose ; une pauvresse, pour allaiter son poupon, met à l'air une gorge bien rebondie. Pour être admis ici, l'Art et la Science ont dû jeter aux orties leurs poudreuses défroques. Je viens de voir passer l'Astronomie ; elle lorgnait, lorgnait avec tant d'affectation dans son long télescope, qu'elle m'avait tout l'air de ne pas ignorer qu'elle était parfaitement faite et toute nue... Apollon, qui la suivait de près, n'était également vêtu que d'une perruque bien poudrée, serrée par derrière dans un catogan de soie noire ; peut-être aux jambes des rubans de cothurnes pour mieux faire valoir encore le ton blanc de la chair... Ah ! voici une négresse ; elle a trouvé moyen de se faire remarquer sous cette haute cornette blanche, sous cette dalmatique verte à revers blanc, encadrant et sertissant à merveille son opulente poitrine découverte... Pourquoi des bottines jaunes ? je ne sais, mais elles lui vont fort bien... Beaucoup d'étrangers et d'étrangères, du reste, venus ici pour compléter leur éducation... Cette belle brune, montée sur un crocodile, c'est l'Amérique. N'ayez pas peur, elle sait vivre. Elle a figuré dans les *Incas* de Marmontel, et sait écarter son vêtement de plumes pour allaiter le Révérend Père Las Casas. A côté d'elle, voici l'Asie. La politique n'est pas étrangère à cette blancheur de peau, à cet ajustement plus russe qu'oriental : une haute tiare de patriarche, une longue simarre fourrée et un œil de poudre!... Allons, allons, messieurs les philosophes, avouez-le, encore une flatterie à l'adresse de la grande Catherine...

... Et sous les candélabres, dans les rinceaux des pendules, sous les carènes des soupières ou des compotiers, que ne se passe-t-il pas? Un amant caché sous un canapé baise la main d'une dame pressée d'un peu près par son mari en robe de chambre et en bonnet de nuit... De mignardes et roses Amphitrites s'ébattent dans les bras de vigoureux Tritons bruns et barbus... Et quel luxe de symboles amoureux! Grappes pressées, pommes offertes, roses effeuillées, leçons de flûtes, flammes couronnées!... Partout l'Amour! l'Amour Chirurgien, l'Amour Médecin, l'Amour Rémouleur, l'Amour Désarmé, l'Amour et la Fidélité, l'Écolière d'Amour, les Comparaisons de l'Amour ! . . . .

II

Toute plaisanterie à part, elles sont charmantes, ces figurines de Saxe et de Sèvres.

Art secondaire, pourquoi? Pour ma part, tout m'en plaît. Au fond, les degrés dans l'art sont des mots ; je n'y veux d'autre juge que mon plaisir; tout ce qui m'y donne une sensation agréable, surtout vive et nouvelle, ne ressemblant en rien à la précédente, je l'aime. Une cariatide du Parthénon, debout, rigide, sérieuse, éveille en moi l'idée de grandeur sévère, de force et de beauté surhumaines; une figurine de Saxe, mignarde, contournée, souriante, éveille en moi l'idée de grâce facile et de galanterie spirituelle; pourquoi dire que celle-ci est inférieure à celle-là? elle est autre, voilà tout; elle a sa valeur propre, son originalité, dérivant précisément de qualités contraires, impossibles à comparer; déplorer le manque d'ampleur, le dessin maniéré de la figurine, est aussi puéril que de regretter de ne point voir la bouche en cœur et le nez en trompette aux Canéphores de Phidias. Ajoutez que jamais une époque n'a trouvé si complètement son type définitif, son mode d'expression le plus fidèle, et avec une telle originalité et une telle perfection que le dix-huitième siècle dans ses porcelaines.

Le moyen âge religieux, la Renaissance païenne, le siècle de Louis XIV, à la fois religieux et païen, semblent avoir cherché leur idéal en dehors d'eux-mêmes ; le ciel ou l'antiquité les préoccupent ; l'art n'y sert d'ailleurs qu'à décorer les plafonds des palais ou les parois des églises, ce qui le borne aux grands sujets nobles, aux allégories démesurées, aux vastes machines de piété pittoresque. Pour la première fois, au xviiie siècle, l'art descend de ces sphères élevées et pénètre chez tous ; fidèle image des choses et des gens de ce monde, il s'y mêle sous les formes les plus usuelles : pendules, surtouts de table, vases de cheminée, chandeliers, que sais-je ? bergeries d'étagères, Olympes de poche.

Ajoutez encore que cet art s'est créé sa matière ; l'or, le bronze ou le cuivre, l'ivoire ou le bois, matériaux sévères, nobles encore, ne rendent encore que la forme abstraite des objets ; seule, la porcelaine, fusible, délicate, tendre, suit l'esprit en ses moindres soudainetés, et reçoit de la couleur l'apparence complète de la vie ; tons doux nacrés des chairs, tons vifs des étoffes, ors rehaussant, teintes rosées aux saillies, touches spirituelles de bistre ou de carmin accentuant les contours. Les vieilles faïences, toutes nobles et de grande allure qu'elles soient, bien que plus profondes de tons et de dessin plus grandiose, semblent rudes et sauvages, tristement symboliques, auprès de ces adorables figurines si mouvementées, si ondulantes, si variées, si gaies de

9.

couleur, si fines, si spirituelles, si vraiment vivantes.

Et comme il se retrouve là tout entier, et là seulement tout à son avantage, ce charmant dix-huitième siècle, vivant, mieux que dans ses livres, mieux que dans ses tableaux, dépassés ailleurs ou démodés depuis. Rêves de bonheur, billevesées philosophiques, tout ici a pris un corps, dans ces bocages de pâte tendre d'où saillissent des bergères vêtues de satin, comme dans ces pendules où, s'avançant vers un Louis XV court-vêtu à la romaine, la Vérité, sous la forme d'une jolie petite femme nue et fort grassouillette, semble hésiter entre un avis salutaire à lui donner ou une polissonnerie à lui faire.

L'idéal de ce siècle est réalisé là! Sous toutes ses formes, dans tous ses raffinements, dans toutes ses délicatesses, une seule idée, un seul sentiment s'empare de vous, irrésistible, à la vue de ces adorables figurines : le Plaisir. Plaisir d'aimer ; non pas même, tout simplement plaisir de vivre. L'amour est plus inquiet, la volupté plus fiévreuse, la passion plus désordonnée. Ici, tout est repos, délicatesse, esprit, et du plus parfait équilibre. Rien de trop.

Ah! l'aimable temps! Fermez les yeux et essayez de vous figurer les âges défilant devant vous : le moyen âge plein d'ombre, de terreur, malade, fou ; la Renaissance artiste, élégante et sensuelle, il est vrai, mais rude, cruelle et sauvage encore; le grand siècle, noble mais gourmé, sans libre allure de nature. Ici, rien ne rend mieux l'impression qui nous reste de ce temps charmant que le souvenir d'un joyeux bal masqué, plein de lumières, d'épaules nues, de senteurs, de rires, d'éclats d'yeux et de diamants, de chatoiement d'étoffes diaprées. Plus de souci, demain ne viendra jamais, tant cette nuit le plaisir a pénétré votre être, rendant possible tous les héroïsmes de débauche ou de dévouement.

Et quelles aimables gens! Une science jusqu'alors inouïe du bien-être développée par la concentration des grandes fortunes et une longue paix; des oisifs raffinés, ayant expérimenté tous les vices, mais sous les formes les plus élégantes et les plus spirituelles; dans un milieu de luxe et de grande vie tel que toute mesquine préoccupation d'économie ou de respect humain disparaît, laissant aux passions tout leur caprice, sinon toute leur fougue; monde de vieux enfants, à la fois sceptiques et crédules, corrompus et naïfs, ne croyant à rien de ce qui avait été par ennui, croyant à tout ce qui allait être par besoin de sensations nouvelles, touchant à tout par désœuvrement et ignorance du danger. Opéras, tragédies, plans de réformes sociales, vers badins, leçons aux rois, projets de religions ou de coiffures nouvelles concordant avec les progrès de la raison, les besoins du cœur et la voix de la nature, que de choses dans ces jolies petites têtes, comme celle de Mᵐᵉ d'Épinay, par exemple !...

Et plus d'âge !... Et le temps supprimé !... La poudre et le rouge, sans lesquels il est du dernier inconvenant de se présenter, confondent les âges, voire même les sexes. Les cheveux blancs ? tout le monde s'en fait !... Prendre du ventre, c'est simplement remplir ces vastes gilets à la mode, boutonnés si bas pour laisser l'abdomen onduler majestueux et prépondérant ; pas un berger de trumeau qui n'ait une petite panse du dernier galant... Les rides, la laideur ?... Qu'est-ce que la figure ? Un point sous la perruque, une tache presque imperceptible au-dessus de ces habits aux larges fleurs brodées et mordorées, aux couleurs vives, aux basques opulentes ? L'ajustement et l'air, voilà le grand point ; à première vue, Mᵐᵉ d'Épinay ne remarque point si son futur amant, Francueil, est beau ou laid, mais bien « qu'il est trop poudré et qu'il porte le menton trop en l'air ». C'est que l'amour n'a plus d'âge ni de limite en ce siècle charmant ; plaire et être heureux est l'étude de tous, et par art ou nature, jeunes ou vieux, tous y parviennent. Et sans ridicule ni sacrifice ; aux lumières, bien poudré, bien accommodé, avec un peu de rouge, en habit de gala, M. de Richelieu a aussi bonne mine et autant de bonnes fortunes à quatre-vingts ans qu'à seize.

Mais ma cigarette est finie, le soleil a tourné, et voilà tout mon petit monde replongé dans l'ombre... Pardon de la singulière fantaisie qui m'a pris d'aller ainsi vous parler de ce qui me passe par la tête quand je regarde dans ma pendule.

LE PORTRAIT

Depuis combien de temps ce vieux portrait était-il là ?... Jacques l'ignorait; il l'y avait toujours vu depuis son enfance ; c'était un vieil ami. L'âge venu, Jacques avait continué à l'aimer, le mérite du tableau lui ayant prouvé qu'il avait bien placé ses affections. C'était un personnage du temps de Louis XIV : la figure belle, honnête et tranquille, sous sa perruque bien fournie, éméchée en boucles semi-défaites tout à fait nature ; un énorme flot de rubans cramoisis serrait sa cravate de dentelle ; rouge tache égayant la toile un peu enfumée, et tempérant d'une pointe de coquetterie le sombre et le sévère d'une armure dont le bas se perdait dans l'ovale du cadre. Un homme de qualité assurément, et homme de guerre au fier regard de ses yeux bien ouverts, à la fine moustache taillée imperceptible au-dessus de ses lèvres charnues et souriantes ;

une pointe de sensualité au menton rond et plein. On ne peut dire tout l'attrait de cette calme et belle figure entrevue comme lointaine sous la couche d'ambre que le temps avait mise sur elle. Au passage, rien n'y tirait l'œil ; mais quand, étendu dans son grand fauteuil placé justement en face, vaguement, sans y chercher, Jacques laissait tomber ses regards sur ce vieux portrait, ils ne le quittaient plus... Un bel homme, et une belle vie bien remplie entre la cour et la guerre, une bravoure facile et des succès plus faciles encore ; emplois où femmes, tout lui avait été dû. Et sans rien du fat ni du matamore, une sécurité de ses mérites qui vous gagnait et vous donnait à lui du premier coup ; et combien Français, et Français du grand siècle, c'est-à-dire mesuré, contenu, discret, ignorant la fièvre et les tourmentes ; et de si grand air sous cette cuirasse, de si grand goût dans cette forêt de boucles admirablement naturelles, avec cette belle et large fleur rouge que lui faisait au col le nœud de ses rubans ! Quels tranquilles combats avaient réflété leurs pittoresques mousquetades sur cette armure discrètement étincelante ? Quels doigts grassouillets et féminins avaient si coquettement disposé chaque bout de ce flot de rubans ? Jeux de guerre ou d'amour où avait dû s'écouler cette vie paisible et brillante à la fois. Au demeurant, un parfait galant homme ; mieux que cela, un honnête homme. On ne l'était point absolument alors sans une large satisfaction du côté de la fortune et des honneurs, gage de cette égalité d'humeur, de cette sûreté de pratique, de cette hauteur de ton et de vue pleine de préjugés et d'erreurs, mais entretenant du moins l'esprit dans le perpétuel dédain du petit et du mesquin. Bon juge, ce gentilhomme avait dû scander des balancements approbatifs de sa perruque majestueuse les majestueux alexandrins sonores et coulant à flots tranquilles, en beau fleuve, tout comme sa bouche sensuelle avait dû sourire aux petits vers égrillards et sautillants du Bonhomme; je ne jurerais point qu'il n'eût mis en action plus d'un de ces contes-là, et que sa joue en fleur, sa lèvre purpurine, sa belle mine et sa jambe bien tournée n'eussent forcé plus d'une divinité de Versailles à laisser tomber devant lui sa tunique... Majestueux et plantureux enlacement de belles chairs potelées, sous les riches baldaquins des grands lits à la Lepautre... Nobles sensualités, rehaussées par le luxe, divinisées par l'art, rachetées d'ailleurs par le plus éclatant et le plus sincère repentir. Pécher, pour de telles gens, n'était qu'établir l'égale infirmité des plus grands comme des plus humbles devant la majesté divine, et que fournir aux ministres du ciel la pompeuse occasion de tonner et d'absoudre..

Vraiment Jacques se sentait comme relevé d'une pareille intimité; il en prenait en pitié nos fièvres et nos habits noirs. Peu à peu, les hautes généralités et les belles formes du grand siècle lui ouvraient leurs tranquilles, vastes et reposants horizons; par ce portrait, Jacques avait compris Racine et Bossuet, Lebrun et Girardon, l'Église, Versailles, les rois, les héros, les dieux.

A cette époque, Jacques meublait une maîtresse. Fantaisie singulière qui n'avait même pas pour excuse sa grande jeunesse. Irascibilité exagérée, jalousie d'un passé écrit sur chaque meuble, ou désir d'un milieu parfait, serre assortie de cette plante rare, ou tout simplement niaiserie ou faiblesse, peu importe. Sait-on jamais d'ailleurs où mène une première concession? Cela avait commencé par un cordon de sonnette de mauvais goût qui crispait Jacques dès l'entrée et qu'il avait fait remplacer, et cela finissait par un ameublement complet à renouveler. Que celui qui n'a jamais payé une note de tapissier lui jette la première pierre! Toujours est-il que Jacques meublait alors sa maîtresse. Un grand plaisir à cela, il l'avouait, et beaucoup d'amour-propre. Quelle que dût être la durée de pareilles amours, Jacques tenait à l'harmonie de l'entourage avec un secret espoir que, lui parti et remplacé, il resterait toujours présent par ce goût déployé autour d'elle; ses successeurs mêmes devraient en convenir et l'en complimenter.

Or, sur un des panneaux de velours rouge du grand salon se trouvaient deux assez bons tableaux décoratifs de l'école italienne; d'égale grandeur tous deux, ils surmontaient deux étagères de Boule; au milieu, un espace trop étroit à remplir; les deux toiles étant en hauteur en carré long, l'entre-deux devait être nécessairement quelque objet de forme ovale. Précisément le vieux portrait était ovale, avec une riche bordure de fruits et de fleurs d'or rougis par le temps et sculptés en plein bois. Leurs larges saillies découpées fulgureraient sur le velours sombre. Fatalement, sa place était là...

Jacques hésitait pourtant... Se séparer de ce vieil ami, source de tant de nobles rêveries, hôte accoutumé et discret de cette chambre où il avait vu Jacques grandir, travailler, souffrir ou chanter depuis tant d'années... Bah! un morceau de toile dans un morceau de bois après tout. Rêve et chimère auprès de cette belle et chère réalité que Jacques enlaçait maintenant dans ses bras, et qui, sans effort de cervelle, rien qu'à se laisser voir et faire, donnait à Jacques des plaisirs que n'eût osé rêver son gentilhomme. Aux jours d'épreuves, ces consolations à l'huile et sur toile peuvent être efficaces; mais aux jours de plénitude satisfaite, quand la vie bien remplie et bien menée peut suffire à des jouissances méritées, à quoi bon?... Et puis, encore une fois, de tous les tableaux de Jacques, celui-là seul convenait. Et je ne sais quelle rage logique de bien faire jusqu'au bout lui fit enfin le décrocher du mur...

Triste, cette muraille nue ; le vieux portrait gisait à terre, semblant regarder la hauteur où tout à l'heure il planait : son regard fixe suivait Jacques ; était-ce donc si mal agir ?... Ce n'était pourtant pas s'en séparer tout à fait ; ne serait-il pas maître de le voir tous les jours chez elle ? Faut-il tout dire aussi ? un vague espoir d'élever l'esprit jeune et curieux de cette créature aimante et soumise avait amené Jacques à l'entourer de belles choses ; pourquoi ne pas compter aussi sur ce vieil ami pour éveiller en elle quelques-unes des nobles idées qu'il avait éveillées en lui ? Au fond, Jacques aimait plus, je crois, que ce beau corps, cette âme sauvage encore, à laquelle personne n'avait songé ; force vierge qu'au rayonnement de sa beauté Jacques pressentait infinie, capable de tout dans le bien ou le mal, selon l'homme qui la dirigerait. Fécondation morale qui passionne comme l'autre, bien digne au moins d'être rêvée.

Elle songeait alors au théâtre, où sa grande taille et sa sévère beauté la destinaient au tragique ; elle aimait déclamer les vieux classiques ; d'instinct elle comprenait déjà l'analogie de ces beaux vers nobles avec ses airs de reine ; quelques bons tableaux toujours sous les yeux, elle toucherait du doigt ce qu'elle ne pressentait que vaguement encore. Ses yeux dirigés par lui y puiseraient la confirmation de ses belles attitudes instinctives, et son goût exercé à de tels modèles atteindrait cette limite extrême où son tact inné de la toilette pouvait devenir de l'art... Et puis Jacques lui devait bien cela... Ce qui donne le bonheur vaut mieux que ce qui y fait simplement rêver... Et quand Jacques songeait à cette belle et bonne créature, aux bras toujours ouverts, il ne se pardonnait pas d'avoir un instant hésité...

Et pourtant Jacques ne se pouvait décider !...

« En toute sincérité, quel motif me guide? se
« demandait-il parfois dans un de ces longs mono-
« logues à haute voix qui lui étaient familiers; je
« me veux toujours présent chez elle au moins par
« le goût et le prix de ce que j'y aurai mis? Beau
« sentiment de dupe remplacée!... J'espère faire
« éclore en elle des qualités que personne n'a
« songé à voir? En profiterai-je plus, une fois
« loin, que des meubles que je lui aurai donnés?
« Ne vois-tu pas d'ailleurs que cette admirable et
« effrayante souplesse d'esprit, qui la fait se prêter
« à tes caprices moralisateurs, la fera tout autre
« demain avec ton successeur?... Chez elle comme
« chez toutes, lassitude et dégoût du précaire;
« mais de là au désir sérieux, ou tout au moins à la
« possibilité d'une réhabilitation poussée jusqu'au
« bout, il y a loin! Réveiller les sens de l'homme
« et le tenir en belle humeur est le seul lien qui rat-

« tache quelque temps à lui ces pauvres créatures ;
« c'est leur unique étude et leur unique force. En
« dehors de cette preuve facile, directe et soudaine
« de leur empire, comment oser leur demander le
« long effort d'une éducation à refaire, à chaque
« instant interrompue par les nécessités d'une vie
« de hasard? La meilleure n'y peut rien et le plus
« habile n'y saurait réussir s'il n'y donne sa vie.
« Est-ce là ton dessein? Que veux-tu d'elle? Le
« plaisir et l'éclat d'une relation passagère et fort
« enviée? Entre-t-il un instant dans ta pensée d'ar-
« rêter là ta vie, et par delà ces bruyantes et bril-
« lantes amours n'as-tu jamais rêvé le repos d'une
« union légitime? Corps de vierge et dot arrondie
« n'ont-ils jamais par avance réveillé tes ardeurs
« de blasé endetté? Cela doit donc finir, et pour-
« quoi demander plus que tu ne donnes à cette
« maîtresse d'un jour qui demain doit être à
« d'autres? Qu'elle garde à jamais ton empreinte?
« Garde-t-elle ses vieilles toilettes, pauvre sot or-
« gueilleux qui ne vois pas que tous tes beaux sen-
« timents se résument en cette vanité ridicule de
« croire avoir fait beaucoup plus d'effet que les
« autres... Au diable; à tant réfléchir on ne se
« déciderait à rien. Mon premier mouvement a été
« de lui donner ce tableau, tenons-nous-y. »

C'en est fait; le vieux portrait n'est plus chez Jacques. Le voilà chez l'encadreur, sa bordure flétrie revit et brille sous l'or neuf; l'essence arrache à son visage la couche ombrée qui la dorait, le vieux vernis disparaît, laissant à vif quelques manques dans la peinture, plaques noires perdues jadis dans la teinte sombre générale. Une main habile répare à peu près le dégât, mais le portrait nettoyé reste cru sans plus de demi-teinte ni de glacis; son cadre flamboyant, maladroitement semé de rehauts brunis, tire l'œil à vingt pas et le retient exclusivement. Qu'y faire? Il lui fallait bien un peu de toilette pour être admis dans le splendide salon neuf de la douce et chère créature.

Il est en place. Ce n'est plus le même. Lui, si discret, qu'on était obligé d'aller chercher dans l'ombre, il semble vouloir maintenant le disputer d'éclat criard aux meubles dorés et aux consoles surchargées. N'importe, il est au diapason des objets environnants, et sa belle forme ovale alterne en effet très heureusement avec les deux toiles carrées du panneau. Il ne reste plus qu'à le présenter à la maîtresse de céans.

— A quoi diable as-tu songé là? s'écria-t-elle au premier coup d'œil. Encore une de tes vieilleries? Qu'est-ce que tous ses petits trous noirs? On le dirait marqué de la petite vérole, ton monsieur. La bordure est jolie, mais il faut mettre une glace dedans, elle alternera bien mieux avec les peintures.

Elle avait parfaitement raison. Le lendemain la glace était posée chez elle et le portrait revenait chez Jacques.

L'ANGE

La messe de neuf heures, à la paroisse, à Dieppe, un dimanche. Au dehors, grand soleil, lumière crue, chaleur écrasante ; ici, ombre et fraîcheur. Une vieille nef gothique, sombre, sous la lumière rare arrivant tamisée par des restes de vieux vitraux aux rouges de rubis, aux bleus profonds comme des velours. Le maître-autel, haute fabrique de style jésuite, élève jusqu'au ciel, portés par des colonnes torses aux saillies dorées, de grands diables de saints de bois coloriés, plus grands que nature, largement drapés, crânement campés sur les accessoires de leur martyre ; leur fière mine robuste et menaçante contrastant avec les jolis anges potelés et souriants qui, jambes nues deci et delà, ailes éployées, soutiennent le divin triangle au centre d'une gloire rayonnante. Aux voûtes, aux parois, des petits navires, des mains, des jambes contrefaites moulées sur nature, des plaques de marbre commémoratives, des médailles, des chapelets, des portraits de malades, des tableaux de naufrage, des jouets d'enfants.

L'église est pleine au point que, du dehors, à travers les portes du grand portail ouvert, une autre foule silencieuse, tête nue, par moment s'agenouillant sur le pavé, suit la messe, qu'elle ne peut entendre. Le calme de la rue et de la petite ville entière, à cette heure, s'associe à la cérémonie. Seul, allant et venant, le suisse apparaît à intervalles réguliers sur le seuil ensoleillé, faisant étinceler ses chamarres sur le fond sombre de la nef, où pointent des lueurs de cierges.

Près du portail, et sur les bas côtés, des familles de pêcheurs. Les hommes, grands gars au visage hâlé, aux cheveux blonds rasés et aux barbiches américaines plus claires que leur peau ; leur large poitrine moulée sous le surcot en tricot bleu des dimanches ; à vif, sur la peau même du cou, sans linge, d'énormes cravates noires. Les femmes en coiffes blanches, en jupes, à mille plis sur les hanches, de gros et roide bouracan noir.

Dans la nef, sur les bancs et les chaises, la colonie des baigneurs et des baigneuses. Robes claires moulant de fins ou d'opulents corsages inclinés sur le prie-Dieu ; écharpes multicolores, chignons relevés, poufs de fleurs, mousselines diaphanes flottantes, plumes frisées, aigrettes hardies, palpitant au moindre mouvement, au moindre souffle. Aux vapeurs de l'encens se mêle un parfum tout mondain de robes fraîches, de linge empesé, de vinaigres et de sachets...

Que faisait là notre ami Pierre, à moitié caché derrière le pilier où il s'adossait, semblant à la fois étaler et dérober sa large barbe en éventail, rouge doré, cause évidente des fréquentes distractions de ses voisines? Non pas que Pierre ne fût imbu des meilleurs principes, mais pour qui le savait peu coutumier du fait, et rarement levé à pareille heure, il y avait de quoi surprendre de le rencontrer là, immobile, l'œil perdu dans une extatique contemplation et sans le moindre livre de messe.

La vérité est que ce matin-là, levé beaucoup plus tôt qu'à l'ordinaire, par suite d'une résolution héroïque s'étendant d'ailleurs à tout un nouveau plan de conduite, il avait été récompensé de ce premier effort en ouvrant sa fenêtre : sur le trottoir en face, rasant le mur, la tête et les yeux baissés, comme embarrassée du bruit de ses jupes crépitantes, une belle personne passait, une voilette épaisse sur le visage, un livre de messe à la main. A quelques pas en arrière l'accompagnait un domestique à moustaches et n'ayant de la livrée que la cravate blanche empesée et la casquette galonnée. Machinalement, Pierre était descendu, avait suivi et était entré en même temps dans l'église.

Pendant le trajet, elle n'avait pas un instant détourné la tête. Pierre avait doublé le pas, l'avait devancée, puis, sur le parvis, s'étant retourné, il l'avait attendue. Au passage, à peine si elle daigna le toiser d'un regard froid et hautain ; le monde et lui comme oubliés, elle alla se jeter sur un prie-Dieu, la tête baissée, enfouie dans ses deux mains, la nuque à découvert et la taille admirablement dessinée au-dessus des jupes bouffantes encore plus dans ce voluptueux affaissement du corps agenouillé.

De tout l'office, Pierre n'en eut rien autre. A vrai dire, qu'en avait-il à faire ? Machinalement il l'avait suivie, machinalement il restait là rêvassant et l'oubliant. Du diable s'il avait l'idée de donner suite à une rencontre de ce genre ! Pierre venait d'en finir avec un passé de sottises et de folies qui lui avait au moins appris qu'en fait de maîtresses, la meilleure et la plus désintéressée coûte encore trop cher. Certaine liaison dangereuse enfin rompue et ses dettes payées, avec l'aide de sa famille et d'un ami, Pierre se rangeait. A Dieppe même, où il était arrivé depuis deux jours, allaient venir le rejoindre une nichée de cousines. La famille, sachant ses intentions, s'était donné là un rendez-vous solennel d'où Pierre ne pouvait sortir que corrigé, marié et tout à fait remis à flot. Il avait soif de repos et d'aise après sept années d'une vie d'équilibriste entre des filles et des créanciers. Depuis quelques jours seulement, ses affaires réglées, il respirait, et choses et gens commençaient à lui apparaître sous un jour tout autre, comme au sortir d'un cauchemar la vérité vous ranime et vous console. Tous les ans il avait coutume de traîner à Dieppe la compagnie la plus coûteuse et la plus grincheuse ; venu seul, cette fois, il se sentait la légèreté d'un écolier en congé et comme un regain de cette joie enfantine à retrouver les siens aux vacances. Il n'avait pas voulu descendre à l'un des fastueux hôtels de la plage ; dans une rue voisine du port vieux, il avait trouvé une grande chambre boisée à vieux meubles, dont les deux hautes fenêtres à balcon donnaient sur les dernières arcades du quai. Coin toujours animé, le matin, par les pêcheurs et les commères du marché, le tantôt par les acheteurs et les jolies acheteuses des innombrables boutiques d'ivoire de la Grande-Rue ; joyeux, tranquille et reposant tableau de la vie d'une petite ville qu'il avait plaisir à revoir aujourd'hui, et qu'il eût inévitablement qualifié autrefois d'infect.

Et ce matin-là même, à son réveil, avait-il pas été bien à plaindre de cette jolie rencontre qui l'avait amené à l'église ? Lui, à l'office du matin !... Singulier hasard et comme providentiel... Ces braves gens agenouillés sur les dalles, ces fraîches toilettes recueillies sur leurs chaises, ces douces psalmodies, l'orgue, l'encens, était-ce un vilain décor ?... Et les pensers à l'avenant, tout d'apaisement, de sécurité, de bonheur au port !... Aussi, l'office terminé, allait-il tout uniquement rentrer chez lui, si son inconnue, qui n'avait bronché jusque-là, par un rapide regard de côté, bien évidemment à son adresse, n'eût cloué sur place notre ami Pierre. L'église se vida peu à peu ; elle, le corps toujours incliné sur sa chaise basse, abîmée dans son interminable prière et ses jupes bouffantes. A son tour, elle se leva enfin, passa devant Pierre pour prendre l'eau bénite, sa robe le frôlant, mais sans un regard. Sur le perron, le jour l'éclaira d'aplomb. Elle se laissa voir, sûre d'elle, et, sans plus détourner la tête ni sembler se soucier de rien, elle remonta la même rue à très petits pas. Pierre suivit.

C'était une grande et forte personne, que la jeunesse maintenait dans d'admirables proportions : corsage plein, épaules rondes à faire craquer la robe ajustée. Ses cheveux blond ardent, audacieusement relevés pour bien montrer des racines fournies, renforcées encore de duvets frisés, tirant au roux, aux tempes et à la nuque. La peau reposée, saine et colorée d'une santé de province. L'air de visage froid, presque hautain, dû à un nez droit ne faisant qu'une seule ligne avec le front un peu bas, mais immédiatement corrigé par la bouche la plus aimable, dessinée en sourire, et le menton rond le plus sensuel.

Le cou long et plein ; une petite oreille d'enfant soigneusement laissée à découvert. Une toilette d'ailleurs des plus modestes, noire de la tête aux pieds.

Mais ce qui charma le plus Pierre, c'était la démarche ; le pied posait sûr, bien cambré et bien en dehors ; évidemment la jambe qui le portait ainsi en avant était elle-même solide et admirablement arc-boutée. Dans la partie haute de la rue, une petite brise s'éleva, soulevant le bas de la jupe et collant le haut du corps ; une vraie statue : la jambe s'évasant en balustre au-dessus de la bottine, la ligne des hanches de la courbe la plus puissante ; mais, par-dessus tout, ce lancer de jambe à la nymphale, fier, sûr, solide et droit, inconnu à des Parisiennes victimes de couches laborieuses ou de l'usage trop fréquent de la voiture.

En définitive, Pierre n'avait rien de mieux à faire ; pourquoi n'eût il pas fait un détour pour voir quelques minutes de plus cette belle personne ? Celle-ci, d'ailleurs, semblait l'avoir complètement oublié, avançant droit devant elle, ne tournant la tête ni à gauche ni à droite, non plus que le domestique qui la suivait. Le craquement des bottines de Pierre s'entendait pourtant distinctement dans la rue déserte, et on devait parfaitement se savoir suivie. Pierre voulut voir jusqu'où irait cette constance. On s'engagea dans un dédale de petites rues, sans sortir pourtant de ce vieux quartier. On s'arrêta enfin devant une grande porte portant aux pilliers les deux panonceaux d'un notaire. On gravit un perron, on traversa la cour et l'on disparut dans un vestibule sans avoir daigné tourner une seule fois la tête, même de biais.

— Les notaires de Dieppe ont de bien jolies femmes! se dit Pierre en rentant un peu dépité. Et il n'y pensa plus.

Ou plutôt Pierre essaya de n'y plus songer. Il déjeuna bien, plus copieusement et plus longuement que d'habitude, dans un restaurant du vieux quartier; il se fit même apporter une bouteille de château-yquem, pour donner au moins à la bête un dédommagement et retrouver cette sorte de demi-ivresse à laquelle il avait recours à certains moments d'incertitude. Il savoura lentement son café, fumant magistralement un, puis deux interminables cigares, immobile, les yeux fixes, comme si de la fin de ce déjeuner allait dater quelque grave détermination qui lui coûtait à prendre. Il se leva aussi indécis, alluma un troisième cigare et s'en fut sur le port. Le Casino et ses habitués lui eussent donné sur les nerfs en ce moment. Il traversa les écluses et se mit à arpenter les quais qui font le tour du grand bassin de construction. Coins perdus et charmants, ignorés des Parisiens de la plage, tout pleins de traces de la vie errante ou laborieuse de ses hôtes : grues gigantesques, montagnes de ballots, câbles roulés autour des planches de sapin du Nord sentant l'essence ; pour fond au tableau, la forêt des mâts comme enlianés de leurs agrès, les proues gigantesques ornées de grandes figures peintes ; au-dessus, un ciel bleu sans un nuage ; au-dessous, l'eau calme reflétant tout.

O nature ! où ne tends-tu pas tes pièges ! C'est précisément dans ce coin solitaire, à mille lieues de tout, qu'impérieuse, triomphante cette fois, la vision du matin réapparut à Pierre. Cet air vif et fortifiant, cette chaude et belle lumière et l'absolue solitude n'embrasèrent que davantage ses sens encore mal maîtrisés, et délicieusement il rêva d'elle...

La belle, fière et saine créature !... Et la tranquille rencontre ! Combien différente de toutes celles qu'il avait connues jusqu'ici... Que de promesses dans ce corps sain et reposé, ces grands yeux limpides, ignorants et chercheurs, cette réserve !... Sauf à la fin de la messe, pas une fois elle n'avait pris garde à lui... Oui, mais ce regard, le seul, mais droit, bien d'aplomb sur lui, en disait long... Bast ! curiosité bien naturelle d'une femme qui se sent suivie et à laquelle, d'ailleurs, elle n'avait en rien donné suite... Heureux notaire !... D'autres mangent leur fortune pour des femmes à tout le monde ; lui, s'est fait payer bel et bien l'honneur d'ouvrir sa couche et sa caisse à cette belle créature et à sa dot... Ne serait-ce pas justice que ?... Que de choses, d'ailleurs, il a dû lui laisser ignorer !... Au diable !...

Et tout songeur, sans se l'avouer, Pierre renfila

les petites rues du matin et se retrouva, sans y chercher, devant la porte aux panonceaux. C'était bien la retraite patriarcale de province : un vieil hôtel briques et pierres, pur Henri IV ; hautes fenêtres à petits carreaux, à balustres de pierre pour balcon ; mais les vitres étincelantes de propreté sur des rideaux bien blancs et bien symétriquement drapés ; le cuivre du lourd marteau de porte bien fourbi, et des fleurs soigneusement entretenues sur les larges rampes des balcons... Si la paix et le bonheur n'habitent pas là, se disait Pierre, où nichent-ils?... Et de songer qu'à son tour autant l'en attendait, que le mariage avait du bon, qu'un ménage tranquille ne devait plus avoir droit qu'à tous ses égards, et qu'en fin de compte, dans sa position, il était parfaitement absurde... Oui ; mais ce buste si plein, si ferme... ce lancer de jambe à la nymphale... Quelle statue à tenir à pleins bras!... et l'admirable fonds d'ignorances et de désirs!... Rien d'analogue à Paris... Le repos! mais il est là, sur ce sein charmant, dans ces grands yeux clairs..., dans cette existence jusqu'ici passée entre le vieil hôtel de famille et l'église... Comment ne pas croire au providentiel de certaines rencontres?... Désabusé, meurtri, on fuit au hasard, et sur votre chemin apparaît un ange...

Évidemment le château-yquem montait à la tête de notre ami Pierre ; quand, devant les femmes, le mot ange arrivait à ses lèvres, nous savions à quoi nous en tenir. Malheureusement, nous n'étions pas là quand la porte aux panonceaux s'ouvrit et livra passage à l'ange en personne.

La petite rue sombre en fut comme illuminée. Une toilette claire et joyeuse, cette fois : une tunique blanche à larges raies bleues moulant le corps, les deux longs pans tombant jusqu'aux pieds, et entr'ouverts par devant, sur une jupe de dessous de taffetas bleu à larges plis plats ; par derrière, mais tout à fait au-dessous des reins, la tunique se drapait en gros bouillons, laissant libre et faisant valoir la taille fine et les hanches proéminentes ; une large écharpe bleue posée à plat sur le côté, les bouts flottants aussi longs que la robe ; sur la tête, un petit chapeau-matelot de paille de riz blanche, avec longs rubans bleus, candidement posé tout en arrière et formant auréole au-dessus des cheveux blonds comme en désordre sur le front ; à la main, gantée d'un long gant de Saxe, la grande ombrelle-canne blanche à raies bleues. Le grand cou, libre et nu, s'élançait de l'échancrure du corsage, au-dessus des seins découverts, maintenus pourtant dans de justes limites par un énorme nœud bleu au bas du large col rabattu ; les beaux bras blancs paraissaient et disparaissaient dans le fouillis compliqué des grands sabots de mousseline. L'ensemble le plus frais et le plus harmonieux qu'on pût voir, noble, mutin, audacieux et discret.

— La femme d'un notaire !!! s'exclamait Pierre, abasourdi.

Que fut-ce quand l'ange, descendant lentement les marches du perron, Pierre détailla des bas de soie rayés blanc et bleu, et des petits souliers de vernis blanc à larges bouffettes de taffetas bleu!... Que fut-ce quand l'ange, fixant Pierre bien en face, lui sourit d'un air de connivence et d'encouragement qui semblait dire : « Je n'attendais pas moins d'un hômme honoré par moi d'un regard à l'église ; vous êtes libre de me suivre de nouveau, j'avoue même que je n'en serais pas moins flattée que ce matin ! »

— La femme d'un notaire ! d'un notaire de Dieppe ! ne cessait de répéter Pierre, suivant désormais comme un chien.

Personne pour l'accompagner, cette fois. Seule, elle descendit la ruelle, s'engagea dans la grande rue, s'arrêta un instant à une boutique de parfumerie entre-bâillée, reprit sa course, s'engouffra sous la vieille porte à donjons massifs qui conduit à la mer, traversa les salons du Casino et, toutes voiles dehors, elle déboucha sur la plage, laissant derrière elle un long sillon de têtes retournées. C'était heure de musique. Elle s'assit ; Pierre s'assit aussi, mais à distance respectueuse, ne perdant rien d'elle, mais pouvant, à la rigueur, n'en pas être aperçu. Il ne tenait nullement d'ailleurs à être vu des quelques amis à coup sûr se promenant là à cette heure ; sa conscience n'était pas nette et il ne pouvait se dissimuler le ridicule de sa situation.

Avec délice pourtant il s'y laissait aller, la musique aidant. Beauté et bonté étaient pour lui synonymes ; avec un tel point de départ, de suppositions en suppositions, il allait loin, avouant d'ailleurs que le meilleur de ses nombreuses toquades avait toujours été ce court instant des préliminaires où la réalité ne gâte rien encore de l'idéal. Absolument comme au bal, disait-il, le plus joli moment est celui où l'on monte l'escalier, s'attendant à tout ce qui n'arrive jamais. Avouons qu'ici la matière était riche et le sujet réellement hors ligne.

Seule, comme dédaigneuse de toute compagnie, mais bien en vue, l'ange s'était assise... Sans doute le notaire allait rejoindre... ou plutôt on l'avait laissé à la maison. Quelle apparence qu'il fût digne de donner le bras à pareille merveille !... Mais le domestique du matin ?... Bon pour aller à la messe, mais déplacé ici, avec son air et sa tenue de factotum de province... Mais où la mâtine avait-elle pris ce grand air, cette élégance à la fois provocante et réservée, à croire une cocodette parisienne en tournée, n'eût été la fraîcheur du teint, l'ampleur des formes et aussi une pointe de surcharge dans la toilette et de gêne dans la façon de la porter ; une grâce de plus, d'ailleurs, dénotant bien la provinciale encore inexpérimentée, en dépit d'une distinction native et d'un bon vouloir évident. Étrange et charmante énigme. Diamant brut, ayant conscience de sa valeur. Quels trésors de reconnaissance à l'habile qui saurait le sertir et en faire jaillir mille feux encore latents !

Promeneurs et promeneuses semblaient être d'ailleurs tout à fait de l'avis de Pierre. Au bout d'un quart d'heure, tous ne regardaient qu'elle : les femmes sournoisement, par-dessus leur broderie ou par-dessous leur ombrelle ; les hommes effrontément, se campant en face par groupes bruyants, dénigrant les autres femmes, cherchant à attirer son attention et à la faire rire. Les musiciens distraits la fixaient plus que leur pupitre, à ce point qu'au finale de la *Marche en ré*, de Meyerbeer, le chef d'orchestre dut se retourner pour connaître la cause de l'émoi général...

Un peu déconcerté sous le feu, l'ange semblait chercher quelqu'un du regard, sans doute le notaire, qui vraiment tardait trop, pensait Pierre... Mais comment ! dans cette foule, pas un parent, un ami !... Tout ce petit monde est sans doute resté en ville, n'osant affronter les promeneurs de la plage... Mais à qui en a-t-elle ?... O joie ! à lui, bien à lui !... Et, en effet, l'ange, ayant découvert Pierre dans le coin où il se cachait à l'ombre, se leva comme pour éviter le soleil, qui gagnait sa place, emporta sa chaise et vint s'asseoir à deux pas de Pierre, le fixant résolument d'un long regard qui semblait dire, cette fois : Ne voilà-t-il pas assez longtemps que nous nous connaissons ; si nous entamions conversation, ne fût-ce que pour me donner une contenance devant tout ce monde qui me dévisage?...

Cette manœuvre troubla Pierre beaucoup plus qu'elle ne le charma d'abord... Pour un ange, c'était aller un peu vite... Mais, de près, cette peau fraîche comme transparente, ces beaux grands yeux limpides bordés de longs cils, où le pinceau n'avait rien à ajouter, ces cheveux drus à faire croire naturelle l'opulence exagérée du chignon, ce va-et-vient des seins en se baissant, cette largeur et cette hauteur du bassin moulé sous la tunique, ces jambes bien prises entrevues croisées l'une sur l'autre, la pointe du pied s'agitant et relevant la jupe, eurent bon marché des dernières lueurs de bon sens de l'ami Pierre... Un imperceptible clignement d'œil de sa part, auquel elle répondit d'un rapide signe de tête affirmatif, le décida tout à fait. Elle se leva. Se lever en même temps eût été maladroit devant la foule qui avait parfaitement remarqué leur petit manège... Il attendit la fin du *Beau Danube bleu*, une valse de Strauss bruyamment applaudie, et s'esquiva dans la chaleur du *bis*. Il n'avait d'ailleurs pas perdu de vue l'ange, qui était entré dans le salon du Casino, et à travers une fenêtre entr'ouverte continuait à le regarder et comme à l'attendre; quand elle le vit levé et se dirigeant vers elle, elle continua son chemin, sûre désormais d'être suivie. Elle traversa le parterre qui s'étend entre le Casino et la vieille porte de ville. Pierre la suivait en effet, tout en gardant la distance convenable.

Tout le monde sait qu'au milieu du parterre du Casino de Dieppe il y a un bassin où barbote un phoque; ce fut le salut de notre ami Pierre. Comme il suivait sa piste, il s'aperçut que la bande des joyeux baigneurs, précisément ceux qui, pendant la musique, s'étaient campés devant l'ange, l'épiaient de loin, curieux du dénouement. Pour dépister ces friands de potins, la plupart connus de lui, mais qu'il avait feint de ne pas voir, Pierre, de l'air le plus indifférent, s'arrêta cinq minutes à contempler le phoque, auquel des enfants donnaient du pain... Elle a repris le même chemin que tantôt, se disait-il : la vieille porte, la Grande-Rue, le vieux quartier ; laissons-lui quelques minutes d'avance, je couperai par le quai et serai avant elle à la porte aux panonceaux.

Les joyeux baigneurs, en effet, voyant Pierre s'arrêter court, puis prendre un autre chemin que celui de sa dame, n'insistèrent pas et retournèrent à la musique. Pierre aussitôt hâta le pas, arriva devant la maison du notaire en moitié moins de temps que l'ange n'en avait pu mettre, et lentement remonta la ruelle et la Grande-Rue, s'attendant à voir apparaître à chaque coin de rue la bienheureuse tunique blanche rayée de bleu.

Qu'était-elle devenue? Avait-elle pris un autre chemin? S'était-elle arrêtée en route? Toujours est-il que Pierre ne la retrouva plus, malgré une faction de deux heures à sa porte, au retour. Aucune lumière aux fenêtres, sauf à celle du rez-de-chaussée, qui, entr'ouverte, laissait voir des rangées de chaudrons bien luisants, image de cette vie calme qu'il voulait troubler... Évidemment, on dînait en ville.

À un moment, le domestique à moustaches, intrigué de sa persistance, mit le nez aux barreaux et toussa d'une façon significative. Pierre dut lâcher prise, ridicule, furieux, surexcité et pris des pieds à la tête.

Au lieu de rentrer chez lui, il alla droit à l'hôtel où il descendait autrefois, fit appeler le chasseur, une vieille connaissance, qui, à son nom, accourut, la casquette basse, flairant une aubaine... Savoir qui habite la maison aux panonceaux..., le nom de la dame..., tâter le domestique à moustaches..., de suite et à tout prix... Un louis d'abord..., un second à la réponse rapportée.

En moins d'un quart d'heure, le chasseur revenait triomphant. Le notaire louait tous les ans le premier étage de sa maison; cette saison, à une étrangère arrivée la veille, la baronne de Benfeld. Le domestique à moustaches était au service du notaire; il avait accompagné la dame, seule encore et attendant une amie; incorruptible, d'ailleurs, et lourdaud; mais le porteur se chargeait de faire tenir tout ce qu'on voudrait...

Pierre reçut la douche sans broncher et rentra

chez lui. La femme du notaire et la provinciale inexpérimentée étaient loin. Qu'importe! En était-elle moins belle, moins désirable et consentante?... Le consentement rentrait pourtant bien dans l'aventure banale et... vénale... Mais c'était le diable à s'avouer cela. Pierre ne voulant plus réfléchir et brûler ses vaisseaux, se mit tout de suite à griffonner un billet de la forme la plus originale qu'il put trouver :
« Celui qui vous écrit cette lettre vous a suivie et
« perdue tantôt. C'est cet imbécile à barbe rouge, à
« jaquette à revers de velours noir... »

Ici Pierre fut arrêté par la réflexion qu'il n'avait dans sa malle que quelques vêtements de rechange des plus simples, en accord avec la vie retirée qu'il comptait mener ici près de sa famille. Il aurait à écrire à Paris et se faire envoyer, par son valet de chambre, plusieurs complets assortis... ses knickerbockers... ses chemises de soie pour la nuit... ses chaussettes rouges et ses violettes..., ses souliers découverts à bouffettes... Aurait-il aussi assez d'argent?... Il n'y avait décidément pas à se le dissimuler, la question d'argent côtoyait cette passion naissante... Allait-il retomber dans ses sottises d'autrefois... Bah! la dernière! jamais d'ailleurs pareille aubaine! Ne disait-il pas bien qu'elle n'était pas Parisienne?... Une étrangère? C'est une provinciale plus distinguée..., plus neuve encore?... Benfeld?... Ce nom ne lui était pas inconnu... Mais, oui, son son ami D... lui en avait parlé! Son ami D..., celui-là même qui l'avait aidé à payer ses dettes, sur une parole d'honneur, oui, une parole d'honneur solennellement donnée par lui, Pierre, de ne pas s'engager dans une nouvelle aventure sans la lui confier ! Comment oser ! Mais, précisément, lui conter tout, c'était lui demander son avis et des renseignements précis... voire même à l'occasion en obtenir une lettre d'introduction. Cependant Pierre comprit qu'il était plus prudent de ne pas s'étendre, et écrivit à son ami D... quelques lignes indifférentes qu'il crut très adroites ; prétextant un tiers qui lui demandait des détails sur une certaine Benfeld, dont on parlait beaucoup à Dieppe cette année.

Cela fait, rendons-lui cette justice, il résolut de ne rien pousser pendant les deux jours nécessaires à la réponse. Essai d'une diversion, parole donnée, ou considération des jaquettes, toujours est-il que Pierre visita consciencieusement le vieux château d'Arques le premier jour, les ruines de Bonneville le second, s'attardant à dessein, ne rentrant en ville qu'à la nuit, évitant la plage et le Casino. Peine inutile, la maudite tunique blanche rayée de bleu et si bien remplie, il s'attendait à la voir partout ! Trop heureux si, satisfaisant à la fois à son serment et à ses désirs, il lui eût été donné de la retrouver dans une de ces deux excursions ordinaires aux baigneurs.

Enfin, le soir du second jour, il trouva deux lettres chez lui, l'une de l'ami D..., qu'il ouvrit d'abord.

« La Benfeld, lui écrivait son ami, est la fille d'un
« juif de Francfort et la femme séparée d'un Prussien
« pauvre mais malhonnête, qui n'a consenti au di-
« vorce que moyennant une pension que son ex-
« femme lui gagne à la sueur de son front. Le père
« était autrefois établi au coin de la rue Tronchet et
« de la place de la Madeleine. Combien de fois, dans
« mon jeune âge, n'allai-je pas la prier de me donner
« de l'argent français contre de l'argent espagnol
« que je m'étais procuré chez un autre changeur !
« C'est tout ce que j'obtins d'elle alors. Plus tard,
« je la connus un peu plus que de vue. Je ne sais
« qui me présenta. Elle connaît peu le Paris élé-
« gant, mais beaucoup l'autre, le riche. Elle est as-
« sez bonne enfant, mais poseuse, et il lui est arrivé
« souvent ce malheur que, s'étant donné des airs de
« grande dame avant..., on la traitait comme une
« grande dame après... Que de fois, autrement dit, la
« pauvre dame fut flouée par des seigneurs ! Ce se-
« rait à son honneur, si la vanité n'était la seule
« cause de ces accidents. Rien de cette pauvre
« Bibiruci et autres courtisanes immenses qui, il
« faut leur rendre cette justice, se sont données
« pour rien à la moitié de Paris. Cette courtisane
« manquée se rattrape sur les prêts d'argent dont
« elle est l'intermédiaire. Elle me donna un jour à
« entendre que je pouvais m'adresser à elle... Un
« vieil alchimiste apparut à mon imagination, israé-
« lite à barbe de bouc, son père !... »

Pierre, écœuré, dut s'arrêter. Puis, tout d'un coup se ravisant :

— Me prend-il assez pour un enfant, mon ami D... Charge-t-il à plaisir le tableau ! Le beau signalement de comédie ! Y a-t-il là rien d'elle ? Ah ! s'il savait où je l'ai vue pour la première fois !

Et Pierre se prit à songer à la tranquille rencontre de l'église, revoyant tout, les marins agenouillés, les grands saints du maître-autel, et ce corps charmant affaissé sur le prie-Dieu. Un peu ranimé, il continua.

La lettre contenait encore des détails intimes sur les relations de la dame et de l'ami D..., impossibles à transcrire ici ; puis à la fin ces mots soulignés : signe particulier, raccroche dans les églises !

Cette fois, il n'y avait plus à s'y méprendre ! Confus, atterré, les tempes battantes et la gorge sèche, Pierre ouvrit machinalement la seconde lettre. Elle était de sa famille et lui annonçait l'arrivée de sa mère, de ses tantes et de ses cousines le soir même ; on le priait de venir prendre tout ce monde à la gare.

Il y courut et arriva juste à temps.

La Benfeld s'est fait présenter toute la bande des Joyeux-Baigneurs. Souvent elle et Pierre se rencontrent, tous deux un peu embarrassés. En dépit d'un ricanement forcé, elle ne put, la première fois, retenir un haut-le-corps de dépit et comme un regard de regret. Du plus loin qu'il l'aperçoit sur la plage, Pierre, le cœur serré, baisse la tête, et fourre son nez dans la broderie de ses cousines, comme pour s'y délivrer de la tentation.

Il n'est jamais repassé devant la maison du notaire, mais il va voir souvent le phoque. Où en serait-il aujourd'hui si cet intéressant animal ne l'avait arrêté sur le bord de l'abîme ! Pierre frissonnait au seul entrevoiement des sottises et des folies où l'eût rejeté un caprice immédiatement satisfait ; lui qui, une fois pris, n'avait jamais su se détacher ni s'arrêter dans des dépenses qu'il jugeait toujours au-dessous du bonheur qu'on lui donnait ! Cet arrêt de cinq minutes au bord de ce bassin, et la piste avait été perdue, et les réflexions sérieuses étaient venues, et tout ce qui s'en était suivi ! Ce phoque est devenu son ami ; deux fois par jour, il lui apporte des friandises ; compatissant à cette existence solitaire, Pierre a fini par voir en lui un pauvre vieux garçon qu'on devrait bien songer à marier.

LA POLOGNE N'EST PAS MORTE

I

« Je ne veux pas rester sous le coup de notre fâcherie de l'autre jour. Tu ne peux venir chez moi, dis-tu, et tu ne veux pas que j'aille chez toi. Il faut donc que nous nous rencontrions quelque part. On me mène ce soir dîner à Madrid ; j'ai choisi l'endroit, parce que je sais que tu y dînes souvent en cette saison. Si tu y viens ce soir, je trouverai bien moyen de m'échapper cinq minutes et de t'aller serrer la main.

« Mille tendresses toujours.. »

Ce billet n'a pas mis Jean de bonne humeur. Seul, dans la voiture qui remonte au galop les Champs-Élysées, il rognonne...

— Certes, non, je n'irai pas !... Le beau rendez-vous ! La voir passer au bras d'un autre !... C'est se moquer de moi... La rouée !... Elle serait bien aise de s'assurer à quel point elle me tient toujours... J'ai prétendu ne vouloir plus être qu'un ami, et cela ne fait plus son compte... Non, bien décidément, je n'irai pas !... Si j'avais trouvé quelqu'un de connaissance aux Champs-Élysées, j'y aurais dîné. A la Cascade, je serai peut-être plus heureux... Était-il bien nécessaire de nous séparer ? Plus d'argent, c'est vrai, mais on en trouve quand il en faut absolument, et si j'avais été sûr d'elle... Elle m'a bien proposé le partage ; mais j'ai fait l'indigné : Tout ou rien, ai-je dit... Et elle m'a planté là !...

La voiture file toujours, rapide, fendant l'air, qui le frappe au visage. Les senteurs du Bois arrivent déjà jusqu'à lui, douces, pénétrantes, lui apportant des songeries de bonne vie de campagne et de famille.

— N'avoir même pu quitter Paris, engrené que j'étais dans ces embarras d'argent !... Ah ! Elle m'a coûté cher !... N'importe, elle valait tout ce que j'ai fait. Oui, et maintenant que j'ai tout fait, il me faut la laisser à un autre !... Nom de... J'envie les maris qu'on paye pour vivre avec une créature vouée au devoir et à la fidélité. Le beau mérite auprès du nôtre ! Nous, nous payons et passons la main et la femme quand nous n'avons plus rien !... Décidément, je divague... Cocher, plus vite ! Entrez au Bois et allez droit à la Cascade, sans passer par les

Acacias... Tout ce monde m'ennuie... Qu'ont-elles à me regarder, toutes ces femmes, avec leur air étonné et gouailleur ? Eh oui ! Elle m'a quitté, et me voilà seul !... Elle court avec un autre, et me voici ici sans argent !... Cela vous étonne ?... Au diable !... Cocher ! marchez donc plus vite !...

La voiture file plus rapide encore, croisant les rares voitures qui reviennent du Bois en cette saison. Puis, les quittant, elle s'enfonce dans une allée déserte.

— Il fait meilleur ici... on y est tranquille... Pauvre cher Bois !... Est-il un coin où nous n'ayons fureté ? Il n'y a pas huit jours encore, nous marchions là, côte à côte, dans ce petit sentier au bord de l'eau ; sa grande taille se détachait dans sa robe blanche, sous les sapins, dans l'ombre, les lanternes de la voiture nous guidant de loin... Gentils, ces intermèdes entre le plaisir de tantôt et celui de tout à l'heure... A quoi bon songer à cela ? Heureusement nous voici à la Cascade. Y trouverai-je quelqu'un pour ne pas dîner seul ? Cocher, arrêtez !... Personne ! Pas plus qu'aux Champs-Élysées tout à l'heure... Tout le monde est parti ! A peine ici, un unique couple servi par trois garçons et contemplé par le chasseur et son aide désœuvrés, c'est navrant !... Je vais rentrer dîner à Paris ? Il fait bon pourtant de ce côté... Cocher, faites le grand tour par le bord de l'eau ; vous passerez devant Bagatelle et sortirez par la porte de Saint-James... Ce côté est décidément charmant, et désert... et tout à fait inconnu. A peine y suis-je passé une fois ou deux, au retour des courses, pour éviter le flot des voitures... Un vrai paysage ; d'énormes et hauts bouquets de peupliers... Quelles masses profondes, et les belles grandes lignes !... je comprends le Poussin... Et là-bas, derrière le rideau des grands arbres de la berge, comme l'eau tranquille et verte clapote gentiment sous les saules !... De l'autre côté de la pelouse, Bagatelle, bas et blanc, avec sa colonnade, joue le temple antique... Ah ! le doux et reposant paysage !... Comprendrais-je aussi Virgile ?... Splendide aussi, ce coucher de soleil flamboyant derrière le Mont-Valérien !... Au-dessus de l'eau qui les reflète, quels jolis nuages d'opale et d'agate !... Décidément, ce soir, je comprends la nature... et Michel-Ange ?... Et les arts ?... comme le voudrait Musset, quand on a perdu sa maîtresse ?... Pas encore, mais, avec une autre belle fille dans mon lit, cela viendra peut-être cette nuit !... Ma foi, me voici trop près de Madrid pour n'y pas dîner. Ce serait faiblesse. Au fond, je ne serais pas fâché de voir comment se comporte mon Ariane et de me prouver à quel point je m'en moque... J'ai trop faim, d'ailleurs, pour retourner à Paris... Cocher !. à Madrid !

Devant Madrid, sur la pelouse, cinq ou six hussards fument leur pipe. Hussards à bottes, culottés de rouge, à dolman bleu soutaché de jaune... Ce sont les Tziganes.

— Bravo, se dit Jean, je dînerai au moins en musique.

Et, descendant de voiture, il passa en revue les tables presque désertes, explora les bosquets d'où s'élevaient quelques rares bruits de vaisselle. Personne de connaissance. Tous les cabinets encore vides. Sept heures à peine, d'ailleurs. Résigné et renseigné, il s'assit et commanda son dîner au maître d'hôtel effaré, qui le suivait d'arbre en arbre, la serviette au bras, le sourire aux lèvres.

— Faites dîner le cocher, lui dit Jean, et servez-moi tout ce que vous voudrez, pourvu qu'il y ait d'abord un énorme chateaubriand aux pommes soufflées.

Jean s'était assis à la dernière petite table, touchant les musiciens. En face de lui la bonne vieille bâtisse, briques et poutres, à escalier extérieur caché dans une tourelle de lierre, à galerie de bois, sur laquelle s'ouvrent les portes des cabinets du premier et unique étage. La spéculation, qui a élevé l'arc triomphal en plâtre de l'entrée, a eu le bon esprit de respecter les bâtiments intérieurs, vestige naïf et charmant des splendeurs de nos pères ; Marco y pourrait entonner son refrain ponctué de bruits de pièces d'or, dans le même décor qu'ont rendu célèbre les *Filles de Marbre* d'antan. C'est à se croire dans une de ces vieilles auberges anglaises des gravures d'Herbert ou d'Herring's, où des gentlemen en bottes, carrick et tromblons, donnent des ordres à des cochers trop gros, perchés sur des mails trop rouges. Réellement l'endroit est vieillot, bonhomme et plein de chic.

Le service à l'avenant : patriarchal, lent, plein de pourparlers et de compromis. Si vous y tenez beaucoup, on ira pêcher le poisson que vous demandez, mais y tenez-vous tant que cela ? La discrète sonnerie électrique n'a pas encore détrôné certaine bonne vieille cloche du cabinet n° 1, retentissante comme une cloche d'alarme. Les garçons ont le pantalon relevé et de grosses bottes contre l'humidité des gazons ; aux pâles clartés de la lune, ils apparaissent silencieux et rares, pour se perdre aussitôt comme des ombres, à travers les pelouses brumeuses et les bosquets mystérieux de ce séjour élyséen. Les cochers mis en gaieté par le bock réglementaire, pour peu que leur attente se prolonge, mettent habit et chapeau bas, et s'ébattent en fumant leur pipe dans les profondeurs du jardin. C'est l'âge d'or.

Jean s'assit donc là, un peu calmé, et bientôt servi, se mit à manger, regardant vaguement les musiciens qui préludaient près de lui. Basanés, chevelus, les yeux bridés, la mâchoire et les pommettes saillantes, ce sont toujours bien des bohémiens sauvages en dépit de leur accoutrement de hussard civilisé. Inertes, indifférents à tout, en apparence, sauf un ou deux plus coquets et plus soignés, ils n'ont aucune prétention et leur chef s'escrime à leur tête, debout et bien en vue, n'ayant du hussard qu'un dolman débraillé, jurant avec un prosaïque pantalon gris et des souliers. Qu'a-t-il fait de sa culotte rouge à torsades et de ses bottes à glands ?...

Une valse d'abord, puis une polka, puis une marche. Rien d'inusité que la sonorité spéciale de cet orchestre d'instruments à corde dominés par la clarinette. L'attaque même est molle, le rythme lourdement et régulièrement marqué ; plus de mesures brisées, d'ornements bizarres, d'accompagnements compliqués ; c'est propre, monotone, civilisé.

— Qu'ont-ils donc aujourd'hui, se dit Jean, ils ont trop bu ou trop fumé, ils ne sont bons à rien !

Et il ne les écouta plus, et revint à ses tristes pensers et à son chateaubriand.

Une pause, un silence : l'interprète se détache du groupe des musiciens ; armé d'une assiette que recouvre une serviette, destinée à cacher l'importance ou la modicité de l'offrande, il va sonder les bosquets et en rapporte quelques pièces blanches. Discrètement, il a passé sans s'arrêter près de Jean, encore trop nouvel arrivé.

Les musiciens reprennent. Cette fois, ils n'avaient pas joué trois mesures, que Jean s'arrêta de manger...

... Une plainte lointaine... comme un sanglot étouffé tout à coup... puis revenant, long, désolé, déchirant, suraigu... puis mourant encore... A cet appel désespéré du premier violon, répondent maintenant ses frères les autres violons, puis ses amis la clarinette, le violoncelle et la basse, puis la foule qui murmure sourdement dans le cymbalum... La plainte s'élève en chœur, maintenant stridente, mugissante, monte au ciel en spirales sonores, plane un instant au haut de l'espace et retombe sur le monde désolé...

Jean voulut se défendre et continuer son dîner. Impossible. Boire, avaler, remuer son verre ou sa fourchette lui semblait impie; il repoussa son assiette, mit son chapeau sur le nez pour cacher ses yeux fermés, et s'accoudant, immobile, ne perdant plus une note, il écouta.

L'attaque des violons surtout faisait tressaillir ; le boyau se tordait, se déchirait et semblait éclater ; des dents de scie semblaient entamer des corps saignants et hurlant sous la douleur ; les voix graves des basses semblaient consoler et bénir des mourants ; tandis que, gémissante, hululante, la clarinette perçait les airs de cris de femmes... Distinctement, dans les notes martelées et retentissantes du cymbalum, on percevait les rumeurs qui s'élèvent d'un champ de bataille longtemps encore après la mêlée.

Et toutes ces douleurs semblaient si grandes et si nombreuses, tant de générations semblaient gémir là depuis des siècles, que Jean eut honte de pleurer pour une maîtresse perdue... Car, il faut bien le dire, il pleurait.

Cela dura peu, heureusement. Tout d'un coup, les plaintes s'étaient arrêtées, et, du fond de l'espace, un cri de révolte a retenti, cri de vengeance et de résurrection !... On le dirait poussé par une armée de cavaliers accourant au galop de leurs chevaux au secours des vaincus... Debout, compagnons ! Vous n'êtes pas morts, vous n'êtes que blessés !... Un effort encore, et vous êtes libres !... A cheval !... Sabre en main !... Morts et mourants, hommes et chevaux, se relèvent et chargent encore une fois l'ennemi... Cris et coups furieux !... L'action est chaude, décisive et tourne bien, car les voici qui reviennent en chantant !... Chant fier et joyeux, coupé d'embrassades de camarades et de baisers de femmes !...

Les musiciens se turent ; quand ils eurent posé leurs instruments et allumé leur pipe, Jean, haletant, courut à eux. L'interprète s'avança.

— Qu'ont-ils donc joué là, lui demanda-t-il.

— Une czardas.

— Oui, je sais. Mais quel en est le titre, le sujet ?

— Elle n'a ni titre ni sujet. C'est une suite de variations sur une chanson populaire dont le premier vers est :

Non ! la Pologne n'est pas morte !

— Merci !

Et Jean, ranimé, vint achever son dîner, qu'il arrosa, pour se remettre tout à fait, d'une bouteille de généreux Pomard, son vin de prédilection. Il se sentait tout autre, calme, bienveillant, enclin au pardon, enthousiaste... Quand l'interprète-quêteur passa devant lui, Jean glissa cette fois un joli billet bleu sous la serviette. Vraiment, cette vaillante musique lui avait rendu le courage.

— Non, non !... La Pologne n'est pas morte ! se répétait-il à lui-même, chaque fois qu'il vidait son verre.

Et il le vida souvent. Sa maîtresse pouvait venir maintenant au bras d'un autre. Il se sentait fort et prêt à tout.

II

Peu à peu, les tables s'étaient garnies de dîneurs, les bosquets devenaient bruyants. A chaque instant, un grondement lointain annonçait une voiture qui s'arrêtait net après avoir franchi l'arcade de l'entrée, et déposait de nouveaux arrivants. Un va-et-vient de garçons affairés s'établissait des cuisines aux cabinets, dont les portes ouvertes laissaient entrer des bouffées de musique et renvoyaient des bribes de conversations et d'éclats de rire.

La nuit tout à fait venue, vers huit heures, deux voitures s'arrêtèrent presque l'une derrière l'autre. De la première, descendit un important personnage au-devant duquel chasseur, maître d'hôtel et garçons s'empressèrent. Un peu gros, un peu mûr, la moustache trop hérissée et trop noire, le personnage n'en avait pas moins très grand air et le sentiment d'une dignité qui perçait dans ses gestes calculés et ses éclats de voix dominateurs. En habit, cravate et gilet blancs ; fleurs à la haute boutonnière, un diamant unique, mais énorme, au plastron ; pour tempérer ce luxe, un petit chapeau mou élégamment cabossé, et, pittoresquement jeté sur les épaules, un immense pardessus brun, long, à pèlerine et à capuchon, un pardessus d'aventure évidemment.

Jean devina son homme. En effet, celui-ci s'était à peine fait indiquer le cabinet retenu, que la seconde voiture, sans avancer dans la cour, déposa, juste au bas de l'escalier, une femme enveloppée d'une grande pelisse traînante, d'étoffe lourde à grosses fleurs sombres sur un fond mordoré ; l'opulent fouillis des bordures ruchées s'ouvrait par place et laissait deviner une toilette blanche, un cou et une gorge nus ; la tête entièrement cachée sous une voilette dont les deux bouts très longs flottaient derrière, vraie voile d'almée laissant la femme invisible : tout au plus devinait-on des yeux et des cheveux noirs. Mais, à sa grande taille, Jean l'eut vite reconnue.

Le personnage important vint lui offrir son bras et l'entraîna dans l'étroit escalier, lui montant le premier. Le laissant passer devant, comme pour retenir et garantir ses jupes, elle quitta tout à fait son bras, et avant de s'engouffrer dans la raidillon elle s'arrêta, regarda dans le jardin, vit Jean en face, et d'un petit signe de tête lui fit comprendre qu'elle le savait là. Puis, rejoignant vite le personnage en haut de l'escalier, elle le suivit au cabinet n° 1. Au passage, sur la balustrade de bois qui va extérieurement de l'escalier aux cabinets, elle répéta le même signe, Jean y répondit, puis elle y entra.

La porte du cabinet n° 1, ouverte toute grande par le maître d'hôtel, laissa passer un rayonnement de lumières et un intense parfum de fleurs accumulées. Bien avant l'arrivée du couple, cette porte s'était à chaque instant ouverte sur un défilé de garçons apportant des pièces d'argenterie, des jardinières pleines de fleurs fraîches et des candélabres supplémentaires. Évidemment, c'était un dîner commandé d'avance auquel la maison allait donner tous ses soins.

Les murs du cabinet, la cheminée, la table elle-même, disparaissaient sous les fleurs. Sur la table, dans un cadre d'argent, pompeusement transcrit en caractères gothiques bleus à grandes majuscules rouges, se dressait le menu : depuis les Huîtres Victoria et le Canapé de Homard en hors-d'œuvre jusqu'à la Croûte aux fruits à la Parisienne et la Glace Archiduc du dessert, chaque service en double semblait un duo ingénieusement combiné, amalgame savant de plats mâles et de chatteries féminines. Deux potages : le doux Consommé de

Volailles Princesse et la rude Bisque d'Ecrevisses.
Deux relevés : les Rissoles à la Pompadour, fantaisie
légère, à côté de la solide Truite Saumonée Chambord. Deux entrées : les Noisettes d'Agneau, un peu
matérielles, et les Cailles à la Souvarow, plus
suaves... et ainsi de suite, pendant une page. Évidemment ils n'allaient pas manger le quart de tout
cela, mais le personnage important prouvait qu'il
savait bien faire les choses. Que fut-ce quand arriva
le chapitre des vins ! Le sommelier fut requis par le
maître d'hôtel, et, à trois, fut combinée la plus
savante et la plus coûteuse gradation. Xérès pour
commencer, Lur-Saluces 1864 au relevé, Château-
Laffitte aux entrées, Romanée-Conti 53 au rôti ;
pour le dessert, tout à fait confidentiellement, le
sommelier parla d'une certaine Cuvée de Réserve 1874, en baissant la voix pour n'en pas
révéler l'existence aux cabinets voisins. La Cuvée
de Réserve 1874 fut agréée.

Ce n'était rien encore. Le menu accepté et les
vins discutés, le personnage important fit monter
l'interprète des Tziganes, dont il paraissait connaître
à fond le répertoire. Il s'agissait de combiner un
menu musical suivant, service par service, le menu
du dîner. Le personnage dicta ; l'interprète, un
crayon et du papier à la main, écrivit :

Aux hors-d'œuvre, les *Pizzicati* de *Sylvia ;* au
potage, *Cadetten-Marsh,* qui n'est autre que la
Marche des Volontaires de Métra ; entre les rissoles

à la Pompadour et la truite saumonée, *Blauen Donau* (le *Beau Danube bleu*) ; au rôti, l'ouverture du *Ballo in maschera*, longue et solide pièce de résistance ; comme entremets, *Morgenblatter* (*Feuilles du matin*) ; au dessert, un pot-pourri de valses et polkas nouvelles assorties.

Ce programme arrêté, il resta un point délicat, assez difficile à faire comprendre à l'interprète ahuri. Ici, le personnage important allait faire preuve d'un raffinement inconnu jusqu'à lui. La porte du cabinet resterait ouverte pour mieux entendre. Mais, à certains moments, elle se refermerait. L'orchestre devait alors attaquer ses czardas les plus entraînantes, en en supprimant les premières parties, toujours sourdes, lentes et tristes. Ainsi décapités, *Ablakodig Sétàltam*, — *Tegnapelott Csürtortokon*, — *Édes Rozsàm*, — trois purs chefs-d'œuvre, marqueraient ces moments d'extase. A la fin de la soirée, l'interprète monterait et recevrait le prix de tant de complaisances.

D'en bas, Jean suivait ces préparatifs. L'endroit lui était familier, d'ailleurs. Que de fois, accoudé avec elle à cette même balustrade, il avait pris à partie des amis dînant en bas, échangeant joyeusement bonsoirs et quolibets ! Précisément, dans ce cabinet n° 1, dont la cloche retentissante lui était si connue, il avait dîné bien souvent avec elle. Il en revoyait l'intérieur aussi naïf et vieillot que la maison même : papier à palmettes, divans Gavarni, demi-glace sur la cheminée ; mais, par les fenêtres, les bonnes senteurs du Bois et les parfums perçants des fleurs dont les parterres sont pleins. Il n'avait qu'à se souvenir pour la voir, elle, la pelisse et la violette rejetées, rajustant en ce moment ses boucles du front un peu dérangées, approchant ou reculant sa petite glace à étui d'or avec de jolis mouvements de doigts, et l'air d'une artiste convaincue donnant la dernière touche à son chef-d'œuvre....

Tout d'abord, Jean y put tenir ; en somme, la porte du cabinet restait ouverte, et le gentil bonjour qu'elle lui avait, à deux reprises, jeté en passant lui prouvait qu'elle pensait à lui. Avant de s'asseoir, elle vint même encore une fois au balcon, comme pour regarder les musiciens qui préludaient, le personnage important, derrière elle, paraissant fort satisfait de se montrer en si jolie compagnie. Accoudée sur une main, de l'autre elle désignait le cymbalum au personnage qui, penché vers l'instrument, lui en démontrait le mécanisme ; pendant qu'il parlait et gesticulait à force, sa main à elle, jouant sur ses lèvres, envoyait mille imperceptibles baisers à Jean, que ses yeux ne quittaient pas.

Elle resta là longtemps. A la vue de l'important personnage dont les largesses allaient pleuvoir sur eux, les musiciens, mis au courant par l'interprète, s'étaient levés, et le violon à l'épaule ou la clarinette au bec, esquissaient à l'envi les morceaux demandés. Et l'important personnage approuvait de la tête, marquant la mesure, indiquant les « forte » et les « rallentendo »; il était de toute évidence qu'on avait affaire à un connaisseur aussi délicat que généreux. Pendant ce temps, Jean dévorait des yeux la jolie créature, qui avait quitté voilette et manteau. Il se demandait, à la voir ainsi occupée de lui, si ce n'était pas plus pour lui que pour l'autre qu'elle était là et qu'elle avait mis cette toilette, qu'il connaissait bien et qu'il aimait tant : une sorte d'habit Louis XVI, de velours verdâtre, à larges basques faisant jupe par derrière et s'ouvrant devant sur de larges volants de dentelle bise drapés et retenus par une traînée de fleurs naturelles sur le côté : sous l'habit non boutonné, la taille prise dans un long gilet de satin mauve, largement échancré au cou et sur la poitrine, garni en haut de larges flots de même dentelle formant fraise à la nuque, maintenus par le col droit de l'habit, et flottant en jabot autour de la gorge, qu'ils se gardaient bien de couvrir. Un peu de côté, près du cou, la même guirlande que sur la jupe, mais plus petite ; les mêmes fleurs encore sur ses beaux cheveux noirs relevés ; pas un bijou ; à peine aux oreilles deux petits boutons étincelants, mais le cou sans collier, les poignets sans bracelets, d'autant plus nus.

Le couple rentra et leur dîner commença ; les garçons se précipitant au moindre son de la cloche retentissante, la musique montant par la porte du cabinet laissée ouverte.

Mais, quand cette porte se ferma, Jean sentit son cœur se serrer. Au même instant, à son grand étonnement, les musiciens, interrompant l'air commencé, attaquèrent le finale d'une czardas. Son billet bleu déposé dans leur assiette l'avait mis bien avec eux, il n'eut pas de peine à se faire dire par l'interprète la cause de cette transposition inattendue. La rage lui en vint et il se mit en tête de troubler les extases du personnage important.

Il s'était levé, fumant et semblant écouter la musique ; sournoisement, gagnant l'escalier, il monta ; là-haut, l'étroite galerie qui dessert les cabinets est si basse que de la main on y peut toucher le plafond ; les fils des sonnettes y courent à découvert le long des poutres. Jean chercha le fil de la cloche du n° 1, le tira violemment, redescendit quatre à quatre, et était à sa place avant que le garçon ne pût accourir des profondeurs de l'office. Le garçon monta, frappa, ouvrit et fut reçu par une exclamation de colère. Penaud, il allait refermer la porte, mais on lui cria de la laisser ouverte. Le personnage important voulait-il, par là, affirmer la pureté de ses intentions ?...

Dix minutes plus tard, la porte se fermait de nouveau. Même manège de Jean, même course de garçon, même entrée, même réception. Deux fois encore la porte se referma, et chaque fois la cloche retentissante, folle, éplorée, sonnait l'alarme, et chaque fois le garçon accourait affolé. Furieux, le personnage important fit venir le maître d'hôtel d'abord, le maître de la maison ensuite, prétendant qu'on se moquait de lui. On lui argua ces inexplicables appels de la cloche de son cabinet ; les fils conducteurs s'étaient probablement mêlés, et, la bougie en main, toute la maison allait chercher au plafond ce fatal enchevêtrement et y remédier. Le personnage, impatienté, déclara qu'il ne sonnerait plus ; pour qu'on ne s'y trompât pas, il ouvrirait simplement la porte et appellerait quand il aurait besoin du garçon ; et, jurant de casser la tête à celui qui oserait venir sans être appelé, il rentra, poussant violemment la porte cette fois. Mais, de l'intérieur du cabinet, une voix de femme lançait de grands éclats de rire, bruyants à dessein, pour être entendue du dehors. Jean se vit compris.

Allait-il en rester là ? La belle avance ! La porte restait maintenant opiniâtrément fermée.

Cependant, le temps passait et le dîner et la soirée tiraient à leur fin. Déjà, Jean, à tout hasard, avait fait avancer sa voiture, mais il hésitait à y monter. Ne lui disait-elle pas, dans son billet, qu'elle trouverait moyen de venir lui serrer la main ?... Et il attendit encore. Les musiciens, après une suprême czardas, terminaient la marche de Rakotzky, leur morceau final, avec cris sauvages et imitation de coups de canon !... Rien ne bougeait au cabinet n° 1, vers lequel, par-dessus leurs violons, les pauvres diables levaient de temps en temps leur visage implorant.

Jean comprit ce qu'ils imploraient. S'adressant à l'interprète, qui terminait sa dernière quête.

— Surtout n'oubliez pas de monter là-haut, vous et les principaux de la bande. Je connais le personnage. C'est un riche seigneur qui sait ce qu'on paye des musiciens comme vous.

Les deux premiers violons et la clarinette, leurs instruments sous le bras et leur casque militaire à la main, montèrent, précédés de l'interprète portant l'assiette aux offrandes. Ils frappèrent, doucement d'abord.

Comme on ne répondait pas, ils se consultèrent, et Jean craignit qu'ils n'insistassent pas. Mais il se faisait tard ; d'ailleurs le personnage avait dit lui-même à l'interprète de le venir trouver quand leur concert serait fini. Ils frappèrent donc fort cette fois. Un juron formidable partit du cabinet, dont la porte, s'ouvrant brusquement, livra passage au personnage, qui, rouge, congestionné, furibond, se rua sur l'interprète. Pour dégager leur camarade, les musiciens s'interposèrent respectueusement, gênés, d'ailleurs, par leurs instruments. Se croyant assailli, le personnage, plus furieux encore, s'acharna et serra de si près l'interprète que, celui-ci ayant glissé, il tomba avec lui. La galerie est étroite, la baie de l'escalier s'y ouvre à pic et sans rampe au milieu ; les deux combattants y roulèrent de marche en marche, avec les musiciens, emportés dans la trombe. Au bas de l'escalier, on s'arrêta, on se releva, on se reconnut. Le personnage, fortement contusionné, avait au visage la trace des ongles de son adversaire et saignait fort ; l'interprète suffoquait, à moitié étranglé. Au bruit, la maison et ce qui restait de dîneurs étaient accourus, entourant et maintenant les combattants ; on les fit entrer dans une salle basse dont la porte s'ouvrait sous l'escalier, et l'on pansa les blessures, au milieu d'interminables pourparlers, où tous criaient à la fois, dans des langues inconnues.

L'occasion s'offrait trop belle à Jean pour qu'il n'en profitât pas. Il monta vite là-haut, saisit sa belle par le poignet, et, la serrant fort, moitié riant, moitié menaçant, il la força de remettre voilette et manteau ; puis, à la faveur du trouble de tous, il l'emmena jusqu'à sa voiture, qui l'attendait à la porte et fila aussitôt.

— Tu es fou ! Tu es fou ! disait-elle. Que va-t-il dire, lui ?...

— Cela me regarde, répondait Jean, viens d'abord !

Elle se résigna vite.

— Après tout, fit-elle, en se rencoignant dans la voiture, il m'embêtait trop avec sa musique !

Et elle s'abandonna aux caresses de Jean, qui la

serrait dans ses bras à l'étouffer ; surpris de son bonheur, fou de joie, il divaguait, et à chaque baiser longuement donné et rendu, riant, chantant, il répétait sans trop savoir pourquoi :

— Non ! Non ! La Pologne n'est pas morte !

LE DOUTE DE LA PRINCESSE

I

La messe va finir; dans un instant leur union sera consacrée. Agenouillée sur le prie-Dieu, perdue dans ses longs voiles de mariée, le visage caché dans ses mains, la princesse semble prier...

Elle songe... Le Ciel et la Terre l'ont comblée. Un beau jeune prince fait d'elle aujourd'hui sa femme. Demain, elle sera reine !... Pourquoi sent-elle son cœur se serrer ?... Pourquoi doute-t-elle ?... Craintive, prête à pleurer, pendant que le prêtre murmure les paroles consacrées qui vont à jamais la lier, heure par heure, en pensée, elle revit les jours qu'elle vient de traverser...

Là-bas, par delà les mers, qu'il est loin déjà le château paternel! Sa riante et tranquille façade, bien humble en dépit de ses hôtes augustes, se dresse nette, ensoleillée, dans le souvenir de la jeune fille. Les hautes fenêtres à petits carreaux, la tourelle en saillie, au pied de laquelle la porte d'entrée s'ouvre sur un perron de quelques marches, les deux bancs familiers sous la charmille, les grands arbres d'alentour, striant d'ombres la pelouse verte où paissent quelques vaches dont elle sait les noms, tout, jusqu'à l'étendard aux vives couleurs, qui flotte joyeusement au sommet de la tourelle, annonçant la présence des maîtres, tout se dessine nettement dans cette dernière rêverie de jeune fille, douce et calme vision d'une vie qu'elle ne doit plus vivre...

La voilà partie!... A son arrivée dans sa nouvelle patrie, le canon a tonné; les forts et les vaisseaux en rade ont salué son passage; rangés sur les vergues, les équipages ont envoyé à pleins gosiers leurs hurrahs de bienvenue; dans l'air, entourant chaque navire d'une auréole aux mille couleurs, les pavillons de toutes les nations lui ont rendu hommage...

Sitôt à terre, la vapeur l'a emportée... Des gares tendues de rouge, pleines de fleurs, de statues, de drapeaux, de vivats... Jeunes filles en blanc, jonchant les tapis de bouquets; vieux fonctionnaires en habit brodé, front chenu, œil attendri; jeunes attachés en tunique éclatante, regard indiscret, sourire ambigu... Tous l'échine courbée, s'inclinant comme blés sous le vent...

Puis son entrée dans la grande ville, la capitale de son futur royaume... Une longue et large voie bordée de groupes de marbre blanc, massives statues de ville servant de supports à de colossaux chevaliers de bronze, ancêtres en armure; de hauts mâts surmontés d'animaux héraldiques étincelants d'or, d'où pendent, flottant au vent, de longues oriflammes aux couleurs des deux pays; d'immenses trépieds, envoyant dans l'air des nuages d'encens et de fumée... De chaque côté, la foule noire, pressée, acclamant, contenue par deux cordons d'éclatants uniformes... Entre des lignes de cavaliers éblouissants d'acier, droits et immobiles sur leurs grands chevaux noirs, leur blanc panache seul palpitant et retombant en pluie de neige sur leurs casques d'or, le cortège s'avance lentement... Au fond de l'avenue, un arc de triomphe à triple étage découpe en clair ses baies, ses colonnes et ses frontons chargés de statues, sur la noire silhouette de la ville immense... Dans le brouillard, derrière l'arc, des clochers, des dômes, puis des vallées de pierres, les rues... Et le canon tonne, les cloches sonnent à toute volée, les hurrahs de la foule montent au ciel formidables, effrayants en force et en nombre!... Mais, sur le front des régiments alignés, pendant que les hommes présentent leurs armes, en réponse au salut du prince, les officiers abaissent lentement la pointe de leur épée, et les drapeaux, inclinés jusqu'à terre, gisent là jusqu'à ce qu'il soit passé...

Dans les rues maintenant... Vieux monuments noirs caparaçonnés de rouge : du rouge aux colonnades, du rouge aux estrades, aux fenêtres, aux corniches, aux toits ; sur les tentures rouges, d'énormes guirlandes de feuillages et de fleurs soutenant les médaillons des époux ; et à toutes les estrades, à tous les étages, sur tous les toits, des têtes hurlant. D'une fenêtre à l'autre traversant les rues, des cordons d'oriflammes illuminent de leurs vives couleurs la rue sombre, égayant, féerisant tout jusqu'au ciel... Au passage, des noms de victoires inscrits au coin des rues, des statues de héros dominant la verdure des squares, des monuments de tout âge, depuis l'orgueilleuse nef gothique où l'on couronne les rois, jusqu'à l'humble pierre commémorative de la dernière guerre, tout raconte l'histoire d'un grand peuple... Et dominant à peine la foule, toujours plus bruyante et plus pressée, le cortège s'ouvre péniblement un chemin dans ce pandémonium en délire...

Enfin, la fatigante journée est terminée !... La jeune fille va pouvoir se reposer. Elle n'a que traversé la ville et la voici au château, demeure des rois : c'est là que va se faire le mariage. Qu'elle est sombre la vieille caverne royale, haut perchée sur la colline qu'elle recouvre en entier !... Incohérent et noir amoncellement de tours, de remparts, de chapelles et de cuisines ; dédale gothique auquel la tradition défend de toucher, et qui reste debout, comme cette royauté même, mystérieuse et cachée derrière les grands arbres d'une forêt séculaire et les replis d'un grand fleuve éternel...

Mais quelle magnificence !... Ce salon où l'on a conduit la fiancée est plein de merveilles... Sur le satin rouge des tentures, dans leurs vieux cadres bien à eux, éclatent cent chefs-d'œuvre ; au-dessus de la cheminée, une immense *Sainte-Famille* de Rubens, éblouissante, triomphante, trouant le mur, ouvrant les cieux... En pendant, un *Saint-Martin* de Van Dyck, beau cavalier en armure, coupant de son sabre le pan de son manteau rouge dont un vieux mendiant nu va s'envelopper, moins théâtral que le Rubens, mais aussi généreux, aussi fier... Au-dessus des portes, des portraits de Rois et de Reines. Pêle-mêle, courant sur le riche tapis indien, le plus somptueux et le plus hétéroclite mobilier ; depuis le canapé à bois droits, à gais personnages du plus pur style Louis XVI, jusqu'aux capitonnages les plus modernes ; une table de Boule authentique près d'un bureau à sphinx dorés de la Restauration. Dans les angles, des amours de bronze grands comme nature, soutenant de hauts candélabres ; dans l'or du plafond, en couleurs vives, les insignes et les devises des ordres du Royaume. Noyant tout dans la pleine lumière, une immense baie vitrée occupant un panneau entier s'ouvre au-dessus de la cime des arbres ; par delà l'antique forêt, par delà le grand fleuve, le royaume s'étend à perte de vue, bien réellement dominé par le vieux château de ses maîtres...

Mais, pas plus que les splendeurs de l'avenue bordée de blanches statues de villes supportant les ancêtres de bronze, pas plus que les bannières éclatantes, les trépieds fumants et les drapeaux traînants, pas plus que les vieux monuments, les rues pavoisées et la foule acclamant, les richesses de la royale demeure n'ont empêché le cœur de la jeune fille de se serrer et de douter toujours!... Regretterait-elle de ne pouvoir encore se reposer dans sa tranquille chambre du riant château paternel, où il n'y a ni *Sainte-Famille* de Rubens ni *Saint-Martin* de Van Dyck? Peut-être!...

Le grand jour est venu. Dès le matin, la cour du château est sillonnée de lignes de gardes à cheval maintenant et dirigeant aux issues la foule de gala qui va remplir la chapelle... Toute la noblesse du royaume, les ambassades du monde entier en éclatants uniformes, sont amenée là dans de hautes voitures à quatre lanternes dorées, à housses pareilles à des trônes, les gens en livrée galonnée, poudrés, pendus en grappe à l'arrière, canne en main, bouquet au côté... Au passage, dans des éclairs d'or, d'argent et de pourpre éclatant sur le fond sombre des vieux murs, des toilettes de cour entrevues :

plumes réglementaires coquettement enroulées au chignon, longues traînes rejetées sur le bras nu; blanches épaules, opulentes poitrines portant des écrins, petits pieds chaussés de satin piétinant craintifs et surpris à cette heure du jour...

La foule est placée dans la chapelle; rumeurs discrètes, vagues parfums, scintillements dans l'ombre; on attend. Enfin voici le royal cortège!...

Trompettes et massiers; hérauts en cotte d'armes; gardes en toque, fraise et pourpoint; maître des cérémonies à haute baguette blanche, précédant les Chevaliers de l'Ordre... Sous leurs longs manteaux de velours doublés de satin, jetés par-dessus l'uniforme, avec leurs colliers étincelants, leurs grands cordons en sautoir, leurs torsades d'or, leurs nœuds d'épaule, les Chevaliers de l'Ordre, prolongés, amplifiés, ne sont évidemment plus des hommes, mais des principes... Forces vives de l'État, ils passent majestueux et calmes, comme il convient à des principes respectés en dépit de pantalons que ne poétise pas suffisamment la bande d'or sur la couture. Seul, un étranger de haute et puissante stature montre ses jambes princières moulées sous le bas de soie; mais ses souliers blancs à larges bouffettes, ses trousses de satin et son pourpoint d'un autre âge motivent en la complétant cette auguste mascarade...

Moins solennelle et plus touchante, la théorie des

huit demoiselles d'honneur, toutes vêtues de blanc, toutes portant le long voile, mais bien rejeté par derrière pour ne rien laisser perdre de leurs jeunes visages et de leurs aristocratiques poitrines. Elles suivent la royale fiancée perdue dans ses dentelles et soutiennent sa longue traîne ; leurs blanches robes se confondant, elles passent comme un blanc nuage semé d'amours roses...

Grands du royaume, ambassadeurs du monde, ministres de Dieu, les voilà tous dans l'antique chapelle. Ici, bien réellement, est l'âme de la royauté. Tout ce que les hommes ont pu imaginer pour rendre sensible et vivante l'incarnation du droit et de la force dans un être humain, a pris forme et place ici. Ici, seulement, la vieille royauté retrouve son vieux cadre comme elle retrouve ses vieux serviteurs dans ses gardes surannés, dans ses hérauts au tabar écussonné portant les mêmes noms depuis des siècles, dans ces chevaliers en pompeux costumes dont les pères ont encore leurs bannières suspendues à la voûte, et semblent encore contempler leurs fils derrière ces heaumes mystérieux dominant les stalles du chœur... Au-dessus, rien que Dieu, que tous, agenouillés, implorent en ce moment et qui bénit les époux par la voix de son prêtre...

Et perdue dans ses voiles, le visage dans ses mains, la royale fiancée songe et doute toujours!... Une si haute fortune l'accable-t-elle?... Se sent-elle au-dessous de sa destinée? Eût-elle préféré vivre plus humble? A-t-elle laissé, là-bas, quelque affection plus vive?... Qui sait!...

Le cortège est rentré dans les appartements du château. On signe au contrat. En tête, rien que les deux prénoms des époux, sans titre aucun, leurs seuls noms de chrétiens, c'est l'usage ; au-dessous, souverains, princes, ministres, apposent leurs griffes solennelles et compliquées; parmi elles, les simples prénoms des enfants, frères et sœurs des époux, semblent de fraîches fleurettes.

Puis un coup d'œil aux cadeaux exposés dans la longue galerie qui précède le salon où l'on signe... Hautes pièces d'orfèvrerie où, sur deux étages, s'enroulent des saints et des chevaliers ; diadèmes, colliers, broches et boucles, diamants et perles, un million malléable, à mettre dans les cheveux, autour du cou et des bras... Venus de l'Inde, ces réseaux de pierreries compliqués et souples comme des serpents; venue d'Islande, cette aigrette d'or, large, plate et recourbée comme une lame de sabre ; venu de moins loin, ce colossal vase de porcelaine où une Majesté étrangère s'est fait peindre de grandeur naturelle en uniforme, le grand cordon rouge en sautoir... Dons des villes, des corporations, des dames... Le plus touchant est un modeste médaillon offert par les jeunes frères et les jeunes sœurs du marié...

Tout est fini !... Les époux vont être seuls !...

Le voilà venu ce moment redoutable, auquel la fiancée songeait tout à l'heure sur son prie-Dieu, perdue dans ses voiles, le visage dans ses mains!... Ce n'était ni le souvenir du manoir paternel, ni l'éblouissement de son nouveau rang, ni la crainte de fléchir sous sa destinée, ni le regret d'une autre affection qui l'occupait. Elle ne songeait qu'à ce beau jeune prince que Dieu et les rois lui ont envoyé!... A travers les cils de ses paupières baissées, elle l'examinait, anxieuse. Ce n'est pas qu'il n'eût bon air, sous son manteau de chevalier : ses cheveux drus, ses yeux à fleur de tête, ses lèvres charnues sont d'un homme heureux de vivre, sans fiel ni arrière-pensée, superbe de jeunesse, inquiétant de force et santé... Elle ?... A peine elle a fini de grandir. Elle est encore à cet âge délicat et charmant où la femme cherche, dans les bras de l'homme, un abri plutôt que le plaisir... Et, pleine de doute, elle se demande en contemplant son nouveau maître, ce que toute femme se demanderait à sa place :

— M'aimera-t-il ?...

II

A quelques jours de là, rue de la Baume, à Paris ; rue calme, à petits hôtels, à grands jardins dont les arbres dominent les murs. Ni boutiques, ni passants ; à peine de loin en loin une voiture. Une grande porte, à sobres moulures, au centre d'une discrète façade dont toutes les fenêtres, soigneusement closes, semblent ne jamais s'ouvrir. On entre ; on attend quelques instants au rez-de-chaussée dans un fumoir-bibliothèque où, sur les rayons d'une étagère de chêne sculpté, courent, rares et dépareillés, quelques volumes non reliés de Paul de Kock. Une porte du fond s'ouvre et une jolie femme de chambre vous indique l'escalier d'où vous arrivent de capiteux parfums. Autant la bibliothèque est sombre, froide, délaissée, autant cet escalier, encombré de tentures et de tapis, est chaud, parfumé, lumineux ; le salon semble y commencer. Sur le palier même de l'étage unique, une grande vitrine posée à plat sur une table drapée, fait étinceler des merveilles : Saxes nus et souriants, éventails déployés à personnages galants dans des lointains bleuâtres, tabatières à portraits décolletés, à scènes mythologiques sans voile, bijoux anciens, dagues de jarretière, missels.

Dans le salon... salon n'est pas positivement le mot. C'est plutôt une pièce à tout faire ; elle est immense ; le mur qui sépare intérieurement les deux côtés d'une maison, est supprimé ici, et la pièce s'ouvre à la fois sur la rue et sur la cour. En dépit des grands arbustes verts qui l'encombrent, elle garde l'empreinte de deux destinations différentes ;

ici c'est un salon, mais un vrai salon de réception avec ses tableaux anciens, ses fauteuils sérieux, sa grande pendule haute sur sa gaine, sa table chargée de portraits, de journaux du jour, de boîtes, de fleurs et de bibelots, ses vitrines en glace, son piano drapé ; tout cela du côté de la rue. De l'autre, une immense table de toilette, avec ses jeux de brosses, ses cristaux, ses glaces. Au fond, sous trois grandes glaces mobiles, reflétant les objets de trois côtés à la fois, un canapé bas, large comme un lit, à traversins de tête et de pied ; le satin noir qui le couvre tranche violemment sur les tentures claires où domine le bouton d'or. A cette époque, déjà lointaine, les harmonieuses audaces, les tons éteints et criards à la fois de la gamme japonaise-hindoue étaient inconnus, et la plus belle brune du monde trouvait le satin bouton d'or suffisant pour la faire valoir.

Une porte est ouverte sur la chambre à coucher. Entre les portières qui la drapent, on entrevoit sur trois marches un haut lit défait ; au-dessus du chevet capitonné, dans la pénombre des rideaux, le portrait en pied de la maîtresse de la maison, la plus belle des brunes, absolument nue.

Sans doute, pour permettre de comparer l'original à la copie, pour prouver que le peintre n'a pas menti et que les idéales fermetés du tableau sont des réalités palpables, la plus belle des brunes va et vient par l'appartement, dans le costume de son portrait. Il est nuit, d'ailleurs, et les volets fermés et les rideaux tirés ne laissent ni filtrer un rayon de lumière, ni soupçonner au dehors rien de ce qui peut se passer au dedans.

La plus belle des brunes n'est pas seule. Un homme est là ; s'il était plus vêtu, vous pourriez le croire un artiste chargé d'un nouveau portrait. Ce n'est qu'un amant de passage, qui, sachant un peu dessiner, croirait cracher sur Dieu, que de ne pas garder de cette magnifique créature quelque souvenir durable, et dans une accalmie, tout en fumant sa cigarette, il crayonne une rapide étude de ce grand beau corps qu'il a fini par étendre devant lui, sur le canapé de satin noir...

La plus belle des brunes est une Italienne, célèbre par sa beauté et ses caprices. Grande, forte, harmonieuse en tous ses mouvements. Les cheveux noirs de jais, plantés si bas que, bien qu'elle les porte plats et relevés, on les croit touchant ses yeux ; aux tempes, deux bouquets de poils drus. Ses grands yeux noirs, résolus, disent net ce qu'elle veut ; le nez droit ; la bouche ferme aux lèvres épaisses ; le menton rond, bien accusé ; le type romain dans sa sublime bestialité. Maintenant haut cette belle tête, sur ses épaules tombantes, un cou long, rond, ferme, précurseur d'un corps divin. Comment décrire ce corps ?... Rappelez-vous la Vénus couchée du Titien, dont elle a précisément pris la pose : une main sur la tête, l'autre badinant ailleurs... Et chacun de ses mouvements donne une statue, un tableau : debout, marchant, c'est Diane, fière, avec ses beaux jets de jambes bien arquées ; hanchant au repos, c'est la Cypris du Corrège, à la jambe si voluptueusement recourbée... Riant, babillant, s'agitant, comme en ce moment, ses seins fermes, écartés, pointant, frémissent à peine, et si, sous la peau nacrée du ventre sans un pli, la main ne sentait la chaleur du corps, on le croirait de marbre...

Depuis un instant, l'Italienne n'essaye même plus de garder la pose ; elle parcourt quelques lettres arrivées dans la soirée. Une d'elles l'occupe surtout : elle ne contient qu'une ligne qui la fait sourire.

— Un mot du prince, dit-elle. C'est gentil à lui de m'écrire le lendemain de son mariage. Vois donc.

Et elle tend la lettre à son amant de ce soir-là ; il y lit ces seuls mots :

« Plains-moi ! Ma femme est maigre !... »

LE CHEMIN DE DAMAS

I

Libre !... Nadaillan était libre !... Femme, belle-mère et beau-père, Nadaillan avait tout laissé à Saint-Malo, et, sous le bienheureux prétexte de signatures à donner et de fonds de succession à retirer chez un notaire, il venait passer deux jours à Paris ! En août, Paris n'est pas gai ; du moins n'est-ce plus Saint-Malo, ce trou noir, lugubre, économique, choisi par beau-papa et belle-maman pour y passer leur été. L'ennui d'un tel séjour, joint à l'austérité d'un tel entourage, c'était trop ! Marié à la suite de maintes frédaines, Nadaillan commençait à croire qu'il n'était pas fait pour la vie de famille. L'ingérence trop motivée des parents de sa femme dans ses affaires en désordre, la cohabitation obligatoire avec M. et Mme de Lardec, son richissime beau-père et son honorée belle-mère, l'exaspéraient surtout. La seule expectative de passer deux jours loin des siens, l'avait fait acquiescer au projet de son beau-père, de placer les fonds qu'il allait toucher, sur les terrains de Paradis-sur-Mer, où la famille comptait s'établir tous les étés. Nadaillan sentait bien qu'il rivait d'autant sa chaîne par un tel placement ; mais, outre qu'il n'avait plus voix au chapitre, il avait surtout vu là une occasion d'aller à Paris, et il était parti dans les plus mauvaises intentions.

Gentille, pourtant, la petite Mme de Nadaillan, mais aucun montant ; en tout résignée et subissant l'usage ; provinciale, timorée, dévote, suffoquée de certaines expansions de son mari, le meilleur homme du monde, aimant rire et faire du bruit. La rondeur et la pétulance de ce bon gros garçon étaient-elles réellement incompatibles avec les aspirations élevées de sa jeune femme ? Toujours est-il que, mariés depuis six mois bientôt, leur intimité semblait s'être plutôt aigrie que resserrée ; non que tout ne se fût passé fort convenablement entre eux, mais rien que convenablement, lui plein de ménagements, elle, de réticences, tous deux à cent lieues du plaisir et de l'amour.

Aussi, quelle joie d'écolier en vacances éprouva Nadaillan à se trouver seul dans ce Paris, à peine entrevu dans ses courts voyages, au moment du Grand-Prix, dans ce Paris gardant pour lui tout le prestige des fringales inassouvies !...

Le notaire vu et ses affaires réglées, il avait d'abord couru à d'anciennes adresses, souvenirs de ses précédents voyages ; il n'y avait trouvé personne. Disparues ou en villégiature, ces demoiselles. Au Bois, personne non plus. Restaient les rencontres des restaurants d'été ; il avait donc rabattu aux Champs-Élysées, et au moment où commence ce récit, nous le trouvons installé aux Ambassadeurs, le seul endroit où le gibier qu'il cherchait pouvait encore remiser en cette chaude saison.

Les tables de la terrasse du côté du concert, toutes occupées par des couples de voyageurs, Nadaillan avait dû s'asseoir derrière le restaurant, un peu déconcerté. Il ignorait, comme un provincial qu'il était, que cet endroit est le plus recherché.

Rien de plus charmant, en effet, que ce coin, de plus original et de plus primitif que son installation à ciel ouvert. Ni vitrages, ni charpentes en fer rappelant les agapes sous cloche du Palais de l'Industrie. Des caisses d'orangers et de lauriers, rangées en demi-cercle, vous isolent à peine des Champs-Élysées, si verts, si touffus en cet endroit ; les plus vieux et les plus grands ormes forment précisément là une haute voûte de verdure ; entre les troncs d'arbres et les caisses d'orangers, la vue s'étend sur les pelouses de gazons et les massifs de fleurs bien entretenus ; joignez à cela le bruissement et la fraîcheur des fontaines, la perspective des jardins voisins ; à la nuit, les cordons de perles lumineuses dans le feuillage, la lune s'en mêlant parfois, les bouffées de musique lointaine, le va-et-vient des promeneurs toujours élégants de ce côté, et dites-moi si un dîner là, en cette saison, ne vaut pas tous les dîners aux petites tablées d'un hôtel de province bondé, surchauffé.

C'est l'avis de Nadaillan, en train de manger et de boire comme quatre. Tout, ici, lui semble meilleur, plus savoureux, mieux apprêté... Quelles merveilleuses pommes de terre que ces « Pommes-Ambassadeurs », coupées en fines tranches, beurrées juste, rissolées à point, molles et pourtant résistantes, joignant l'onctueux de la maître d'hôtel du ménage au grésillement savoureux de la pomme de terre frite de la rue !... Quel savant amalgame de glace, de liqueur et de fruits frais que cette « Coupe Jack », qu'on ne fait bien qu'ici, secret des dieux !... Quel pain même, doré, croustillant, mollet, frais à la bouche, léger à l'estomac; pain aimable, parisien, exquis, aussi loin des miches bretonnes du Grand-Hôtel de Saint-Malo, se disait Nadaillan, que belle-maman peut l'être de ces deux jolies filles qui, à sa grande joie, viennent de s'asseoir à deux tables plus loin !...

Deux brunes. L'une, grande, bien découplée, semble en chemise, dans sa robe blanche, savamment chiffonnée, plissée lâche, comme prête à tomber, à peine retenue par la saillie des seins et des hanches ; une énorme écharpe de satin ponceau s'enroule comme un serpent dans les fouillis de sa jupe et en rehausse audacieusement la blancheur ; sur la tête, un édifice compliqué, une aile relevée, l'autre abattue, avec des grosses coques de rubans feu, piquées dans tous les sens, moins un chapeau qu'un vaisseau amiral, toutes ses voiles et tous ses pavillons dehors ; grands gants, bouquet de corsage haut planté, immense éventail ponceau pendu à la ceinture, ombrelle également ponceau, à manche contourné, à large flot de rubans. La seconde, toute petite, bien râblée, semble nue sous une robe entièrement rouge cardinal extra-collante de la tête aux pieds ; pas un froncé, pas un pli, rien à cacher, rien à soutenir ; elle est assise, le pouff rejeté de côté ; la robe courte, plaquant au ventre et sur les cuisses, semble un pantalon collant, et, remontant aussi haut qu'on peut le désirer, laisse voir deux petits pieds dans des bas rouges, toujours en mouvement comme deux moineaux picorant dans le sable ; un petit chapeau matelot à large cocarde rouge, mis bien en arrière, par-dessus une tignasse drue, éparse sur les épaules et sur les yeux, complète cette singulière toilette de bébé, qui accuse les reliefs de la femme faite, en lui laissant une apparence de fruit vert tout à fait troublante... Attelage étrangement dépareillé ; la grande semble une noble cavale aux tranquilles allures, la petite, un poney rétif et piaffant sans cesse.

— L'une ou l'autre ! L'une et l'autre ! Il me les faut !..., se dit de suite l'affamé Nadaillan.

En dépit d'un commencement d'embonpoint, qui ne messied point, d'ailleurs, à un gentilhomme campagnard, Nadaillan est bien de sa personne ; grand, robuste, haut en couleurs, les moustaches en crocs et les cheveux en brosse, il a bon air avec la jaquette claire et le pantalon foncé de rigueur, la cravate nouée à la main retombant en flot sur le gilet blanc, le feutre impalpable coquettement bossué, les grosses bottines à piqûres compliquées comme un parterre de Versailles ; sur le bras, le grand cache-poussière en pelure d'oignon ; en sautoir, le sac de cuir du voyageur. Un fort sac ! Quarante mille francs touchés le matin chez son notaire, et qu'il avait cru prudent de garder sur lui, plutôt que de les laisser dans sa valise à l'hôtel.

Avaient-elles deviné le voyageur cossu et pressé, faisant les choses vite et bien ? Toujours est-il que, pendant le dîner, les sourires des deux anges et leurs regards bien d'aplomb firent entendre à Nadaillan que les préliminaires d'une présentation n'étaient pas indispensables ; touchante rencontre : à deux reprises, elles demandèrent les mêmes plats et le même vin que lui. Au dessert, il allait les saluer, leur envoyer le garçon ou des boulettes, quand deux jeunes seigneurs vinrent s'asseoir à leur table, retirant leurs chapeaux, commandant café et kummel, allumant leurs cigares, s'installant en maîtres.

Nadaillan n'en voulut pas démordre. Elles n'allaient pas se coucher, la soirée n'était pas finie, il avait encore le temps et l'imprévu pour lui. D'ailleurs, il lui semblait connaître les nouveaux venus. Il les entendait parler d'aller au Cirque, il les y suivrait. Là, il trouverait peut-être quelque ami pour le présenter. Il se leva donc quand ils se levèrent, et leur laissant quelques pas d'avance, il les suivit.

Au Cirque, le quadrille des Déesses sévissait : en cadence, des croupes de femmes bondissaient sur des croupes de chevaux ; dans des flots d'harmonie, passaient Minerve, grande blonde, pâlotte et touchante ; Junon, belle brune, au long cou ; Vénus, aux yeux tendrement pochés, à la divine chute des reins ; tout le corsage ouvert, les bras nus, les cheveux flottants, les chairs frémissant au moindre remou de leur monture... ce qui n'était pas fait pour calmer Nadaillan.

A l'entr'acte, comme il se précipitait aux écuries, dans le vague espoir de recevoir dans ses bras Vénus ou Junon descendant de cheval, il aperçut dans le couloir un ami à lui, causant avec l'un des accompagnateurs des deux anges. Avant qu'on eût regagné ses places, la présentation était faite : Zoé Chabraque et Sarah Pincette, plus familièrement Zozo et Zaza... Comte de Nadaillan... Arthur de Hautlieu et Raoul de Grandton, reporters délégués aux Informations suburbaines « Presse Internationale »... Nadaillan se rappela, en effet, avoir vu ces deux messieurs, d'ailleurs fort correctement mis, beuglant sous les parasols des bookmakers. Un peu mêlée, la compagnie, mais en été ! D'ailleurs, qui le verrait ?

Donc toujours plein des plus mauvaises intentions, Nadaillan, escortant les deux anges, s'en fut s'asseoir à côté d'elles. Et de bavarder !... Et de rire !... La bonne chère l'avait mis en train, le contact des jupes de Zozo et de Zaza l'acheva. Légèrement choqués d'abord, MM. de Hautlieu et de Grandton finirent par écouter, avec une condescendance quelque peu méprisante, les saillies de « hault goust » de ce gros provincial tout à fait parti. Comme il se sentait loin de Saint-Malo !... Saint-Malo ! A cette heure, tout y dormait... et Nadaillan jouissait double de cette musique, de ces lumières et de ces jolies filles, en songeant à la pipe mélancoliquement fumée par lui, tous les soirs, sur les vieux remparts, au-dessus de la ville noire, où brille seule la lanterne de la Bonne Vierge de la Grande-Porte...

Le Cirque a le défaut de finir trop tôt. Dix heures et demie n'est pas une heure décente pour renvoyer les gens. Et plus de Mabille ! Rien de plus naturel donc que l'offre faite par ces dames, et acceptée par ces messieurs, de venir faire un petit bezigue chez l'une d'elles, à deux pas, aux Champs-Élysées. A la sortie on recruta quelques femmes et quelques pontes supplémentaires, et, ces dames reconduites à leurs voitures, ces messieurs gagnèrent à pied le rendez-vous, consolidant leur nouvelle amitié par l'échange d'excellents cigares. Nadaillan se tint sur la réserve ; ses puros de Saint-Malo l'eussent déconsidéré aux yeux de la noble compagnie. Et puis, il était bien aise de se recueillir : Zozo et Zaza avaient été également charmantes, rendant la main, le pied et tout, au Cirque et pendant qu'il les reconduisait à leur coupé; toutes deux lui plaisaient également, toutes deux étaient également accompagnées... Laquelle choisir ? Laquelle serait libre ?...

II

Ces dames ne demeuraient pas précisément aux Champs-Élysées. Elles occupaient, à l'angle d'une nouvelle rue du quartier Marbeuf, un grand appartment au premier d'une maison à peine achevée. Pas une âme, pas une lumière dans ces vallées de pierres en construction.

On entra, on se débarrassa des pardessus dans l'antichambre et l'on passa au salon brillamment illuminé.

— Mes enfants, dit Zozo — c'était la plus grande des deux brunes et la maîtresse, au moins apparente, du logis — je n'ai fait allumer qu'au salon, parce qu'il n'avait été question que d'un bézigue en famille.

Mais nous sommes en nombre, et nous pourrions faire un joli petit baccarat.

— Adopté ! cria-t-on en chœur.

Zozo donna l'ordre d'allumer dans la salle à manger, la grande table y serait plus commode ; puis tirant d'un tiroir un sixain de cartes, elle le jeta sur le tapis vert qui venait de se tendre sur la table comme par enchantement. Décidément c'était une maison bien montée.

— D'où te viennent encore ces cartes? demanda d'un air fâché messire Arthur de Hautlieu.

— De ton ami Grandton, répondit Zozo.

— Toujours des cartes de son cercle ! Elles me portent la guigne. Prends-en donc à l'avenir au Cercle Impérial ; je n'ai de veine qu'avec celles-là.

Et le sire de Hautlieu fit mine de s'éloigner de la table, mais, réflexion faite, finit par y rester, en dépit de l'infaillible guigne qu'allaient lui porter ces cartes.

Les dames s'étaient assises, puis serrées pour faire place aux pontes mâles les plus sérieux, Nadaillan toujours folâtrant entre Zozo et Zaza, au grand désappointement des autres joueuses qui devinaient le riche provincial et un bon coup à faire. Elles avaient gardé leurs gants à seize boutons, et sorti de leur poche la petite glace d'or à leur chiffre, la houpette à poudre, le bâton rouge, et s'en escrimaient à qui mieux mieux. On n'eût pas cru à une partie sérieuse, si deux ou trois petits portefeuilles élégants, étalés déjà sur le tapis, n'eussent laissé voir un nombre très respectable de billets.

— Taillez-vous une banque ? demanda Zozo, se penchant sur Nadaillan.

— Si vous voulez, dit Nadaillan, et il proposa cinq louis.

— Vous ne vous ruinerez pas, dit Zaza en lui riant à l'oreille.

— Vous n'êtes pas sérieux, reprit Zozo. Commençons alors par un petit baccarat tournant; au premier roi, la main !

Et la partie commença. On partit de dix francs, puis bientôt d'un et deux louis. Nadaillan tenait les coups dont personne ne voulait et les gagnait. Il eut une ou deux mains si brillantes qu'au bout d'une demi-heure tous étaient en perte, il se trouvait l'unique gagnant.

— Monsieur de Nadaillan, lui dit Zozo, vous voilà le gros gagnant, taillez-nous donc une belle banque ; c'est pour nous le seul moyen de nous refaire.

Ainsi interpellé, mis en veine d'ailleurs, Nadaillan alla s'asseoir au centre de la table et mit cent louis en banque, à peu près la moitié de son gain. La banque commença admirablement : les trois premiers coups furent trois abatages. Veine insolente qui rendit Nadaillan, déjà parti on l'a vu, tout à fait blagueur; ses plaisanteries commençaient à agacer la galerie, quand sur un coup assez important, où il venait de dire :

— J'en donne !...

Il entend le mot :

— Certainement !

Détachant du talon une carte, Nadaillan la donne au tableau de droite, le premier à servir. C'était un sept.

— Pardon, dit le ponte qui avait la main et n'était autre que messire Arthur de Hautlieu, vous me donnez une carte sans que je l'ai demandée.

— J'ai entendu répondre : certainement... C'est sur ce mot que je vous en ai donné.

— Monsieur, reprit le sire de Hautlieu d'un ton aigre, si, au lieu de faire des plaisanteries déplacées, vous étiez à votre jeu, une erreur comme celle-ci n'arriverait pas. Quelqu'un causant derrière nous a pu dire : « certainement », mais vous ne devez tenir compte que de ce que dit celui qui a la main ; je refuse la carte que vous m'avez donnée. J'ai quatre et certainement je l'aurais demandée, mais, comme c'est un sept qui diminuerait mon point, j'applique la règle et je profite de votre faute. Voyez si le tableau de gauche veut l'accepter.

Le tableau de gauche avait également quatre et refusa la carte.

— Alors, monsieur, continua l'impitoyable gentleman, elle est pour vous.

— Mais j'ai six !... On ne tire pas à six !...

— C'est possible, mais on vous applique la règle : il faut bien que les fautes se payent.

Par l'adjonction de la carte, n'ayant plus que trois, Nadaillan perdit des deux côtés. Agacé, il ramassa ce qu'il avait devant lui et se levant brusquement :

— J'en ai assez, dit-il ; la banque est levée !

— Je la prends ! dit messire de Hautlieu. Combien vous restait-il en banque ?

Nadaillan, poussé à bout, eut le tort de laisser voir sa mauvaise humeur en lâchant un : « Allez vous faire f...! » qui se perdit dans le brouhaha général, mais que M. du Hautlieu fut bien forcé d'entendre. Avec la modération, la parfaite urbanité d'un gentleman donnant une leçon à un provincial, il dit tout bas à Nadaillan :

— Décidément, monsieur, vous ignorez la politesse autant que le baccarat ; inutile de faire du bruit ; demain deux de mes amis s'entendront avec les vôtres. Pour l'instant, continuons la partie, ayez seulement l'obligeance de me dire combien il vous restait en banque, pour que je sache ce que j'y dois mettre moi-même.

— Mettez ce que vous voudrez, je vous tiens le banco, répondit Nadaillan, abasourdi.

— Je mets vingt mille francs alors, dit le véritable gentleman.

— Je fais le banco à cheval ; dix mille francs sur le tableau de droite, dix mille francs sur le tableau de gauche.

Le véritable gentleman alla s'asseoir à la place du

banquier, tira de sa poche un carnet de chèque, et après en avoir détaché un :

— Je vous le remplirai, si je perds, dit-il, avec une exquise désinvolture, à Nadaillan.

— Soit ; moi je joue argent sur table !

Et Nadaillan, sans trop savoir ce qu'il faisait, ouvrit la sacoche qu'il portait en bandoulière, et y prit à même vingt billets de mille francs. Le sire de Hautlieu donna les cartes à droite et à gauche. Peu à peu le silence s'était fait de nouveau. La partie devenait sérieuse.

Le sire de Hautlieu abattit neuf, et Nadaillan perdit sur les deux tableaux.

— Eh bien, dit-il en payant, je vous les refais de ce côté !

— Je lève la banque ! dit froidement le parfait gentleman.

— Je la prends ! hurla Nadaillan la tête perdue. Combien faites-vous ?

— Cinq louis !

Le parfait gentleman les perdit noblement et se leva de table.

A partir de ce malheureux coup, ce fut la déveine plate pour Nadaillan. Il perdit encore en une heure une vingtaine de mille francs. Quand tous les joueurs furent refaits ou en gain, l'un d'eux émit l'avis sage de s'aller coucher. Tout le monde se leva ; la partie était finie. Nadaillan avait perdu ses quarante mille francs.

Mais l'amour de Zozo lui restait ! Zaza était partie au bras du second gentleman. Zozo, elle, avait réfléchi : un homme qui perdait quarante mille francs sans broncher n'était pas à dédaigner. Pour l'honneur du corps et sa sûreté personnelle, d'ailleurs, il ne fallait pas que Nadaillan emportât de chez elle la seule impression d'un tripot. Donc, après un court colloque avec le sire de Hautlieu, elle l'avait congédié, et, tout en reconduisant ses hôtes, elle avait trouvé moyen de dire à l'oreille de Nadaillan :

— Partez avec eux, mais revenez dans un instant.

Nadaillan avait donc fait une fausse sortie. Dehors, l'air frais de la nuit ne l'avait qu'à moitié dégrisé ; il eût fait sagement de rentrer chez lui et de se préparer aux expectatives du lendemain, mais Zozo était bien belle, — autant que Zaza au moins, — et elle l'attendait ! Il revint, et, quand en entrant dans sa chambre, il vit Zozo étendue sur une pile de coussins, les cheveux dénoués, le corps à peine voilé sous une chemise de foulard bleu à transparentes dentelles, souriante, les yeux fixés sur les siens, les bras ouverts, du diable s'il pensa plus à sa sacoche vide qu'à sa femme !...

Le lendemain, rentrant chez lui, Nadaillan trouva, dans le salon de l'hôtel, deux graves personnages qui l'attendaient.

Au nom de M. de Hautlieu, ils venaient lui demander de manifester quelque regret de son propos de la veille, moyennant quoi l'affaire pourrait ne pas avoir de suites. Sur son refus, ces messieurs étaient chargés de s'entendre avec deux de ses amis. Nadaillan accepta les suites de ce propos, mais exigea que la rencontre eût lieu dans la journée; il était forcé de quitter Paris le soir même. Les graves personnages parurent légèrement surpris. A leur hésitation, Nadaillan vit clair; son adversaire avait cru à des excuses; un procès-verbal où il aurait eu le beau rôle, quelle aubaine! Mais Nadaillan, dégrisé, n'avait plus rien du provincial rouge, échauffé et légèrement égaré de la veille. Il insista pour que la rencontre fût immédiate. Les deux graves personnages demandèrent à en référer à leur client et se retirèrent saluant jusqu'à terre.

Nadaillan courut aussitôt chez l'ami qui l'avait présenté la veille, pour l'aboucher avec un second témoin. L'ami lui rit au nez; l'affaire ne pouvait avoir de suites avec de pareilles gens.

— Tu les embarrasserais trop, ajouta l'ami, si tu leur demandais l'adresse du banquier chimérique sur lequel le sire de Hautlieu comptait tirer son chèque, s'il eût perdu les vingt mille francs!

Et comme Nadaillan écarquillait les yeux, comprenant enfin dans quel tripot on l'avait attiré, l'ami continua :

— J'espère au moins que tu es rentré chez toi après cette navrante partie, et que tu n'es pas resté chez Zozo?... Tu sais ce qu'on dit d'elle?...

— Non... Est-ce que...

Ici, une demande et une réponse qu'on ne peut qu'indiquer..

— En plein!... Notre ami Daury s'y est laissé pincer et n'en guérira jamais...

—. Bigre de bigre!... Comment ne me dis-tu cela qu'après?

— Savais-je tes intentions? Tu me prends au vol dans un couloir du Cirque; j'achève à peine de te présenter que tu files avec Zozo et Zaza sans m'écouter plus. Je les voyais d'abord accompagnées et je ne pouvais me douter de la complaisance des accompagnateurs... Ah! mon pauvre ami!...

L'oreille basse, Nadaillan rentra à son hôtel. Il y trouva la réponse des témoins. M. de Hautlieu, comptant sur les délais ordinaires, avait cru pouvoir s'absenter pour l'inauguration d'un champ de course dans le Nord, devoir professionnel; il serait plusieurs jours absent, et la mission de ses témoins se trouvait momentanément terminée, mais à son retour, l'affaire... Nadaillan n'en lut pas davantage, comprenant qu'il n'en entendrait plus parler.

A la hâte, il courut chez le notaire reprendre de l'argent, puis chez un médecin spécialiste qui ne put que lui prescrire la patience et la résignation en attendant les quinze jours réglementaires. A deux heures, il montait dans le train de Bretagne qui le déposait le soir même à la gare de Saint-Malo, avec quarante mille francs de moins, et en plus la triste expectative que vous savez.

III

Sous le coup de sa perte et de la menace qu'il emportait de Paris, Nadaillan avait résolument pris son parti du retour dans la famille. Mais, à mesure qu'il approchait du terme de son voyage, le cœur lui manquait et ses sentiments changeaient. Le croirait-on ? Les effets de la leçon qu'il venait de recevoir s'atténuaient, et cette soirée fatale lui semblait déjà moins fâcheuse en comparaison de celles qui l'attendaient. Les escrocs, se disait-il, on n'a qu'à les éviter. Les filles ? Un provincial seul ignore les dangereuses... S'il eût seulement habité Paris depuis trois mois, tout cela ne lui serait pas arrivé... Mais quel bon dîner à ces Ambassadeurs ! Quelle bonne soirée au Cirque ! Et cette maudite Zozo ! Quel peignoir !... Qu'allait-il retrouver à Saint-Malo ? Sa femme et sa belle-mère en robe montante de cheviot foncé ; les dîners dans la salle sombre de l'hôtel sous les remparts ; pour diversion aux potins de la plage, un prestidigitateur en tournée et la messe le dimanche !... Et la saison des bains terminée, on irait de nouveau s'enterrer à Rennes !... Et que dire à son beau-père pour motiver la perte de ces quarante mille francs !... Ne valait-il pas mieux voir de suite les conséquences inévitables de la situation et proposer une séparation amiable ? Ses dettes payées, il ne resterait pas tout à fait sans ressource... Bien décidément, la médiocrité et la vie de garçon à Paris lui souriaient plus que la richesse et la vie de famille en province... Encore si sa femme... Sa femme ? Comment jamais lui avouer ?... L'approcher même ?... Avec l'épouvantable menace !... Décidément mieux valait la séparation.

C'est dans ces dispositions que le train le déposa en gare. Il avait prudemment négligé d'indiquer l'heure de son arrivée pour esquiver les effusions. Il monta seul dans l'omnibus du chemin de fer, évitant celui de l'hôtel. Sur l'étroite langue de terre qui joint la gare à Saint-Malo, il fit arrêter, descendit, contourna à pieds les remparts et entra en ville par la Grande-Porte, loin de son hôtel. Dans l'omnibus, cette idée bien simple lui était venue : puisqu'il était décidé à rompre avec sa famille, pourquoi y rentrer ? Il passerait la nuit dans un autre hôtel, repartirait au matin par le premier train pour Paris, d'où il écrirait aux siens ses intentions définitives.

Sa chambre arrêtée, que faire ? Se coucher ? Il était dix heures à peine. Comme autrefois à pareille heure, Nadaillan alluma sa pipe, et tout en rôdant par la ruelle noire qui longe le mur d'enceinte, machinalement il enfila le premier escalier rencontré, et monta sur les remparts, l'endroit le plus désert de Saint-Malo, de jour comme de nuit.

Pas gaie, la vieille ville vue de là-haut : un amas

de petits toits d'ardoises grimpant les uns sur les autres au-dessus de ruelles noires ; l'espace manque, et les maisons en hauteur étouffent enserrées par les remparts qui leur font digue contre la mer. Jamais fourmilière humaine ne parut plus triste et plus menacée que cette petite presqu'île s'avançant dans l'Océan ; vrai nid de pirates, bon tout au plus à cacher dans ses caves les trésors volés à l'univers.

Nadaillan, pour avoir d'autres soucis, n'en sentait pas moins la tristesse du lieu ; le vent soufflait, il avait froid ; pour se réchauffer, il se mit à arpenter, dans la nuit, cette promenade aérienne et circulaire. Au passage, au-dessus de la Grande-Porte, une vive lueur projetée sur les maisons d'en face : c'est la Notre-Dame de Saint-Malo, effrayante statue de cire, habillée de satin, voilée de dentelles, couverte de bijoux, tenant son enfant dans ses bras, ses grands yeux de verre fixes, illuminés du feu des cierges... Puis encore la nuit, le vent, la mer... Décidément tout cela n'était pas gai. Nadaillan pressa le pas, fumant rageusement. Arrivé au quartier de son ancien hôtel, il hésita, haussa les épaules et continua. Il venait de se rappeler que les fenêtres de son appartement donnaient précisément sur les remparts, mais il se sentit assez fort pour jeter un dernier coup d'œil à cet intérieur dont il allait être délivré.

Pour expliquer ce qui va suivre, il faut se rappeler que, tout autour de Saint-Malo, les remparts dépassent le premier étage des maisons ; ils en dominent les fenêtres, et, de là-haut, il est facile de surprendre les gens sans défiance derrière leurs vitres. A la nuit, c'est le seul passe-temps des baigneurs oisifs. Nadaillan en avait, plus d'une fois, fait la partie. Il reconnut aisément les fenêtres de son ancien hôtel et celles de son appartement. Deux ou trois encore éclairées, une surtout, précisément celle de la chambre où couchait sa femme.

Les grands rideaux d'étoffe épaisse n'en étaient pas tirés, et les petits rideaux de mousseline claire formaient, dans l'obscurité, comme un transparent d'ombres chinoises, sur lequel, se détachait, nette et remuante, une silhouette de femme... Le cœur un peu serré, Nadaillan s'approchait, quand il s'aperçut qu'il n'était pas seul ; en face de la fenêtre, sur le parapet du rempart, trois hommes étaient accoudés, causant et riant à voix basse. Nadaillan s'arrêta.

— La voilà ! disait l'un, comme hier !

— Et tu crois qu'elle ne nous sait pas là ?

— Je n'en jurerais pas ! Jeune, jolie et bien faite, qu'a-t-elle à perdre à se laisser voir ?

— Alors on pourrait se risquer ?

— Pourquoi pas ? Ce n'est toujours pas le mari qui empêcherait rien... Il n'a guère l'air de se douter du petit bijou de femme qu'il a là !... Regardez !... Regardez !...

L'ombre, allant et venant par la chambre, avait

un à un quitté ses vêtements ; on la voyait noire quand elle s'éloignait de la lumière placée sur la cheminée; mais, quand elle s'en rapprochait, les rideaux étaient assez transparents pour la laisser distinguer comme si la fenêtre eût été ouverte. A ce moment, elle était debout, en chemise, devant la glace, en pleine lumière ; elle défit d'abord ses cheveux, qui tombèrent longs, touffus sur son dos et, d'un geste gracieux qui cambrait ses reins et renvoyait sa poitrine en avant, elle les releva et les fixa en masses moins serrées derrière sa tête. Puis dégageant, un à un, ses bras, des épaulettes de sa chemise, elle la maintint un instant avec ses dents, le temps de prendre sur le lit une autre chemise, ouvrit celle-ci, l'éleva au-dessus de sa tête, et, lâchant la première qui tomba à ses pieds, essaya de passer la seconde ; celle-ci s'embarrassa et, pendant une minute ou deux, le corps nu s'agita en tous sens, pour faire tomber sur lui le fin tissu...

— Oh ! la garce !... s'écria l'un des spectateurs, n'y tenant plus, quel beau...

Il n'avait pas achevé qu'un formidable coup de poing l'envoyait rouler sur la plate-forme. C'était Nadaillan qui n'avait pu plus longtemps assister de sang-froid à ce détaillage de sa femme, car c'était bien elle. Le rossé poussa un hurlement. Ses deux compagnons, voulant le dégager, frappèrent dans l'ombre au hasard, jusqu'à ce que l'un d'eux, faisant flamber une allumette, ils reconnurent qu'ils

14.

n'avaient affaire qu'à un adversaire. L'autre s'étant relevé, tous les trois fondirent sur Nadaillan ; exaspéré et très fort, celui-ci frappait comme un sourd et en aurait eu raison, si, en cherchant à s'adosser au parapet pour se garer au moins par derrière, son pied n'eût rencontré les marches d'un escalier ; il tomba, les trois rôdeurs s'acharnant sur lui des poings et des pieds. Au bruit, toutes les fenêtres de l'hôtel s'étaient ouvertes et remplies de curieux et de lumières, pendant que les garçons accouraient, et que les combattants prenaient la fuite. On trouva Nadaillan gisant sur le rempart, évanoui, un bras cassé, le crâne ouvert ; les garçons de l'hôtel le reconnurent, et, sur une civière, le rapportèrent à sa famille.

IV

Quand il revint à lui, Nadaillan se sentit la proie des siens. Étendu dans son lit, incapable de faire un mouvement, la tête couverte de bandages, le bras ligotté entre les éclisses, il prolongea le plus qu'il put le mutisme d'un malade affaibli, feignant de somnoler de grandes heures pour éviter toute explication. Il avait d'abord songé à se dire volé des quarante mille francs par ses agresseurs du rempart ; mais, songeant aux suites judiciaires, il s'était tu, et n'avait répondu que par des geignements sourds aux questions faites d'ailleurs avec une discrétion qui le surprit fort de la part de son beau-père. Son étonnement s'accrut encore aux soins presque respectueux de sa belle-mère. Quant à sa femme, il ne la reconnaissait plus ; elle était toujours là, veillant à tout, le faisant boire, le soulevant, le pansant, active, inquiète, presque tendre !...

Il ignorait, ce brave Nadaillan, qu'il était le héros de Saint-Malo. Le premier scandale d'un pareil retour apaisé, on s'était informé. Les curieux et les garçons de l'hôtel avaient raconté la lutte inégale qu'il avait vaillamment soutenue contre les chevaliers du guet. On savait fort bien ce que ceux-ci étaient venus faire à pareille heure sur les remparts ; ce genre de divertissement étant pratiqué par tous les oisifs. Nadaillan était le premier mari qui avait essayé de leur donner une leçon, et maris et femmes avaient pris fait et cause pour lui. Visites, envois de cartes, de médicaments, de douceurs pour malades, affluèrent à son hôtel. Flattés d'un héroïsme aussi publiquement reconnu, M. et Mme de Larnec, excellentes gens d'ailleurs, ajournant toute explication, se joignirent à leur fille pour soigner leur glorieux malade. Ils ne laissèrent à personne le soin de verser goutte à goutte, incessamment, l'eau froide sur la fracture du bras. Ils se relayaient tous les trois, causant quand Nadaillan pouvait causer, ou lui lisant le journal, ou le laissant dormir, mais toujours l'un d'eux là.

On juge de la confusion de la petite Mme de Nadaillan, quand sa mère lui avait appris le motif de la bagarre, et donné l'impérieux conseil de mieux veiller à ce que ses rideaux fussent fermés la nuit ! Pour cette épouse scrupuleuse et timorée, un pareil scandale prenait les proportions d'un commencement d'adultère, et public !... Elle n'osa plus sortir, craignant les regards braqués sur elle et les rires sur son passage. Mais, pour racheter sa faute, que de soins tendres à ce mari qu'on lui avait ramené mourant de son fait !

A ces soins, d'ailleurs, elle excellait. Elle trouvait à appliquer là ce qu'on lui avait appris, et y prenait intérêt et plaisir comme à tout ce qu'on fait bien. Elle semblait mettre sa coquetterie à s'y montrer experte pour faire oublier sa gaucherie dans ses autres devoirs d'épouse, devoirs dont on l'avait laissée aussi ignorante que possible : c'était à son mari à parfaire cette éducation, avait pensé sa mère. Malheureusement ce mari, pas fort avisé — on l'a vu — n'avait pas su s'y prendre. Sous cet air de nonne grassouillette qu'avait sa femme, dans ses petits yeux vifs, perçants, quoique toujours mi-clos et évitant le regard, à cette chevelure broussailleuse rebelle aux sévères bandeaux plats, sous ses maladresses, sous ses apparentes répugnances aux choses des sens, Nadaillan n'avait pas su deviner la saine et jeune créature débordante de sève et d'ardeur à vivre. Elle l'y avait peu aidé jusqu'ici, il faut convenir, confuse qu'elle était des satisfactions les plus légitimes et prête à s'en confesser comme d'une faute.

On comprend donc la surprise de Nadaillan. Récriminations, reproches, comptes à rendre, tout lui était épargné. A leur place, des soins délicats, attendris, à tout instant de nuit et de jour. Ceux de sa femme le touchaient surtout, et à sa reconnaissance se mêlait peu à peu un autre sentiment. Cette gentille garde-malade, vive, alerte, passionnée à sa guérison, l'émouvait comme jamais l'épouse passive et résignée n'avait su le faire.

Conscience de ses torts ou souvenir de sa vision nocturne, à mesure que la force lui revenait, il se sentait tout remué quand sa femme s'approchait de lui, ses bras blancs découverts jusqu'au coude, pour procéder au pansement quotidien ; ses mains potelées semblaient jouer avec les linges, jamais un frôlement douloureux ; quand il fallait enlever la chemise parfois ensanglantée, et mettre à nu la poitrine et les épaules du malade, il y avait pour lui une minute délicieuse à sentir cette chair jeune touchant la sienne, douce et sainte caresse de femme qui les faisaient rougir l'un et l'autre. C'est que tous deux, pour la première fois peut-être depuis leur mariage, avaient, au même moment, la même pensée et le même désir !

Sur cette pente, ils s'entendirent vite. Un jour, Nadaillan, bien bas, osa reprocher à sa femme ses timoreries, ses froideurs, jusqu'à ses chemises de nuit de religieuse... Faisant allusion à ses caresses involontaires pendant les pansements, il la railla doucement d'en être si avare pendant leurs effusions intimes. Pourquoi toujours cet air de le subir et ne se livrer jamais ? Ne lui avait-il pas fallu le plus invraisemblable concours de circonstances pour qu'il vît d'elle ce qu'elle ne lui avait jamais laissé voir ?...

Pour toute réponse, sa femme encore plus bas que lui, confuse, toute rouge, lui dit à l'oreille :

— Guéris donc vite !... Et elle l'embrassa à pleines lèvres.

Nadaillan allait lui rendre son baiser, quand, tout à coup, le souvenir de sa folie lui revint. Dans la fièvre et les affres de cette première semaine, il avait presque oublié le mal honteux dont il était menacé. Tenir le bonheur et n'en plus pouvoir jouir !... Le coup était trop dur. Il jura, tempêta d'abord, au point que sa femme le crut fou. Calmé par elle, il commença une pénible confession, avoua la perte de ses quarante mille francs et ses projets de séparation ; elle le rassura encore ; elle avait ses bijoux ; n'était que cela ? Et elle le pressa de tout lui avouer, comprenant bien qu'il lui avait fallu un motif autrement grave pour songer à une séparation... Mais il ne pouvait en dire plus ; la colère le prit de nouveau, effrayante cette fois, la fièvre s'en mêlant. Sa femme n'y put rien. Il criait, s'apostrophant tout haut, se traitant de misérable idiot, pleurant, divaguant, furieux. A grand'peine on le maintint ; une potion le calma, et, à bout de forces, il s'endormit.

Pendant plusieurs jours, il resta dans un mutisme farouche. Ni sa femme ni ses parents n'en purent rien tirer. Il fallut redoubler de surveillance ; deux fois, dans un accès de fièvre, il avait déchiré ses bandages, voulant se lever et repartir à Paris pour voir un médecin, disait-il...

On crut à un transport au cerveau ; craignant des complications graves, le chirurgien qui le soignait avait déjà demandé une consultation, quand, un matin, M. de Larnec apporta à Nadaillan un télégramme arrivant de Paris. Qui pouvait lui écrire ? Il lut à la hâte :

« *Ai revu Daury. — Il tient ce que tu sais de Za-*
« *za et non de Zozo. — Ai confondu noms. T'écris
vite !* »

Au bas, le nom de l'ami qui l'avait présenté.

Sauvé ! ! ! Quitte pour la peur ! ! ! On juge le soulagement de Nadaillan et avec quel élan il embrassa sa femme ce matin-là !

La convalescence a été longue ; elle l'eût été

plus que Nadaillan ne s'en serait pas plaint, tant il avait fini par s'acclimater à cette vie d'intérieur. Il en avait d'abord senti le prix, puisqu'il s'y était guéri ; il en sentait maintenant le charme. Dans leurs longues causeries forcées, mari et femme s'étaient mieux connus. Beau-papa et belle-maman s'étaient fort adoucis, de plus en plus flattés d'ailleurs des marques d'estime et de sympathie qu'on prodiguait à leur gendre. Quand il sortit pour la première fois, pâle, chancelant au bras de sa femme, tous les fronts se découvrirent, toutes les mains lui furent tendues. Ses trois adversaires, trois jeunes seigneurs bien connus de la province, avaient dû quitter Saint-Malo, sous le coup de l'indignation publique, et Nadaillan, vengeur, restait maître et héros de la place.

Dans ces sentiments, leurs comptes d'argent furent réglés avec toute l'indulgence désirable. La perte des quarante mille francs fut même regardée comme providentielle ; ces quarante mille francs complétaient une somme de trois cent mille, que M. de Larnec comptait placer avec son gendre sur les terrains de Paradis-sur-Mer. Pour parfaire de nouveau la somme, il avait fallu déplacer d'autres fonds, ce qui avait demandé du temps, et dans l'intervalle, avant que cet argent n'eût été versé, la société des terrains de Paradis-sur-Mer avait fait faillite. C'était donc bel et bien deux cent soixante mille francs que le gendre avait sauvés à son beau-père.

On s'était fait d'ailleurs les plus larges concessions. Nadaillan tout à fait guéri, quelle ne fut pas sa surprise quand sa femme lui annonça qu'avant de rentrer à Rennes, ils iraient seuls passer quelques jours à Paris ! Les reproches de Nadaillan sur sa toilette lui avaient été au cœur ; malgré ses réticences, à quelques paroles échappées pendant ses accès de fièvre, elle avait compris le rôle fascinateur de certaine chemise de foulard bleu à dentelles transparentes ; et elle entendait être habillée désormais chez les bons faiseurs, dessous comme dessus.

Ce fut leur vrai voyage de noces. Mme de Nadaillan a tenu à dîner aux Ambassadeurs en cabinet particulier, vu la saison. Elle s'y est fait donner la recette de la « Coupe-Jack ». Chaque fois qu'on en sert maintenant à leur table, Nadaillan songe, non sans quelque confusion, à ce dîner néfaste, d'où date pourtant son bonheur ; bonheur dont il était si indigne et qu'à vrai dire il ne s'explique pas encore. A cet égard, il est bien forcé d'admettre l'opinion de leur curé, qui prétend qu'à l'exemple de saint Paul, Nadaillan a trouvé son chemin de Damas sur le chemin de ronde de Saint-Malo.

MINERVE

I

Ce soir, au château, première représentation du *Mont-Ida*. Dans la chambre aux Robes, le cabinet de toilette ordinaire ayant été jugé trop petit, LA COMTESSE finit de s'habiller, entourée des fulgurants accessoires de son costume de Minerve : casque à aigrette, sceptre, glaive, têtes de Gorgones, cothurnes, manteau royal étendu sur quatre chaises. — Tout autour de la pièce, grandes armoires de pitchpin, à panneaux de glaces jouant l'une contre l'autre, pour s'y voir de trois côtés à la fois; puissants réflecteurs. — La comtesse vient de renvoyer ses habilleuses et le coiffeur; elle n'a gardé qu'une femme de chambre qui ouvre à DARSY, après quelques minutes d'attente.

La Comtesse. — Entrez maintenant...

Darsy. — Maintenant, il est bien temps!

La Comtesse. — Ne fallait-il pas finir de m'habiller?... Comment trouvez-vous mon costume?... Me va-t-il bien?... A-t-on suivi votre dessin?...

Darsy. — Je venais m'en assurer... Mais vous vous êtes passée de moi, vous voilà prête, à quoi serviraient mes critiques?

La Comtesse. — Vous en avez à faire?

Darsy. — Non pas! non pas!... C'est parfait, absolument parfait.

La Comtesse. — Vraiment?

Darsy. — Oui, comme figure de cire!

La Comtesse. — Vous voilà grincheux parce que je vous ai fait attendre.

Darsy. — D'abord.

La Comtesse. — Il y a une autre raison?

Darsy, *l'examinant de la tête aux pieds.* — Parbleu!... comment osez-vous poser ce casque d'argent brillant, directement sur vos cheveux blonds? C'est dur, écrasant, criard; j'avais mis au bord un bandeau de velours bleu comme transition, pourquoi n'y est-il pas?...

La Comtesse. — Ne vous fâchez pas. J'ai soulevé mes cheveux et caché le bandeau; d'un revers de main, les voilà plus plats... c'est pourtant vrai, cela est plus seyant ainsi.

Darsy. — Et la crinière du casque? Elle était de

trois tons, bleue, blanche et noire au centre. Pourquoi n'est-elle que bleue et blanche ?...

La Comtesse. — Mais...

Darsy. — Et ce n'est pas seulement de la crinière qu'on a supprimé le noir, c'est de tout le costume ! Le noir formait le fond des palmettes bleues semées sur la jupe et les manches blanches ; la large grecque noire du manteau le rehaussait tout en l'assagissant... Ah mon noir ! mon noir !

La Comtesse. — Vous ne le trouviez pas un peu triste, ce noir ?

Darsy. — Et ce blanc ? vous ne le trouviez pas un peu gai ? Pourquoi ne pas le supprimer aussi ?

La Comtesse. — Non, le costume tout bleu eût été trop dur.

Darsy. — Vous l'avez préféré fade ?... Et les têtes de Gorgones, il y en avait partout, aux épaules, aux seins, aux poignets, au bas de la cuirasse... Je n'en vois nulle part !

La Comtesse. — Les voilà sur la table. Franchement elles eussent été bien lourdes, et pendues à leurs chainettes, elles eussent fait un bruit en marchant !... De plus, comme il y en avait tout autour de la jupe, je n'aurais pu m'asseoir...

Darsy. — Un costume n'est pas fait pour s'asseoir... Et vos jambes !... Vos jambes, où sont-elles ? j'avais fendu la jupe pour les laisser voir...

La Comtesse. — Impossible de les montrer.

Darsy. — Du moment que vous les avez mal faites, vous avez raison de les cacher.

La Comtesse. — Comment, mal faites!... (*Elle tend l'étoffe sur sa jambe qui apparaît moulée comme dans un maillot, élégante, droite, ferme.*)

Darsy. — Et elle n'est nullement préparée!... C'est un meurtre alors d'en priver les gens. Pour que votre mari ne criât pas trop, j'avais eu soin de faire tomber les manches de mousseline jusqu'à terre sur les côtés; ce n'est qu'en regardant bien, qu'on eût vu les jambes...

La Comtesse. — Combien eussent regardé mal?... Or, comme je ne pouvais passer mes jambes dans vos manches, on les eût vues jusqu'à la ceinture.

Darsy. — N'en parlons plus!... Et la cuirasse! Elle devait être en argent brillant comme le casque. Qu'est-ce que ce papier d'argent?

La Comtesse. — Du brocart, s'il vous plaît. La cuirasse en métal m'eût trop grossie.

Darsy. — Ce n'eût pas été un mal... Faut-il que vous vous sachiez belle, pour oser vous montrer dans ce costume de bâton de sucre de pomme!

La Comtesse. — Un peu d'indulgence et de patience. Vous verrez tout à l'heure votre costume, d'ensemble, aux grandes lumières; je suis sûre qu'il tuera tous les autres...

Darsy. — Porté par vous, parbleu!... Laissez-moi donc seulement poser ce bout de velours noir chiffonné au centre de la crinière... et jugez l'effet?

(Il pose le morceau de velours au-dessus du casque.)

La Comtesse. — C'est pourtant vrai encore, ce noir rehausse l'ensemble loin de l'assombrir.

Darsy. — Laissez-moi mettre aussi ce large ruban noir au bas du manteau. *(A la femme de chambre.)* Voulez vous l'épingler, mademoiselle... Bien... Maintenant, tenez ce manteau un instant sur vos épaules. *(Il pose le manteau sur les épaules de la femme de chambre.)* C'est cela... Allez et venez un peu par la chambre... Donnez un bon coup de hanche pour étaler la traîne... Bravo, mademoiselle, on dirait que vous n'avez fait que cela toute votre vie.

La Comtesse. — Oh! Louise s'entend à porter la toilette! Elle est de ma taille et fait honneur aux robes que je lui laisse... Décidément, vous avez raison... Avec ces petites palmettes noires au centre des grandes palmettes bleues, et cette large bordure noire au bas du manteau, voilà le costume tout autre... Mais qu'y faire maintenant?

Darsy. — Nous allons réparer le mal. *(A la femme de chambre.)* Mademoiselle, peut-on sacrifier ce ruban noir? Oui... Je vais y découper quelques palmettes que vous aurez l'obligeance de coudre sur le costume aux endroits que je vous indiquerai.

La Comtesse. — Vous ne comptez pas me faire déshabiller?

Darsy. — Inutile, on coudra sur vous, à même l'étoffe.

La Comtesse. — Mais le temps?

Darsy. — Vous l'avez. Je suis monté une heure avant tout le monde, comptant bien vous trouver seule; ils s'habillent tous. Vite!... A l'ouvrage!...

Darsy tire un foulard de sa poche, et le fixe avec deux épingles aux revers de son habit; puis il s'assied, déploie sur ses genoux une grande feuille de papier blanc, et lentement, minutieusement, découpe dans le ruban, avec les ciseaux, des palmettes qu'il passe à la femme de chambre. La comtesse se tient immobile, presque droite, sur une chaise haute, finissant de polir ses ongles; Darsy à ses pieds sur un tabouret; la femme de chambre à genoux sur le tapis, cousant à même le costume.

Darsy. — Par exemple, défendez votre porte.

La Comtesse. — Un tête-à-tête, alors?

Darsy. — Oh! avec votre femme de chambre? Vous avez toujours de bien mauvaises pensées... Simplement, je ne tiens pas à être surpris dans ce rôle de couturière.

La Comtesse. — Près de moi? Vous seriez bien à plaindre?

Darsy. — Quand on n'a aucun des bénéfices d'une situation, inutile de s'en donner les ridicules... (*Tendant un morceau de velours découpé à la femme de chambre.*) Tenez, mademoiselle, cette palmette à droite, près de l'épaule.

La Comtesse. — Que voulez-vous dire avec vos bénéfices et vos ridicules?

Darsy. — Vous le savez bien. A quoi bon me faire parler?

La Comtesse. — A passer le temps. Savez-vous que vous n'êtes pas bavard sur certains chapitres. En fait de galanterie, par exemple, je ne sais personne de plus muré que vous.

Darsy. — Je le serais moins, à quoi cela me servirait-il?

La Comtesse. — Qui sait? Essayez.

Darsy. — Je crains l'essai comme l'hameçon; je n'aime que les résultats clairs et certains.

La Comtesse. — Pourtant, le désir et l'attente ont leurs charmes.

Darsy. — Pas pour moi. Ma devise est : Tout ou rien!... Et de suite!

La Comtesse. — Joli programme!... Expressément au comptant! Pain et viande à discrétion!... On m'avait bien dit que vous n'aimiez que les filles et les modèles.

Darsy. — Les modèles surtout.

La Comtesse. — Vous en convenez.

Darsy. — Pourquoi pas?

La Comtesse. — Netty?... La belle Anglaise?... n'est-ce pas?...

Darsy, *à la femme de chambre.* — Mademoiselle

Louise, cette palmette au bas de l'autre. Maintenant, il est inutile de les coudre entièrement; un point solide au milieu suffit. (*A la Comtesse.*) Alors ma grande Netty vous étonne?

La Comtesse. — Oui, je me demande ce qui peut vous faire préférer ces filles...

Darsy. — Préférer?... Je ne vais pas si loin!

La Comtesse. — Soit. Mais, enfin, quel charme à les aimer une fois connues? Quel motif de les désirer au delà du moment présent?

Darsy. — Aucun, mais on les a. C'est déjà beaucoup?

La Comtesse. — Ce n'est pas tout.

Darsy. — Un artiste doit savoir faire bon marché du reste.

La Comtesse. — Très poétique, votre reste... engageant surtout!

Darsy. — Je n'ai pas la prétention d'être poétique... encore moins engageant.

La Comtesse. — Vous! Laissez donc! Sous votre brusquerie apparente, vous êtes coquet comme une fille à marier et prétentieux comme un chanteur qui se fait prier. A quoi tendent vos duretés, si ce n'est à vous faire remarquer?... C'est aussi une façon de poser sa candidature...

Darsy. — Qu'importe, si je ne vous en importune pas?

La Comtesse. — Mais faites-la donc une bonne fois cette déclaration dont vous mourez d'envie!

Darsy. — Et n'en parlons plus, n'est-ce pas?...

La Comtesse. — Quand je vous disais que vous êtes roué comme... (*On frappe à la porte.*)

Voix du dehors. — Mademoiselle Louise! Êtes-vous là?

La Comtesse. — Tirez le paravent, Louise, et voyez ce qu'on vous veut. (*Louise se lève.*)

Voix du dehors. — Mme la Baronne fait demander à Mme la Comtesse, si Mme la Comtesse n'a pas chez elle les pièces d'estomac de Mme la Baronne?

La Comtesse. — Elle veut dire ses plaques de ceinture. Non. Est-ce tout?

Voix du dehors. — Mme la Baronne fait aussi demander à Mme la Comtesse de lui envoyer M. Darsy pour lui attacher ses pièces d'estomac, si on les trouve. M. le Baron dit que M. Darsy est ici.

La Comtesse. — Ce bon Stanislas! (*A la femme de chambre.*) Dites qu'on enverra M. Darsy. (*La femme de chambre referme la porte et reprend son ouvrage.*)

La Comtesse, *à Darsy*. — J'étais en train de vous prouver que, sous vos airs rustiques, vous êtes roué comme...

Darsy. — Pas de grands mots. Restez bonne personne; mon cas est des plus simples, et je n'y mets pas de malice. Certes, j'ai des yeux, mais de là à parler...

La Comtesse. — Je vous fais peur ?

Darsy. — Oui... Et je suis si tranquille !

La Comtesse. — Avec vos modèles ?

Darsy. — Avec mes modèles. Vous haussez les épaules et je vous fais pitié... Eh bien ! admettons que je songe à vous la faire, cette déclaration qui brûle la langue à quiconque vous approche, au moins me permettrez-vous d'y réfléchir et d'en peser les chances, avant de la risquer ?

La Comtesse. — La chose en vaut-elle la peine ?

Darsy. — Pour vous, non ; parce que, d'avance, vous savez le cas que vous en devez faire ; pour un homme de votre monde, non plus, parce que pour lui l'expression de son admiration plus ou moins passionnée n'est presque qu'un devoir de politesse. Mais pour moi, toléré tout juste dans votre monde et en vivant... quelle différence !...

La Comtesse. — Mais les prérogatives du talent... le prestige du nom...

Darsy. — Ne vous moquez donc pas d'un pauvre barbouilleur, auquel vous n'avez même pas osé demander encore votre portrait... (*A la femme de chambre.*) Je vous répète, mademoiselle, qu'il est inutile de coudre entièrement chaque palmette, nous n'en finirions pas ! Un point suffit au milieu ; les bords non cousus se soulèveront en relief sur l'étoffe, et cela n'en fera que mieux... (*A la Com-*

tesse.) Prestige du nom, prérogatives du talent, disiez-vous ?... En amour, ces objets gênants se déposent au vestiaire pour ne laisser passer qu'un monsieur plus ou moins désirable, plus ou moins désiré. Or, en quoi puis-je me croire désirable et désiré plus que les gens qui vous entourent ? Convenez donc que la réserve m'est tout particulièrement imposée.

La Comtesse. — Poussée trop loin, elle devient quelquefois niaiserie...

Darsy. — Eh bien ! mettons les choses au mieux...

La Comtesse. — Comment ?... au mieux !...

Darsy. — Au pire ! si vous préférez... Je vous aime...

La Comtesse. — Simple supposition ?...

Darsy. — Bien entendu. Vous figurez-vous ma cour ?... Rien que pour vous voir, que d'efforts à vous rencontrer dans des maisons communes où je ne serais qu'à grand'peine admis !... De là, déjà, que de soupçons et de grincheries !...

La Comtesse. — Vous faites bien de me prévenir, ce ne serait pas gai.

Darsy. — N'est-ce pas ? Pourtant, que n'a pas droit d'exiger une femme comme vous !... Que de prétentions fondées, de respects et de soins attendus !... Quel labeur pour un amant qui ne pourrait vous suivre qu'à grand'peine ! Quelle prise de tout son être ! Ses jours, ses nuits, sa vie ne sont plus à lui !...

La Comtesse. — Mais si! mais si!... une femme n'a que faire de tout cela.

Darsy. — Vous en convenez?... Vous trouveriez donc comme moi du plus haut comique la situation d'un monsieur qui, absorbé par vous, vous deviendrait insupportable de ce seul fait?

La Comtesse. — Peut-être... Mais où en voulez-vous venir?

Darsy. — A rien... si ce n'est à conclure qu'il faut s'en tenir aux femmes de bonne volonté que la Providence a placées sur notre chemin, quand on n'a pas plus souvent que je ne l'ai le bonheur d'en rencontrer d'autres.

La Comtesse. — Mais enfin, vous les rencontrez, ces autres.

Darsy. — Chez elles, mais pas chez moi.

La Comtesse. — Elles y pourraient venir, si vous saviez les attirer.

Darsy. — Il n'y faut pas songer!... Et pourtant... la femme avisée, qui s'affranchirait des préliminaires et des suites d'une maison mondaine, et viendrait chercher chez nous le plaisir sans bruit ni phrases, qu'elle serait bien accueillie! Et comprise!...

La Comtesse. — Et comme ça vous serait commode!

Darsy. — Oui!... Mais comme cela n'arrive que dans les romans, mieux vaut, encore une fois, s'en tenir à une grande Netty quelconque, pas troublante et toujours prête...

La Comtesse. — A l'heure, ou à la course?

Darsy. — Pas tant que vous croyez. Nous les payons bien, elles peuvent choisir.

La Comtesse. — Où-ce que sont mes ailes?... (*On frappe à la porte.*)

Le Comte, *du dehors*. — Ne vous dérangez pas, ce n'est que moi! Êtes-vous prête? Puis-je prévenir en bas?

La Comtesse. — A l'instant, mon ami, je descends.

Le Comte, *du dehors*. — Bien!... A propos, si vous voyez M. Darsy, envoyez-nous-le, on a besoin de lui... Stanislas le disait chez vous. N'y manquez pas, n'est-ce pas?

La Comtesse. — Convenu! (*Le comte s'éloigne.*)

La Comtesse, *à Darsy*. — Pardon de vous presser... si nous n'en mettions pas partout, de vos palmettes... Hé?...

Darsy. — Vous avez le temps, vous dis-je. On ne commencera pas tant que la baronne n'aura pas ses pièces d'estomac, et je les ai dans ma poche.

La Comtesse. — Pourquoi ne pas les lui avoir envoyées tout à l'heure?

Darsy. — Ce n'eût pas été la peine de les cacher... Achevez donc plutôt de vous instruire... Vous faites fi de nos aimables compagnes?... Vous avez tort. J'en sais une, la fille d'un jardinier de l'hôtel où travaillait Nossi; une superbe créature, grande, la taille fine, des yeux de velours, et portant la toilette!... Voilà dix ans qu'elle et Noissi vivent ensemble, et quand ils descendent les Champs-Élysées, pas un homme qui ne se retourne, pas une femme qui ne l'envie!

La Comtesse. — Succès de trottoir! Mais quelle intimité?

Darsy. — Cela les regarde. Elle n'a jamais empêché Nossi de faire les petits chefs-d'œuvre que vous savez. La beauté et le grand goût du modèle y ont même beaucoup aidé. Que demander de plus à la compagne d'un peintre?

La Comtesse. — Décidément, messieurs les artistes, vous devenez bien prosaïques.

Darsy. — Prosaïques, non. Positifs, oui... Tout ou rien. Et de suite! Encore une fois, cela ne vaut-il pas mieux que de s'attarder avec une coquette aux bagatelles d'une porte, ni jamais tout à fait ouverte, ni jamais tout à fait fermée?...

La Comtesse. — Mais si, par cette porte entrebâillée, ce qu'on vous donne vaut cent fois ce qu'on vous vend ailleurs!...

Darsy. — Parlons-en, de ces amours furtifs, haletants, craignant toujours de manquer le train et mourant d'inanition... S'assurer qu'on tient et quoi l'on tient, impossible! Savourer? Encore moins ! Avec nos modèles, au moins, nous jouons cartes sur table, pièces en main. Une tare, et nous les renvoyons.

La Comtesse. — Rien que des Vénus de Milo, alors.

Darsy. — Au moins, ce que l'on peut trouver de mieux.

La Comtesse. — Et avec cela, quelques arts d'agrément ?...

Darsy. — Raillez ! Mais ce que disent une belle tête et un beau corps, bien éclairés sur un fond pourpre, valent tout ce qu'on chante sur un piano... Nierez-vous les sublimes *pôâmes* de la chair?

La Comtesse. — Je ne nie rien du tout, je vous écoute.

Darsy. — Tenez, hier, j'avais dans mon atelier deux jolies fillettes, seize ou dix-sept ans à peine, deux enfants rieuses qui ont passé une heure à courir après des bonbons, comme des petits chats après un morceau de papier... Qu'ils étaient jolis, blancs, souples, ces jeunes corps nus, s'élançant, se repliant, se roulant en liberté !... Que de Titiens, de Corrèges et d'Albanes entrevus !

La Comtesse. — Et la police ne se mêle pas quelquefois de vos Corrèges et de vos Albanes ?

Darsy. — Brûlons le Louvre, alors ! et brisons les Antiques !... Plaisanterie à part, c'est quelque chose que de n'avoir pas à redouter une rupture d'écluse en délaçant un corset, ou un spécimen d'orthopédie sortant d'une bottine trop serrée... Mais des seins qui tiennent ! des pieds qui portent ! des chairs blanches sur des fonds sombres !... La beauté dans son cadre !... Et on la voit, et l'on en jouit, sans hâte, sans que la femme soit forcée de se rhabiller, avant même qu'aient disparu les marbrures laissées sur la peau par les vêtements défaits !

La Comtesse. — Vous savez que Louise vous écoute ?... Vous la faites même beaucoup rire.

Darsy. — Trop heureux de l'amuser ! Mlle Louise est une fort belle fille ; je l'ai remarquée plus d'une fois, traversant la cour en cheveux, en taille, la démarche jeune et sévère d'une nymphe antique...

La Comtesse. — Une Vénus de Milo aussi, peut-être ?

Darsy. — Pourquoi donc pas ? Si Mlle Louise voulait d'elle quelque jolie étude, elle n'a qu'à me venir trouver...

La Comtesse. — Pan ! Pan !... coup double !... Deux femmes ici, deux déclarations ! Vous n'y allez pas de main morte, l'homme prudent !

Darsy. — Vous savez, une fois lancé !... Et puis ces déclarations-là, tout le monde peut les entendre... Mais voici votre dernier ruban noir posé. Levez-vous et jugez de l'ensemble.

La Comtesse, *se levant et s'approchant des glaces.* — Il faut en convenir, tout ce noir fait vigueur et réveille le costume... Me trouvez-vous un peu moins affreuse maintenant !... Ai-je été docile ? Ai-je été bonne ? Ai-je bien écouté votre déclaration jusqu'au bout ?

Darsy. — Oh !... Une déclaration de principes, tout au plus ! Voilà maintenant la bordure de velours noir aussi cousue au bas du manteau, vous n'avez plus qu'à l'attacher sur vos épaules... Vous voilà prête, vous pouvez descendre.

La Comtesse. — Il est temps. On s'impatiente... Écoutez...

Bruit de pas et de voix dans l'escalier. Cris de : « Darsy !... Où est Darsy !... On demande Darsy !... Chœur sur l'air des *Lampions :* »

Où est Darsy ?
Où est Darsy ?
Où est Darsy ?

La Comtesse. — C'est ce fou de Stanislas et la bande joyeuse. Je vais au-devant d'eux pour les empêcher d'entrer. Vous sortirez quand nous serons en bas. (*A la femme de chambre.*) Louise, jetez ma fourrure sur mes épaules. Bien... Donnez-moi mon sceptre... Maintenant, relevez la traîne de mon manteau et portez-la jusqu'au théâtre... Surtout tirez bien la porte derrière vous.

La comtesse sort, suivie de la femme de chambre. Au passage, dans le grand escalier, rencontre de la bande de Stanislas, qui cesse aussitôt ses vociréférations, et s'arrête stupéfait ; il y a de quoi. La comtesse est invraisemblablement belle ainsi : grande, déjà, elle paraît immense et surhumaine sous son casque à haute aigrette; sa pelisse fourrée, longue dalmatique de velours rubis à grosses agrafes mongoles, simplement jetée sur les épaules, fait par sa tache sombre d'autant ressortir l'éclat du costume qu'elle encadre. Au passage, rien de plus étrange et de plus charmant que cette déesse, les yeux plus noirs, les lèvres plus rouges, les chairs plus blanches que nature; la tunique à la Nymphale, fort échancrée du haut, fort courte du bas, laisse la femme presque nue, et dans un mouvement d'hésitation pour trouver les marches à descendre, la pelisse s'écarte et découvre le corps souple pailleté d'éclairs. Tous se précipitent pour offrir leur bras. Inutile : donnant son sceptre à Stanislas et, précédée par lui, suivie par sa femme de chambre, qui porte son long manteau, Minerve relève ses jupes des deux mains, et, lentement, majestueusement, elle descend, ses jolies jambes, chaussées de hauts cothurnes, se détachant claires et rosées sur le tapis pourpre de l'escalier. Ces messieurs ont formé la haie, s'écartant devant Stanislas, qui frappe les marches du bout du sceptre comme d'une hallebarde de suisse frappant la dalle au passage... On n'y tient plus, les bravos éclatent. L'un imite le clairon sonnant un ban, l'autre le tambour battant aux champs comme dans une revue, et la comtesse fait son entrée sur la scène aux cris enthousiastes de : « vive l'Empereur !!! ... »

II

Resté seul, Darsy, tout en se rajustant, songeait, fort perplexe. Il avait bien cherché ce court moment d'intimité au cours des répétitions ; son costume venait enfin de lui permettre de causer un quart d'heure avec la comtesse, presque seul à seul. En avait-il su profiter ? La présence de la femme de chambre lui avait-elle nui ou servi, en l'empêchant d'aller trop ou pas assez loin ? Certes, la comtesse était coquette, même quelque chose de plus, à en croire les on-dit. Darsy tranchait sur son entourage habituel, et il s'était bien rendu compte de son étonnement à ne pas encore l'avoir vu à ses pieds comme tous. Mais cela pouvait-il aller plus loin ?... Comment prendrait-elle sa déclaration de principes ?... A mots couverts, il lui avait fait entendre qu'une cour en règle ne lui étant pas possible, à lui Darsy, il fallait qu'elle y mît beaucoup du sien, qu'elle fît le premier pas... C'était risqué, et cependant ne devait pas trop déplaire à une femme originale en tout... N'avait-elle pas amené la conversation sur ce terrain ? Ses railleries, son interrogatoire sur les mœurs d'atelier, ses invites, détournées en apparence et comme au hasard de la causerie, n'étaient-elles pas parfaitement calculées ?... Et cependant, aucune imprudence, aucune promesse. La femme de chambre eût pu répéter tout ce que sa maîtresse avait dit, on n'y eût trouvé rien de compromettant... Plus de gouaillerie que de désir... D'émotion, pas l'ombre !... Et pourtant, pourtant... à certains regards, à certains sourires d'intelligence...

— Au diable ! se dit à la fin Darsy, si la mâtine n'a voulu que me faire poser, nous sommes à deux de jeu ; je la défie bien de trouver une déclaration dans les sottises que je lui ai débitées. Advienne que pourra !

Sur cette conclusion qui ne concluait pas, Darsy descendit, toujours aussi perplexe sur les dispositions de la belle Minerve.

Toute la soirée il se tint loin d'elle. Qu'aurait-il ajouté dans le feu d'une représentation qui marchait d'ailleurs à merveille. Applaudissements frénétiques dans la salle, compliments passionnés dans les coulisses ; Minerve ne pouvait faire un pas sans dix personnes en délire autour d'elle. Elle l'avait prévu : son costume avait tué tous les autres. Ce dont, naïvement, Darsy ne se doutait guère. Fort sincèrement, il n'avait été que choqué du contraste, entre le costume exécuté par la couturière et le costume dessiné par lui ; nuance inappréciable à d'autres, qui ne l'en rendait pas moins boudeur et contribuait à le tenir à l'écart. Au souper qui suivit la représentation, il s'assit à une petite table, assez loin de la comtesse... Toujours fort préoccupé de ce qui résulterait de leur conversation.

Il y songeait encore, quand, vers quatre heures du matin, le souper depuis longtemps terminé, chacun se mit en demeure de regagner sa chambre. Comme tous allaient saluer Minerve trônant encore en costume, Darsy s'approcha :

— Enfin, vous voilà ! lui dit-elle tout aimable, tout empressée. Où étiez-vous donc passé, monsieur le triomphateur ? Car, vous le savez, votre costume a eu un vrai triomphe ce soir !... Mesdames, messieurs, le costume de Minerve que je viens d'avoir l'honneur de présenter devant vous, est de M. Darsy...

On s'empressa autour de Darsy confus, on l'accabla de compliments qu'il n'entendait guère... C'est qu'en baisant la main de la comtesse il avait senti cette main se crisper dans la sienne, et comme il la portait à ses lèvres, cette main avait saisi sa moustache et la tirait comme elle eût fait de l'oreille d'un grand chien, avec un gentil geste de reproche et de défi familier...

— Vous savez, ajouta la comtesse, que le comte a décidé, ce soir, de vous demander mon portrait dans ce costume de Minerve... Quel chef-d'œuvre il me faut, pour que je vous pardonne vos sottises de tantôt !...

Le lendemain, l'heureux Darsy rentrait à Paris avec une commande superbe et la conviction de n'avoir décidément pas déplu.

Grand, large d'épaules, élégant, riche, en plein succès et nullement sot, Darsy, à première vue, semble n'avoir pas à rencontrer grandes difficultés en amour. Il a surtout pour lui, auprès des femmes, la plus mâle assurance, non celle d'un fat, mais celle d'un bon camarade ; il n'est vraiment touché d'une jolie femme que comme d'un objet d'art vivant, il est heureux de s'en occuper, de l'intéresser, de la conseiller, de la faire rire, mais sans autre idée que de la peindre. De là une franchise d'allures, une absence de préoccupations hypocrites, et par suite une supériorité réelle sur les femmes, qui leur fait croire, à première vue, qu'elles ont trouvé leur maître. Il n'en a pas reçu deux caresses qu'il est aussi faible que vous et moi, mais jusque-là il leur en impose réellement. La comtesse, comme les autres, avait subi cette domination de premier abord, et Darsy, en très peu de temps, était devenu un familier de la maison, consulté en tout, fort influent. Il en avait la preuve aux grincheries des intimes attitrés, comme Stanislas, aux clignements d'yeux des imbéciles quand la comtesse s'approchait de lui.

Fort avisé pourtant, et jusqu'ici n'ayant jamais sacrifié une affaire à un caprice. Mais, enfin, l'herbe tendre... Et puis sa spécialité de peintre de portraits de femmes élégantes, sa belle mine, ses airs discrets en faisaient fatalement un homme à bonnes fortunes ; ses amis ne l'appelaient que l'heureux Darsy, ou bien encore Darsy-Femme du monde, pour le distinguer d'un homonyme, impressionniste malpropre. Tôt ou tard il devait quitter ses modèles et en venir aux femmes du monde.

Celle-ci était plus que charmante, belle, bonne, rieuse, et après cette moustache si gentiment tirée, il n'y avait guère à douter de ses favorables dispositions. Elle était prévenue d'ailleurs : pas de cour officielle, et le premier pas venant d'elle.

Ce portrait en costume allait leur donner le plus naturel prétexte de se voir. Elle viendrait, accompagnée les premières fois, puis seule... Connaisseur émérite et la devinant parfaite, il avait à dessein exagéré son admiration de la beauté du corps pour la piquer au jeu ; sur cette pente scabreuse, il osait entrevoir des séances où il ne désespérait pas d'amener cet admirable modèle à poser sans voile... Chimère d'artiste dont il riait sitôt revenu à lui-même, mais qui le hantait pourtant assez obstinément... Il était d'ailleurs évident que, du moment qu'une telle femme se donnerait, ce serait de la façon la plus singulière et la plus imprévue.

Il attendit... longtemps d'abord. Que de fois il se surprit le matin à tout disposer dans son atelier ; une peau de tigre ici plutôt que là... une grande glace à lourds tarabiscotages portugais plus inclinée... sa guitare traînant comme au hasard, il en pince et chante bien... des fleurs fraîches... Et le soir venu, personne !... Il la voyait pourtant, mais à la diable, chez elle, chez d'autres ; elle, toujours bon garçon, la main tendue et le rire tout prêt, lui réservé. Et toujours elle lui parlait de venir poser au premier jour ; et toujours cette gentillesse tendre d'une femme qui se sent aimée !

Un samedi, Darsy dînant chez la comtesse, amena la conversation sur le bal de l'Opéra, où il allait ce soir-là. On y allait encore à cette époque. Il s'étendit sur le plaisir de l'intrigue, sur le peu de risque qu'y pouvait courir une femme du monde désireuse de s'y amuser. La comtesse l'écoutait attentivement, et ne semblait pas éloignée d'en faire aussi la partie ce soir-là. Comme tous s'offraient à l'y conduire :

— Non, non, disait-elle, si j'y allais, j'irais seule ; je sèmerais le comte en route et je fuirais ceux qui pourraient me reconnaître. Connue, en effet, je ne pourrais pardonner ni une façon, ni un propos équivoque. Or, comme ce sont ces façons et ces propos que je désire précisément connaître, j'y voudrais être et rester absolument inconnue.

Et soigneusement elle s'informait de la place des loges, des vestiaires, des voitures, et avec tant d'insistance, que Darsy ouvrit l'œil. Dans l'attente où il vivait, rien n'était à négliger. Il fila donc de bonne heure et courut à l'Opéra. Il y avait une loge avec des amis, il en fallait trouver une pour lui seul, et à salon. Il la trouva, et dès l'ouverture des portes il s'y installa, debout sur le seuil, bien en vue de tous ceux qui passaient dans le couloir.

Vers une heure, le temps commençait à lui sembler long, et son attente ridicule, quand une grande femme, enveloppée de ses voiles et de sa pelisse, apparut hésitante, à la dernière marche de l'escalier. Un flot de masques la séparait de Darsy, qui ne perdait pas un de ses mouvements. Elle l'aperçut, l'appela du doigt. Il s'élança, et fendant la presse, la ramena dans la loge. Sans dire mot, l'inconnue lui montra le verrou qu'il tira, la lucarne de la loge qu'il remonta et les rideaux ouverts qu'il ferma.

Impossible de distinguer les traits du visage ou la nuance des cheveux sous un triple voile de dentelle noire ; impossible de juger la démarche sous la pelisse engonçante. Mais au parfum, à cette grande taille, Darsy sentit son cœur battre ; haletant, il vint s'asseoir sur le divan où elle était déjà.

— Parlez-moi !... Parlez-moi !... dit-il, et de la main, il s'efforçait d'appliquer la dentelle au visage pour en deviner les contours.

Mais elle le repoussa et mit le doigt sur la bouche pour lui faire faire silence ; puis lui prenant la main, doucement elle l'attira, entr'ouvrit sa pelisse et son vêtement de dessous, et la main prisonnière de Darsy sentit, au lieu du corset, la peau douce et tiède... Ce n'était rien encore.

L'inconnue se leva ; lentement elle dégrafa sa lourde pelisse de fourrures ; elle fit glisser son vêtement, sorte de robe de chambre, fendue par devant, puis un dernier peignoir ouvert comme la robe, et, au-dessous de la dentelle noire enveloppant toujours la tête et cachant le visage, apparut blanc et nu le plus beau corps que Darsy eût jamais tenu dans ses bras. . . . .
. . . .

Si ce fut bon, si ce fut fou, inutile de le dire ! ! !...

Darsy avait enfin reconnu cette pelisse de velours rubis, garnie de plaques mongoles, qu'elle portait le soir où il l'avait aidée à s'habiller ; mieux encore, l'éventail en s'ouvrant lui avait laissé voir son aquarelle du costume de Minerve !... Sûr de son fait, il n'avait plus insisté pour la faire parler, ni lui ôter son voile : cet étrange caprice pouvait ne pas avoir de lendemain, et Minerve devait se croire toujours inconnue. Elle se retira comme elle était venue, refusant obstinément de se laisser accompagner.

III

Cette soirée n'eut pas de lendemain en effet, et Darsy n'eut qu'à s'applaudir de sa discrétion. Il eut la force d'attendre une occasion naturelle de rencontre. Quelque préparé qu'il y fût, il tremblait un peu en abordant la comtesse, et ne put trop admirer le sang-froid de celle-ci à babiller et à rire comme à son habitude ; ni un tressaillement, ni une rougeur ; mais un surcroît de belle humeur et les plus chaudes promesses de venir poser bientôt.

Le temps passa et le portrait ne se commençait pas. La situation peu à peu devenait embarrassante. Minerve avait-elle gardé de lui une moins bonne impression que celle qu'il avait ressentie lui-même ?... Se sentait-elle décidément mal à l'aise devant lui ? Toujours est-il que Darsy crut s'apercevoir d'un certain refroidissement. Lui-même était-il toujours bien prudent ? Ses yeux, sinon sa bouche, savaient-ils rester muets ? Sa main ne retenait-elle pas un peu longtemps parfois celle de la comtesse ? A son insu, n'avait-il pas pris certaines allures de complicité familière si compromettantes pour une femme ? Bref, l'hiver se passa sans que le portrait de la comtesse fût commencé, le beau temps vint sans qu'on se donnât rendez-vous à la plage habituelle, et à l'automne on oublia tout à fait d'inviter Darsy au château.

Darsy en était fort triste. Qu'y faire ?... Quelle explication possible ? Fort de sa conscience, il prenait péniblement son parti, confondu de la dissimulation des femmes, et, forcément, revenait à ses modèles, bien fades après le régal divin dont il avait tâté, quand il reçut une lettre énigmatique de la comtesse. Elle le suppliait de venir passer un jour ou deux au château, ce qu'elle avait à lui dire ne pouvait s'écrire.

Darsy y courut. Il trouva le château en fête, ou du moins le pays. Le comte et la comtesse mariaient deux de leurs gens. Louise, la femme de chambre de Madame, épousait le premier cocher de Monsieur, lequel cocher l'avait préalablement mise à mal. Leurs maîtres les aidaient à rentrer dans le droit chemin, et dotaient assez rondement la future. Celle-ci, en retour de tant de bontés, avait demandé un entretien à la comtesse et lui avait fait la confession suivante :

Elle — Louise — n'avait rien perdu de la conversation de Darsy sur ses modèles pendant qu'elle cousait les palmettes sur le costume de Minerve. Se sachant bien faite, et Darsy ne lui déplaisant pas, elle avait inutilement cherché à le lui faire comprendre, Darsy s'étant toujours tenu sur la plus grande réserve avec elle. Le soir du bal de l'Opéra, les gens qui servaient à table avaient répété à l'office la conversation de leurs maîtres pendant le dîner. Le maître d'hôtel avait même prévenu Louise qu'elle aurait probablement à veiller et à habiller Madame, qui parlait d'aller à l'Opéra. Elle avait donc préparé la pelisse, les voilettes, l'éventail, à tout hasard. Puis, voyant sa maîtresse couchée, l'idée folle lui était venue de revêtir sa toilette et d'aller à l'Opéra retrouver Darsy, dont les sentiments pour la comtesse ne lui avaient point échappé. Elle savait pouvoir être prise pour sa maîtresse, dont elle a la taille et dont elle porte les robes. Elle y tenait de toute façon, d'abord parce qu'elle pouvait craindre un refus en se laissant connaître, et puis, et puis... avait-elle ajouté en baissant le nez, elle n'était pas fâchée, une fois dans sa vie, de savoir comment on traitait les femmes du monde.

Elle n'avait parlé à qui que ce fût de son escapade, du moins le prétendait-elle. Plus d'une fois, en songeant aux suppositions et aux indiscrétions possibles de Darsy, elle avait été sur le point de se confesser, mais elle ne l'avait jamais osé, jusqu'au jour où, assurée d'une nouvelle position, comblée des bienfaits de Madame, elle s'était décidée à lui tout avouer...

Quoi qu'elle en eût, on juge les pouffées de rire de la comtesse en faisant à Darsy ce récit saugrenu. Elle avait enfin l'explication de ses effarements mystérieux !... L'infortuné se sentait d'autant plus ridicule qu'il s'était mieux conduit ; sa discrétion était dérisoire et sa magnanimité n'était plus qu'outrecuidance !...

Il prétexta d'importants travaux, et revint le lendemain à Paris, esquivant au moins le mariage de sa victime. Il a été longtemps à se remettre ; à l'hiver, il fila au Maroc, cherchant l'oubli, qui ne vint pas, à en juger par ce fragment d'une lettre qu'il écrivait de là-bas :

« J'aurais dû m'en douter !... Non seulement elle avait gardé son voile pour cacher sa tête, mais, pour cacher aussi ses pieds et ses mains de femme de chambre, la rosse avait gardé ses bas et des grands gants noirs ; ce n'était plus une femme, ce n'était qu'un tronc ! »

OU CELA MÈNE
1865-1871.

I

Vers 186... c'était bien la plus jolie blonde que l'on pût voir : petite, grassouillette, vive, spirituelle, toujours en mouvement, toujours riant, pétillant, sautillant. De grande famille et riche, elle avait ce franc-parler de haut goût, cette franchise brusque, risquant tout, d'une petite personne se sachant tout permis, de par sa beauté, sa jeunesse, sa fortune. Sur des mises en apparence fort simples, toujours quelque détail de toilette original, presque bizarre : bijoux étrusques, pardessus madgyar, talons surélevés, gants trop hauts, lorgnon à l'œil ; tout cela noyé dans un ensemble discret presque toujours noir, ne tirant jamais l'attention au premier coup d'œil et la fixant pour toujours au second.

Devançant les modes et les exagérant parfois, mais logiquement dans ce qu'elles avaient de réellement préférable à la mode précédente, et de plus favorable à sa beauté. Un peu petite, la première elle avait arboré au sommet de ses toquets les hautes aigrettes et les bouquets de grosses fleurs surélevées; un peu forte, mais admirablement bien faite, la première, elle avait porté ces jupes collantes moulant le ventre et les hanches et rejetant tout le faix à l'arrière. Rien de joli comme de la voir remuer ainsi, tout son jeune corps souple et plein s'indiquant au moindre remou de la jupe; je dis remuer et non marcher; pour un empire, cette petite personne si vive n'eût mis pied à terre pour autre chose que pour valser; jamais dix pas à faire, sans faire atteler; moins paresse qu'impatience d'arriver plus vite.

Richement mariée, mais, sinon mal, du moins un peu trop officiellement. Dans le cousin que son titre de comte et d'assez beaux domaines attenant à ceux qui lui devaient revenir un jour à elle-même, lui avaient fait choisir, elle avait bien plutôt épousé un libérateur complaisant qui la délivrerait de la vie de province et lui obéirait en tout. C'était un de ces riches bellâtres campagnards tout au rapport de leurs terres et à la vente de leurs vins, choses fort sérieuses et ne faisant déroger personne aujourd'hui. Sans grande passion, la petite cousine n'avait vu aucun obstacle à ce mariage; tout au plus un certain manque de franchise dans les regards de son cousin, qui jamais n'osait fixer longtemps sur elle ses yeux, assez beaux d'ailleurs, mais déjà bridés aux coins et légèrement éraillés au grand jour. Elle croyait au contraire y pressentir comme la vague indécision d'un caractère qu'elle dirigerait à son gré. En définitive, aucun n'avait plus grand nom, plus grand air, plus grande fortune. Par d'admirables cravates longues à épingles originales, par des formes inédites de chapeau rond ou de gilet, surtout par le perpétuel miroitement d'un lorgnon rivé à l'œil, aucun ne savait à ce point détourner l'attention des quelques parties faibles de sa personne ou de son visage, et par des frisures artistement étagées pallier une calvitie précoce, mais on ne peut plus élégamment portée.

De son côté, le cousin trouvait sa future parfaitement à son gré. Une fortune assez belle, mais surtout une surabondance d'activité dans laquelle il croyait, de son côté, pressentir la femme remuante que rêvait sa secrète ambition. L'âge commençait à lui faire trouver bien fade cette routine journalière de petits plaisirs et de petites affaires. Il songeait à de plus vastes projets ; une grande maison bien tenue ; un salon, centre de parti ; en vue d'une députation à préparer, de nombreuses relations à cultiver, exigeaient, selon lui, cette jeune femme experte qu'allait devenir sa cousine manégée par lui.

Tous deux se trompèrent. A peine mariés, les désillusions et les antipathies éclatèrent. Vive, prime-sautière, franche et mordante, incapable de feinte ni d'ennui, pressée d'agir, de jouir et de rire, la jeune et jolie femme n'eut aucune de ces sérieuses et tortueuses qualités, apanage des femmes politiques sur le retour ; elle embrouilla à plaisir les affaires de son mari, et qui, pis est, leurs deux fortunes. Dépensant sans compter, avide de nouveautés, artiste jusqu'au bout des ongles, ne sachant rien refuser à elle ni à personne, en six mois elle avait englouti leurs revenus de trois ans. Longs sermons, reproches acerbes, son mari ne lui épargna rien ; ajoutez à cela certaines délicates confessions que les douleurs prématurées l'obligèrent à faire au médecin, lequel lui ordonna le repos presque absolu, sous peine d'une prochaine paralysie de la moitié du corps, et vous jugerez avec quelles idées nébuleuses le comte envisagea désormais l'avenir. Avec cela, point d'enfant.

Elle n'obtint rien de lui non plus. Cette ambiguïté de regard qu'elle avait crue l'indice d'un caractère indécis cachait au contraire la volonté ferme de ne jamais laisser lire sa pensée. Elle trouva le bon sens le plus pratique, les calculs les plus froids et les plus compliqués ; sous cette enveloppe mondaine et séduisante, un marchand de bois, ou de vins, le plus madré et le plus terre à terre, avec de plus ce ridicule de prendre ses combinaisons de teneur de livres pour les conceptions de la plus vaste ambition. La jeune femme rit d'abord et haussa les épaules, puis, sérieusement délaissée et comprimée dans ses prodigalités, elle se tint à l'écart, s'aigrit, languit, et, finalement, chercha et trouva la consolation la mieux assortie à ses maux.

Au nombre des familiers de l'hôtel, ouvert depuis le mariage à toute la société du département, se trouvait un jeune officier de dragons, qu'à cause de sa haute stature on n'appelait jamais que le grand N... De bonne famille (deux noms nobles accolés n'en formant qu'un), riche dans l'avenir, suffisamment pensionné pour le présent, remuant, rieur et bon comme un jeune chien ; avec cela une assez jolie figure ouverte et gagnant à lui du premier coup d'œil. A peine sorti de l'école de Saumur, il en avait gardé toutes les juvéniles allures. Tenues de fantaisie en magnifiques bottes à l'écuyère ; jolis chevaux qu'il aimait à faire piaffer sur place sur les pavés sonores de la petite ville ; belles armes de luxe ; paraissant fou de son état, mais, six heures venues, ne gardant rien du harnais militaire qu'un léger brunissement sur la peau du cou ; irréprochable d'ailleurs dans son habit noir à grands revers bien rejetés, son gilet blanc bien coupé et son large pantalon retombant droit sans un pli sur sa fine bottine de cuir mat à bout verni. Et modeste par-dessus tout. Habitué aux faciles et vénaux succès, il semblait ne pas se douter qu'une femme plus relevée pût le remarquer. En toute sincérité, dans leurs longues conversations avec la comtesse, il en était arrivé, par excès de franchise et besoin de tout dire, à lui conter ses singulières amours et les rebuffades qu'il avait subies de deux ou trois plus honnêtes personnes de la ville qu'il avait voulu cultiver. Deux vrais garçons à les voir rire, parler haut, se donner devant tous des nouvelles, parfois fort rabelaisiennes, de ses passions d'officier. Tout languissait pour elle, quand il n'était pas là. Ajoutez qu'excellent cavalier, bon chasseur, ne demandant en tout que bruit, mouvement et rires, il animait tous les pique-niques, tous les rendez-vous de chasse ou de course. Et toujours tous les deux côte à côte, mais si ouvertement, si loyalement, à ce point au vu et au su du mari, qu'on avait fini par ne les plus remarquer.

Un jour le jeune officier reçut un billet anonyme élégamment plié dans une toute petite enveloppe à hirondelle sur le cachet. Écriture serrée, fine anglaise de femme. On lui demandait de vouloir bien attendre chez lui, à telle heure, une personne ayant une importante communication à lui faire. Il fut exact, et l'épaisse voilette de la visiteuse rejetée, que vit-il? La petite comtesse! Elle n'y tenait plus. Curiosité? Pressentiment d'un inconnu délectable sous tant de jeunesse, de vivacité, d'élégance? Elle n'osa en rien dire pourtant d'abord. Elle ne lui témoigna que l'innocent désir de voir de ses yeux un

17

appartement de garçon. Lui-même, modeste et ne songeant qu'à rire comme toujours, n'y vit que la continuation de leurs jeux ordinaires. Il fallut que brusquement, tout d'un coup, la jeune femme l'entourât de ses bras, se cachant la tête sur sa poitrine à lui, pour qu'il comprît enfin à quel point il était désiré...

Elle revint plusieurs fois, souvent, dans la chambre du jeune officier. Instants trop rares, courts, pleins de terreur d'être suivie. Le comte pourtant ne faisait ni demande indiscrète ni objection intempestive quand, par le plus grand des hasards, il était forcé de s'apercevoir d'une absence de sa femme. Si bien que le jour où l'on apprit qu'elle avait quitté la ville avec N..., le moins étonné de tous fut le mari.

Chose grave qu'un enlèvement. Mais celui-ci s'était fait avec tant de rapidité, d'imprévu, de brio et de gaieté! deux collégiens faisant, sans y voir plus loin, une excellente plaisanterie à leur pion. Qui des deux avait enlevé l'autre? Le grand N... eût été bien embarrassé de le dire. A vingt-quatre ans, à sa place, qui aurait eu la force de repousser ce bonheur qui lui tombait du ciel; riche lui-même, le présent l'inquiétait peu, et la fortune bien établie de sa famille lui garantissait l'avenir. D'ailleurs franc autant qu'elle était vive, irrité du mensonge et de la feinte encore plus comme choses gênantes que honteuses, il n'avait pas fallu grand effort pour le décider. Un point l'avait seul chagriné : la nécessité de donner sa démission. En quelques baisers d'elle, la chose fut faite. Deux amis seuls avaient été mis dans la confidence, chargés au besoin de se tenir à la disposition des témoins du comte. Mais ce n'était pas ainsi que celui-ci entendait se venger.

Naturellement ce fut à Paris que le couple se réfugia. N... y comptait d'assez nombreuses relations, jeunes gens de fortune et de bonne famille comme lui auxquels il n'était pas fâché de montrer sa conquête.

Un rêve, un tourbillon, que leurs trois premiers mois. Au plein cœur de l'hiver, tout était à voir ; le Bois regorgeait, les théâtres aussi. A tout hasard, dans l'incertitude de la conduite du comte, il avait été convenu qu'elle cacherait son vrai nom, et qu'elle ne verrait jusqu'à nouvel ordre d'autres amis que ceux que N... lui présenterait. En huit jours leur coin fut le plus fréquenté des clubs; ils avaient trouvé un beau premier d'angle sur l'avenue Matignon, au bout de l'avenue Gabrielle, devant les parterres du Cirque, position parfaite. Chaque jour, à l'heure du retour du Bois, tout Paris, en hommes, et en hommes jeunes, venait là aux nouvelles, causer un quart d'heure, rire, prendre l'ordre pour la soirée ou le lendemain. Au dehors, devant la maison, dans l'avenue, à cette heure toujours une file de petits coupés, de poney-chaises, d'américaines ou de victorias, avec un groupe de chevaux de maître tenus en main par la livrée. Pas une cocodette en renom qui, passant là, ne sortît curieusement la tête de sa voiture, cherchant à pénétrer la cause de cet élégant attroupement et les mystères de cette joyeuse réunion.qu'on entendait très distinctement, à travers les fenêtres ouvertes, rire, fredonner, pianoter, avec par moments les éclats d'une voix de femme. La femme elle-même paraissait parfois sur la terrasse, entre les fumeurs ; et l'on reconnaissait cette jolie personne de si grand ton que ces mêmes cavaliers escortaient tout à l'heure au Bois, et qu'on retrouvait le soir à toutes les premières, plus entourée encore s'il était possible, sa loge bondée de cavaliers aux entr'actes, point de mire des lorgnettes pendant toute la soirée. Le Paris jeune trouvait là, en effet, toute la liberté de ton et d'allure désirable, avec une pointe d'élégance et de comme il-faut impossible chez ces demoiselles. Le grand nom et le mariage cachés de la comtesse étaient le secret de Polichinelle ; en définitive c'était une femme de la société, et de la meilleure; de plus, ses coquetteries et ses étourderies aidant, chacun était fondé à s'avouer membre de ce petit club d'intimes avec une certaine pointe d'orgueil, voire même de fatuité.

Les courtes journées dont N... et la comtesse pouvaient disposer étaient encore fort remplies par les courses d'achats, les ordres aux fournisseurs et les profondes combinaisons pour meubler leur appartement. La bride sur le cou cette fois, en cheval échappé, elle se permit tout, et ce fut fou, mais charmant, original, au delà du rêve. Faiblement, il essaya bien une fois ou deux de parler d'économies et de restrictions; elle ne répondait rien, l'emmenait avec elle, et de boutique en boutique, riant, devisant, à l'affût de tout ce qu'elle y découvrait de bizarre et d'assorti pourtant à ses projets, elle lui faisait dépenser le double de ce qu'elle eût dépensé seule. A l'achat, elle se passionnait comme à une chasse; les heures s'écoulaient sans s'en douter, dans ces beaux magasins, pleins d'étoffes déployées pour elle. Les commis de meilleure mine et les plus adroits, voire les patrons eux-mêmes, en habit et cravate de députés, donnaient en personne, à son arrivée. On savait que rien pour elle n'était jamais ni assez beau ni assez original, et qu'elle ne regardait jamais au prix. Elle entrait là en souveraine inaugurante, précédée du brouhaha le plus empressé dès sa voiture, au grand dépit des autres clientes, qui jalousement la suivaient de l'œil au salon réservé où l'on ne manquait jamais de la conduire. Au-dessus de cette vanité un peu puérile, un goût réel d'artiste, qu'elle trouvait là seulement à exercer; une sorte de franc-maçonnerie de grand goût s'établissait bientôt entre elle et les maîtres d'établissement, devant laquelle N... était perdu. Elle y mettait une certaine coquetterie, et d'un quart d'heure souvent ne lui adressait pas la parole, tant ces choses-là étaient affaire entre elle et l'artiste qui daignait vendre. Assortiment ou brusque contraste de nuances ; un enroulement d'ornement bien mené jusqu'au bout ; une arabesque trop vive détonant sur un panneau discret, une fausse et criarde imitation des vieilles tapisseries, ou tons éteints tout à fait assimilés, rien en ce genre n'échappait à cette véritable petite artiste. N... la laissait dire et faire, perdu aux nuances infinies de ce goût raffiné, s'exclamant aux seules couleurs vives et gaies en véritable officier de dragons qu'il était.

Fou, ai-je dit, cet ameublement. Longtemps il fut une curiosité dans Paris. On en était encore à cette époque aux tentures assorties, aux meubles réguliers, à l'officiel de chaque pièce : chêne vieux-neuf à la salle à manger, satin bleu à la chambre à coucher, bois dorés au grand salon, capitonnages variés au boudoir. Chez elle, tout fut boudoir et serre. Pas un meuble assorti, pas un siège pareil de grandeur ni d'étoffe, pas un coin sans plante et sans fleur. Au juste, on ne savait jamais où l'on était ; la salle à manger continuait le salon par l'absence de porte d'abord, mais surtout par des panneaux de glaces dépolies qu'un store de soie à mille plis en travers cachait ou découvrait ; les deux pièces n'en faisaient qu'une à certains moments, continuant à l'infini, par des jeux de glaces et de stores, leur gaie et vive perspective de plantes et de fleurs rares. A voir certaines chaises longues, vrais lits capitonnés au ras de terre, certains divans d'encoignures garnis de glaces derrière leur coussin, on pouvait se demander si le salon ne remplaçait pas parfois la chambre à coucher. De même, dans la chambre à coucher, en dépit de son baldaquin de chevet, le lit large, mais bas et sans bois au pied, semblait un canapé propice, et rien de plus. La salle de bain, jadis grand cabinet noir avec à peine un jour de souffrance par le haut, grâce à des carreaux de faïence aux murailles et à un faux plafond arrondi percé d'étoiles à jour, était de l'arabe le plus fantaisiste et le plus commode.

Officiellement meublé par les tapissiers, l'appartement s'était comme imprégné d'elle peu à peu; deux ou trois fauteuils bizarres et détonnants avaient fait un jour irruption dans le salon régulier jusque-là; des potiches fantastiques étaient posées sur une étagère, trop officiel entre-deux de fenêtre; un rideau-store, à larges broderies transparentes où s'étalaient leurs chiffres, tamisait plus encore le demi-jour laissé par les doubles grands rideaux ordinaires. Une glace bizeautée éclaircissait tout d'un coup quelque coin sombre oublié; des vitraux jetaient leurs vives couleurs dans un couloir mal éclairé. Tout ce qui achève et garnit, en dehors de l'officiel de fonds, jardinières de laque rouge, écrans japonais, bibelots d'étagères, figurines de Saxe, ivoires chinois, boîtes indiennes, cordons de sonnettes en passequilles de muletier, fauteuils de coin, pouffs de milieu, chaises basses bizarrement rayées de larges bandes brodées sur fond de satin noir, frêles dossiers dorés surchargés de boules d'étoffe et de franges criardes. La plus complète image de cette cervelle féminine, artiste d'instinct, qui, au vol de ses plaisirs ou de ses courses, avait distingué un ton étrusque, une étoffe Pompadour, un bouquet arabe, une forme gréco-Louis XVI, un capitonnage libertin. Même vide, l'appartement semblait plein, chaque fauteuil de soie richement brochée équivalant à une toilette, un monde d'images, souvenirs d'époques les plus diverses, s'évoquant à cet entassement de bibelots disparates, mais comme liés par le goût et le tact le plus exquis, en dépit d'incroyables audaces. En tout, la maîtresse de céans se révélait ; absente, ces riches tapis, ces tentures ramagées, ces mousselines brodées semblaient les fragments épars de ses riches toilettes à peine quittées ; présente, sous ces jours savants, sous ces reflets combinés, sous ces chatoiements assortis, elle ressortait plus jeune, plus belle, la peau plus diaphane, les yeux plus brillants, comme entrevue à travers les scintillements triomphants des lumières de féerie.

Cher, très cher tout cela. Mais le grand N... était loin d'être à plaindre. Il avait pris son parti de ces grosses dépenses, les premières, indispensables et ne devant plus se renouveler, pensait-il. Et, très réellement, elle était toute à lui. Coquetteries, étourderies calculées, causeries en riant à voix basse avec d'autres, familiarités un peu vives, tout se rapportait à lui et ne tendait qu'à le rendre un peu jaloux et plus amoureux s'il était possible. Leur plaisir était sa seule étude. Tout l'entourage à ses yeux n'était pour elle que repoussoir ou assaisonnement. Pour lui, elle voulait plaire à tous, le faire envié, heureux comme pas un ; pour lui, elle recherchait cette réputation d'élégance et de haut ton qui tout d'un coup lui était venue ; ce renom de femme à la mode qu'elle avait emporté d'assaut, elle songeait bien moins à s'en enorgueillir, elle pourtant à peine sortie de sa province, qu'à s'en faire à elle et à lui la meilleure preuve qu'il avait eu raison d'agir comme il l'avait fait ; elle lui semblait comme légitimée, cette liaison à laquelle applaudissait tout Paris.

Elle avait d'ailleurs une si charmante façon de lui fermer la bouche, aux rares moments où il hochait la tête aux prodigalités de sa maîtresse :

— Bête, lui disait-elle entre deux baisers, assise sur ses genoux, tu ne vois donc pas qu'à un moment donné cela se résoudra en la meilleure économie. Dans ce provisoire où nous sommes encore, les peintres un jour, les tapissiers un autre, sans la plupart des meubles que nous attendons, la maison n'est pas tenable, et tous les soirs il nous faut chercher où aller. Songe à ce que nous coûtent en ce moment seulement nos loges de théâtre. Nous

17.

n'en aurons plus besoin le jour où, notre nid terminé, bien commode, bien gai, bien à notre goût, nous pourrons y demeurer à notre aise toutes les bonnes soirées que nous voudrons.

Et de l'embrasser de plus belle et de l'entourer de ses bras potelés toujours nus. S'il ne paraissait pas suffisamment convaincu, elle avait en réserve un argument toujours irrésistible, mais assez difficile à faire entendre. Tous ces canapés, tous ces fauteuils plus capitonnés les uns que les autres, tous ces tapis épais et ces tentures voluptueuses, vrais nids d'amour, moelleux et parfumés, ne les poussaient à rien moins qu'aux idées ascétiques. Singulière fantaisie réveillée par un décor nouveau, ils avaient une façon toute particulière d'*inaugurer*, c'était un terme consacré, chaque pièce nouvelle... D'inauguration en inauguration, le grand N... avait fini par trouver tout charmant, sage et parfaitement réglé. Et, en réalité, ils passèrent là les trois mois les plus beaux et les mieux remplis de leur vie.

II

A peine quelques petits nuages. Deux ou trois fois la comtesse, saluant de tout son cœur au passage quelque ancienne amie, n'en avait pas été saluée à son tour. On avait détourné la tête. Au grand prix de Paris, aux courses de Longchamps, en dépit de leurs relations avec le Club, quelques difficultés blessantes s'étaient élevées pour une entrée dans l'enceinte du pesage. Enfin, un certain papier timbré avait été déposé tout ouvert sans enveloppe chez le concierge. C'était une assignation à la requête de son mari d'avoir à comparaître, etc., etc. Elle ne la lut même pas jusqu'au bout, persuadée qu'elle en connaissait d'avance le contenu : quelque demande en réintégration au domicile conjugal, avec les avantages y attachés consistant en sa dot, terres, rentes, etc. Elle en haussa les épaules de dégoût et n'en parla pas même à N...

Faut-il tout dire, un symptôme encore peu alarmant à la vérité l'inquiétait davantage : elle engraissait.

L'hiver passé, les eaux et les bains de mer occupèrent leur été ; tourbillon toujours renouvelé de toilette, d'excursions, de pertes ou de gains au jeu, bien fait pour les étourdir mieux encore. Mais quelques légers indices de moquerie ou de séparation à dessein rendue totale de la part de quelques coteries rivales, du vrai monde cette fois, accentuèrent à plusieurs reprises ces légers nuages indiqués déjà. Contrairement à l'opinion reçue, rien de moins propice à la fusion des mondes de toutes catégories qu'une plage de bains de mer ou qu'une station thermale. De fait on s'y coudoie, mais par coteries d'autant plus distinctes. A chacun son quartier de villas ou de cottages, et s'il en faut passer par l'hôtel commun, une partie ou un corps de bâtiment quelconque en sera toujours réservé à la société. On pique-nique, on excursionne, on cultive la toupie hollandaise rien qu'entre soi ; dédain calculé des plaisirs et des réunions du vulgaire, que seule relâche un peu la soif d'être vue quand on est belle et bien mise. La cour de la petite comtesse n'était ni moins nombreuse ni moins empressée qu'à Paris, mais elle se partageait forcément. Rien de plus pénible que certaines rencontres où la moitié de son monde, momentanément à l'ennemi, la saluait, sans que les ennemies suivissent ; celles-ci, au contraire, lorgnant et souriant de la plus indiscrète façon du monde. La pauvre comtesse n'y pouvait rien, que se montrer plus belle et mieux habillée que toutes ; mais là même où elle triomphait, certaines excentricités inévitables à cette variété de toilettes la déclassaient plus encore. Ces coquetteries surexcitées par la galerie commencèrent à n'avoir plus pour unique objet de donner un peu de jalousie à son amant ; pour s'attacher plus étroitement les principaux de sa cour et leur faire ostensiblement délaisser ses rivales, il n'y eut manèges publics, familiarités risquées qu'elle ne se permît pour laisser croire ce qui n'était pas. Autre faute.

Partout irritée et vaincue en définitive par ce perpétuel cordon sanitaire, elle promena son amant, ses toilettes et ses colères de plage en plage, et ne respira un peu qu'en se retrouvant à Paris, le pays du monde où l'on peut le mieux vivre à sa guise, loin des coteries qu'il y est si facile d'oublier ! Ils y revinrent un peu trop tôt, mais elle n'y tenait plus. La vue de leur nid préparé avec tant d'amour lui fit tout oublier ; elle se jeta dans ses bras, presque attendrie, et les voilà résolus de ne plus vivre désormais que l'un pour l'autre.

Cela dura bien trois jours. Sur le soir du troisième, comme on allumait pour la première fois de la saison, au dîner, machinalement elle lui demanda :

— Que joue-t-on donc ce soir aux Variétés ?

— *Barbe-Bleue :* tu l'as vue dix fois, répondit-il du ton d'un homme qui n'aime plus dîner vite.

— Bah ! ce serait peut-être drôle ; je n'ai jamais vu que des premières, et ne serais pas fâchée de faire connaissance avec le vrai public.

Une vraie salle d'été, quoique à la fin de septembre ; la moitié des spectateurs à grand'peine raccrochés par des billets de faveur, mal mis, ternes, sales, riant bête. Les acteurs jouaient pour eux, se contant leurs petites affaires au lieu de répéter leur rôle ; personne qui la lorgnât ; pas un de ces saluts d'une main gantée à l'orchestre qui fait toujours plaisir à cueillir, dans cette tournée circulaire que ne manque pas de faire, de sa lorgnette, une femme entrant dans sa loge. A l'entr'acte, personne pour l'amuser, lui porter des bonbons ou lui conter les nouvelles. Elle finissait par avoir honte d'être là en provinciale. A un moment, l'un des pitres en scène crut pouvoir s'appliquer la présence de cette femme en toilette voyante dans la baignoire d'avant-scène ; il lui adressa ses lazzi, ses œillades, ses gestes les plus d'intelligence. N'y tenant plus, elle se leva, suffoquée de honte et d'ennui, sortit avec fracas, emmenant, bon gré mal gré, le grand N..., qui somnolait déjà dans le fond.

Une mauvaise habitude que le grand N... commençait à prendre que de somnoler parfois ainsi après dîner. Elle s'en était surtout aperçue et piquée à leurs trois jours de solitude. Elle l'avait bien regardé dans un de ces moments-là, où, sans ressort, l'homme s'affaisse tout à fait. Combien déjà changé d'une année à l'autre ! Toujours cette même jolie tête bonne et rieuse, mais des marbrures douteuses sur cette peau jadis si saine, des meurtrissures, comme des cicatrices profondes sous les yeux cernés de bistre ; au nez, des feux de vinaigres de toilette trop fréquemment employés ; je ne sais quoi de factice et d'efféminé par les pommades et les coldcreams, et d'indécis par certaines bouffissures sur cette figure jadis si mâle, si ferme, si franche, vraie tête de jeune soldat vivace aux cheveux drus. La poitrine un peu creusée, le dos voûté ; toute la démarche, si vive jadis à ne pouvoir rester deux minutes en place, aujourd'hui alanguie à se jeter sur tous les fauteuils et n'en plus vouloir bouger.

Un peu de mépris, dans la pitié qui prit cinq minutes la comtesse à cet examen. Lui aussi faiblissait comme avait faibli son mari! Fatalité incompréhensible à cet énergique tempérament que la débauche excitait sans jamais le rassasier.

Lourds furent les premiers mois de ce premier séjour, et de toute façon. L'un et l'autre commencèrent à mesurer la durée probable de cette fantaisie de leurs sens, pur accident, sans racine par l'ignorance totale de caractères inconnus l'un à l'autre, sans appui par la solitude faite par le monde autour d'eux, sans avenir par le blasement assuré. Quelques aigres récriminations sur l'avenir de la femme à jamais sacrifié, sur la démission donnée par l'officier ; mais des retours toujours plus tendres par la plus complète et la plus secrète habitude l'un de l'autre, d'ailleurs eux-mêmes seule ressource possible à eux-mêmes jusqu'à présent. N.., indécis, énervé, ayant toujours le dessous dans ces discussions ; elle, le dominant de son énergie restée intacte, et de toute la hauteur d'un sacrifice réellement supérieur et devant lequel un galant homme ne pouvait que s'incliner et se taire, quoi qu'il en eût.

A la fin de cette année arrivèrent les notes des fournisseurs, qui, royalement, avaient fait comme il convient le crédit d'une année. L'ensemble dépassa de dix fois les prévisions. N... fut pris de velléités de vérifications, mais il fut bientôt perdu dans un dédale de plinthes et de cimaises, de distinctions entre l'étoffe de tenture et la doublure et la garniture de ladite qui en triplait le prix, de seconde, troisième et quatrième couche aux peintures ; si bien que la comtesse dut se charger en bloc du règlement de ses comptes ; ce n'était d'ailleurs qu'une affaire de temps. Ne lui avait-il pas cent fois assuré pouvoir toujours trouver l'argent nécessaire, fût-ce à gros intérêt ? Qu'il eût donc à s'en occuper. Elle se chargeait des délais à obtenir, négociations tout à fait diplomatiques auprès de messieurs les fournisseurs grands artistes. Elle y baissa dans leur estime : pas d'argent comptant au bout d'une année ! L'un d'eux, bel homme, alla jusqu'à lui faire entendre qu'il ne dépendait que d'elle qu'il lui rendît sa note acquittée... relation solide, discrète, il était marié... Elle lui leva au nez la glace de sa voiture, jusqu'à laquelle il avait osé la reconduire, lui parlant à voix basse.

De nouveaux papiers timbrés envoyés toujours à la requête de son mari lui firent à cet instant faire quelque retour à ce passé. Malgré elle, elle compara leur exil de pestiféré dans ce Paris encore désert au gai tumulte de chaque automne au château. Quelle absence de tout souci, et qu'elle y était bien la reine incontestée de ces mijaurées qui ne la saluaient même plus ! Quelle riche, tranquille et honorable position à tout jamais perdue !... Perdue ?... Pourquoi ? Ce procès que lui faisait son mari ne pouvait-il être matière à retour par le repentir et le pardon ?... Cependant, revenir humiliée sous cette férule économe la passait... Mais le moyen de rentrer dans la fortune sans rentrer dans la chaîne?... Elle se mit à lire plus attentivement le fatras judiciaire et finit par y comprendre — ô joie! — que le comte demandait purement et simplement la séparation de corps et de biens. Sa fortune personnelle allait donc lui revenir : trente mille livres de rente environ. Son premier mouvement fut de courir annoncer cette bonne nouvelle à N...; son second fut de réfléchir à leur train de maison, dépassant de beaucoup cette somme, et de préférer lui laisser le souci d'avoir toujours à se procurer au moins le surplus. D'ailleurs le procès à terminer pouvait mener loin, et l'exécution du jugement plus loin encore.

III

Paris se repeuplait enfin. Un à un leurs amis rentraient et les venaient trouver. Un imperceptible changement, mais caractéristique : beaucoup plus de familiarité en paroles, avec beaucoup plus de réserve en action. Des visites plus rares : d'abord la comtesse n'était plus la nouveauté de la saison ; de plus, leur appartement en cours d'une exécution où chacun contribuait d'un conseil ou d'un bibelot permettait l'année précédente ces visites à la diable, faites au retour du Bois ; l'appartement terminé, on voulut avoir des jours, voire même donner soirée. La comtesse, refusant naturellement de recevoir les maîtresses de ces messieurs, fut la seule femme au milieu d'une centaine d'hommes ; lugubre réunion sous prétexte d'un peu de musique et qui ne se renouvela pas. On eut du monde à dîner ; mais tenir compagnie à table, et toute une soirée, à un couple aussi exclusivement amoureux l'un de l'autre, était une corvée qu'on n'acceptait qu'au seul cas où le couple avait, pour ce soir même, une loge à quelque première représentation.

L'hiver se passa à quêter l'argent aux usuriers : à peine eut-on la moitié des sommes nécessaires. Une ouverture, discrètement faite par N... à l'un de ses meilleurs amis, acheva de dissiper la bande des fidèles. Il ne resta plus que quelques fats que la coquetterie de la comtesse se voulait réserver, suprême ressource !

Entre ces rares intimes d'abord, on joua. La comtesse y trouva carrière aux émotions. N... y crut voir une ressource. La nécessité de trouver un nombre de pontes suffisant, jointe à l'expérience qu'ils venaient de faire, les rendit moins scrupuleux dans leurs invitations. Ce fut alors un défilé d'étrangères d'origine incertaine, princesses valaques, ladies séparées, Américaines, Brésiliennes, Chiliennes, Montézuméennes, monde cosmopolite singeant le vrai à s'y méprendre, toutes d'ailleurs ayant encore un certain nom et une certaine figure.

Les riches étrangères amenèrent les riches étrangers. A plusieurs reprises la comtesse vit à ses pieds des trésors accompagnés de paires d'yeux exotiques, de chevelures d'un noir invraisemblable, de chemises à jabots enrichis de diamants; elle en rit, mais y songea. Plus jolie et mieux en chair que jamais, elle pressentait que son opulente beauté pouvait être appelée aux plus vastes destinées. Moins calcul que caprice, tromper N... avec ses amis de tous les jours lui répugnait sincèrement; mais dans cette lanterne magique de types exotiques dont quelques-uns ne reparaissaient pas deux fois chez eux, y eut-il un grand mal à remarquer quelque bel Hercule du Nord ou du Midi? Pure fantaisie des sens sans lendemain, la laissant toujours toute à ce pauvre et cher N... Le pauvre et cher N... baissait d'ailleurs à vue d'œil; ses somnolences, de plus en plus fréquentes, étaient précédées et suivies d'accès de mutisme inquiétant. Elle le croyait plus fatigué encore. En réalité, une idée fixe de monomane le poursuivait : comment jamais sortir de là? L'argent manquait, et la quitter lui était de toute façon impossible. Fallait-il donc fermer les yeux sur des rivaux plus fortunés?...

L'issue du procès de la comtesse trancha leurs incertitudes : N..., tenu de près par sa famille, qui le menaçait d'interdit, sans plus de crédit auprès des usuriers, sous peine de vivre de la fortune que retrouvait la comtesse, désormais séparée de corps et de biens, dut en venir à une explication délicate, et timidement offrir à sa maîtresse de lui rendre sa liberté. Au moindre éclair de tristesse, à la moindre hésitation, il eût peut-être failli ; mais elle le prit au mot, et il lui fallut être héroïque. Préférant rompre net, il déclara sa ferme résolution de reprendre du service.

Délivrés d'un grand poids, ils donnèrent quelques jours aux adieux et aux préparatifs de leur nouvelle situation : lui, occupé de démarches aux ministères ou auprès d'amis influents ; elle, se lançant dans un tourbillon de nouvelles visites à recevoir ou à rendre. Ils se revoyaient à peine à l'heure du dîner, pour repartir ensuite où chacun d'eux avait ses affaires ou ses plaisirs. Rentrés tard l'un et l'autre, se retrouvant enfin seuls, ils n'en finissaient pas alors de bavardages, confessions mutuelles de ce qu'ils avaient vu et fait. Soulagés du fardeau d'avoir à se suffire tout le jour, leur amour se réveilla ; de nouveau ils s'intéressaient l'un à l'autre comme jamais cela ne leur était arrivé depuis les premiers jours de leur liaison, et leurs transports suivaient, d'autant plus violents qu'ils devaient être les derniers... Les derniers?... Pourquoi?...

Pour ne devoir plus vivre continuellement côte à côte, fallait-il à tout jamais se quitter? S'il promettait d'être raisonnable et de laisser à sa maîtresse une liberté suffisante, elle ne demandait pas mieux que d'être toujours à lui. Crainte de l'avenir, tendresse d'habitude ou dernière pudeur, elle ne put se résoudre à se lancer dans l'inconnu sans garder près d'elle un appui, ni à renoncer tout à fait à une fidélité, seule excuse de sa première faute. Les démarches pour la rentrée au service du grand N... menaçaient d'ailleurs de traîner en longueur. Provisoirement, ils convinrent de se consacrer tous leurs moments de liberté, sans se demander de comptes mutuels. N... loua un petit appartement vacant à deux pas de celui de sa maîtresse; celle-ci y vint, tout heureuse de cette école buissonnière. Indécise d'ailleurs et encore scrupuleuse sur le choix d'une nouvelle relation, elle avait à lui donner beaucoup plus de temps qu'il n'eût osé lui demander. Instants inespérés, preuves d'un amour jusqu'au bout désintéressé, plaisirs amers et d'autant plus intenses : attendre, espérer, craindre et se souvenir devint son unique occupation; ses démarches au ministère, mollement menées, n'aboutirent pas, et peu à peu ce provisoire devint leur vie.

Vie singulière : pour lui, toute de concentration exclusive sur elle; pour elle, toute de mouvement, de variété, de bruit, d'éclat.

Par décorum, son premier soin fut de chercher un tenant officiel; elle trouva à point un grave personnage qui ne demandait d'une femme que les apparences en public; décidément elle était prédestinée à compatir aux défaillances. Ni amant, ni époux, ni père, ni ministre, ce singulier personnage politique avait pourtant maîtresse, femme, enfant, et passait pour un des plus habiles et des plus influents. Par lui elle eut une manière de rôle. Presque un salon composé, partie de pauvres diables, écrivains quémandeurs de places, raviveurs de conversation, partie d'élégants vauriens, vraiment du monde, que N... lui avait jadis présentés et avec lesquels elle faisait de continuelles gorges chaudes sur ses autres invités. Elle leur adjoignit son stock cosmopolite, quelques artistes et deux ou trois journalistes qui, à grands renforts de chroniques, finirent par persuader aux départements, aussi bien qu'à eux-mêmes, que la fine fleur du monde parisien assistait en leur personne aux jeudis de la comtesse. Ce fut à ce point que le comte, qui croyait avoir fort habilement calculé sa vengeance, et qui, du fond de sa province, en suivait les effets, eut un instant des doutes. Au lieu de faire arriver lentement, mais sûrement, à la misère et à la honte cette femme qu'il savait sans ordre et sans mesure, n'avait-il pas, au contraire, aidé à son élévation, à son éclat? Un instant, il fut plus jaloux que du grand N..., du grave personnage politique qui réalisait par cette femme ce qu'il avait rêvé pour lui-même; le grave personnage ne se douta jamais que certaine combinaison ministérielle dont il était parvenu à faire partie échoua du fait des amis du comte ménagés par celui-ci. Près de la comtesse, le grave personnage ne fut guère plus heureux ; il eut toutes les apparences dont il était forcé de se contenter ; mais il fut quelque peu déçu dans ses calculs ; autant et plus que le nom et le titre de la comtesse, la fortune de celle-ci l'avait décidé à cette liaison toute d'apparat. Le surplus des dépenses serait seul à couvrir. Or, ce surplus dépassa de beaucoup le principal, tant la comtesse se crut en droit de lui faire payer cher son dépit de n'être point parvenue à faire de lui un homme.

Sous ce grand train officiel et décent, tous les caprices. Dès qu'on l'avait sue libre, amants anciens et nouveaux avaient abondé. Elle ne découragea personne, se permit tous ceux qui lui plurent, et dans ces intrigues multipliées trouva enfin le genre de vie pour lequel elle était faite : experte en manèges, heureuse d'un amant caché devant un autre et de tous les deux trompés par un troisième. Dans ses fringales inassouvibles, cœurs et corps ne lui semblaient plus que les touches d'un amoureux clavier où chacun donnait une note indispensable à la satisfaction de fantaisies sans limites.

Très fine, d'ailleurs, et de jugement net et prompt, elle perçait un homme au premier mot, et jouait de lui à son gré, en véritable artiste. Naïve ou rouée, cupide ou désintéressée, aimante ou non, qui l'eût pu dire en sortant de ses bras, tant ses sens avaient de conviction ! Tout Paris, Paris élégant s'entend, en est resté sûr d'avoir été aimé pour lui-même, au moins cette fois-là ! Ce qui n'empêchait pas le grave personnage de faire, tous les ans, river au bras de la comtesse un anneau d'or massif, avec date et millésime, mémorable souvenir d'une année passée l'un près de l'autre.

Dans ce tourbillon, le grand N... ne fut ni oublié ni malheureux. Lui aussi avait sa note indispensable, mais un peu singulière, pour ne pas dire plus. Trop énervé et indécis pour une rupture qu'on ne lui demandait plus d'ailleurs, encore trop plein d'elle pour n'en point être obsédé, il prit la douloureuse habitude de suivre et d'épier sa maîtresse. La solitude d'ailleurs lui était horrible après ces trois années en si douce compagnie ; la voir, partout où cela lui était possible, au Bois, au théâtre, dans ses promenades, y fût-elle en compagnie, c'était encore se remplir d'elle et tenir, fût-ce pour la souffrance et la rage, à celle dont il ne pouvait décidément se passer. Cela ne déplaisait pas à la comtesse ; elle n'avait point à se cacher de lui, et savait payer, de loin en loin, d'un regard ce misérable chien à la chaîne, vivante preuve de son pouvoir. Le grand N... devint fort observateur de nuances ; elle avait pris le bras à celui-ci de telle façon, ri trop haut avec celui-là, lorgné l'un avec affectation, donné à l'autre un coup d'éventail bien familier, toutes choses dont elle avait à s'expliquer à leurs entrevues ; elle motivait le tout au mieux, mais en entrant dans des détails si complets que, peu à peu, elle prit habitude et plaisir à lui conter sa vie, et lui, incompréhensible et amère douceur, il se passionnait à ces étranges confidences ; soif de la connaître mieux encore, irritant espoir d'arriver à quelque repli vierge d'un autre, involontaire admiration de cet énergique et multiple tempérament que, bien déciment, il se sentait impuissant à satisfaire seul. Seul au moins il en avait ces confidences impossibles à d'autres, et près de lui seul, en effet, elle se sentait libre, à l'aise, bien elle-même, et prenait plaisir à déposer ses armes, toujours à la riposte ou à la parade avec tous. Et chose étrange : loin d'elle, il en était plein ; loin de lui, elle aspirait vraiment aux bons moments qu'ils passeraient ensemble ; mais ces moments venaient-ils à se trop prolonger ou se trop rapprocher, quand elle lui avait tout conté, un malaise à trouver d'autres sujets de conversation amenait des silences, voire des bâillements. Tant, insensiblement, il en était arrivé à ce point de turpitude d'aimer cette femme moins encore pour son désintéressement vis-à-vis de lui, moins pour l'habitude qu'elle avait de ses goûts les plus secrets, que pour ses succès avec tous, succès devenus siens. Tel de ces messieurs lui déplaisait plus que d'autres ; et il ne pouvait se défendre d'un immonde orgueil quand quelque notoriété de grand nom ou de grande fortune venait augmenter et rehausser la foule de ses rivaux heureux !

IV

Des années passèrent ainsi. Quelle raison de rompre ? De plus en plus il s'ancrait dans ce besoin d'elle, besoin irraisonné, machinal, d'autant plus impérieux d'un homme une fois énervé. Plus de satiété, d'ailleurs. Ils se voyaient juste assez pour regretter le court et le fugitif de ces instants. Beauté, succès, scandales même, tout d'elle le rendait fier, lui le dénicheur de cette perle, resté aimé pour lui-même ! Plus d'une bonne aubaine se présenta pour lui; deux fois l'occasion d'un beau mariage lui fut offerte ; il ne songea même pas à en profiter. Elle y mettait d'ailleurs bon ordre ; elle se croyait tout permis ; mais ceux qu'elle avait une fois frappés, elle les eût voulus pour toujours à elle ; cette entière possession d'un homme qui, sachant tout de sa vie, n'en restait pas moins tout à elle, n'était pas un de ses moindres triomphes, et pour se l'assurer elle n'épargnait rien dans leurs entrevues ; il en sortait enivré, mais incapable de longtemps de s'adresser à d'autres.

Quelques années de ce jeu, le grand N... n'était plus reconnaissable. Sans but, sans plaisir autre qu'elle, obligé d'ailleurs de se trouver à chaque pas en face d'un de ses rivaux, il restait à l'écart, mal à l'aise, taciturne ; se levant le plus tard possible, à peine pour le dîner, les jours où il ne devait pas la voir, passant ses soirées et ses nuits couché sur les divans du Club, silencieux, les yeux fixes, les lèvres ouvertes, mâchonnant des dents un éternel cigare. Même après les joueurs partis, les domestiques le mettaient souvent à la porte au petit jour. De temps en temps un billet qu'on lui apportait là, ou l'annonce qu'une dame l'attendait à la porte dans sa voiture, le galvanisait soudain, rallumait ses yeux ternes et remontait les coins de sa bouche, retombants à l'ordinaire. Le valet de pied, porteur de ces messages, avait peine à garder son sérieux devant cette soudaine métamorphose invariablement répétée. Serviable à tous, et payant fort exactement ses différences, on se taisait encore devant lui ; mais, à peine le dos tourné, c'était à qui courrait à la fenêtre pour être témoin de sa sortie ou de son entrée dans la voiture, le chapeau en arrière, le paletot à peine passé, perdant sa canne et son étui à cigares pour se précipiter.

Et, de fait, il commençait à faire beaucoup plus pitié qu'envie. Ces quelques années avaient aussi terriblement marqué sa maîtresse ; en parlant d'elle on ne disait déjà plus la petite, mais la grosse comtesse. Sa beauté toute mignarde et poupine agonisait dans un débordement de graisse ; ni grands traits, ni grande taille pour racheter cette exubérante maturité qui complète, au contraire, certaines beautés magistrales. Chatte de tout temps, d'ennui dans sa nouvelle liaison, elle était devenue gourmande, fine et longuement mangeuse ; deux fois, elle avait essayé de se contraindre, autant mourir ! Son grave personnage, ne la voyant sensible qu'à cela de lui, n'avait eu garde de négliger sa table, devenue célèbre dans toute l'Europe gastronomique et diplomatique. De plus, la multiplicité et la sincérité de ses caprices s'étaient marquées peu à peu en sillons profonds sur son joli visage fatigué et bouffi. Des feux au nez, aux joues, au bout du menton. Ses jolis yeux si vifs et son amour de petit nez disparaissaient sous l'enflure d'une paire de joues qu'au Club on comparaît à une paire de... cela ne peut s'écrire.

Le grave personnage, homme surtout froid, ne fut pas le dernier à s'apercevoir de cette métamorphose; il avait d'ailleurs rivé au bras de la comtesse un nombre de bracelets suffisant à affirmer sa virilité ; aux premiers symptômes de ridicule, il saisit un des mille prétextes dont il savait fort bien n'avoir jamais manqué avec elle, et diplomatiquement, par messages, il lui déclara tout rompu ; royalement il régla ses comptes, lui versant un mois d'avance.

Le moyen de s'y méprendre ! Elle n'était plus même bonne à flatter la vanité du personnage ! Pour la première fois de sa vie, la comtesse pleura ; larmes de rage, d'ailleurs vite séchées. Un instant elle eut l'idée de se réfugier auprès du pauvre N...;

mais elle avait fait l'expérience de leur intimité prolongée, elle se croyait encore quelque fortune personnelle, et tenait trop à sa liberté.

A partir de ce moment, son histoire devint celle de toutes, roulant de l'un à l'autre, ne voulant plus réfléchir ni songer au lendemain, grisée d'ordures et pourtant inassouvie, vivant parfois de ses diamants vendus, parfois en faisant vivre ses caprices, qui ne s'arrêtèrent plus à ces messieurs, et finirent par la compromettre dans la plus sale affaire, en compagnie d'une chanteuse trop célèbre.

Vint la guerre. Le grand N... eut quelque velléité de reprendre décidément du service. Mais c'eût été se séparer tout à fait d'elle, et elle n'avait pas encore quitté Paris alors. Il se laissa donc simplement enrôler dans la garde nationale, où son ancien grade de sous-lieutenant de dragons le fit d'emblée nommer chef de bataillon. Passivement il fit comme tous, sans enthousiasme, ahuri de tels changements dans ses habitudes. La comtesse, deux jours avant l'investissement, trouva moyen de partir pour Londres. En somnambule il traversa dès lors les événements. Le soir de Montretout, la retraite commencée, une balle perdue l'étendit raide. Il faisait déjà nuit, on ne s'aperçut pas sur-le-champ de sa disparition. Quelques jours après, ses amis le retrouvèrent couché dans une de ces bières qu'on avait rangées tout ouvertes le long du mur du cimetière, nu jusqu'à la ceinture, les yeux vitreux, les lèvres découvrant les dents, un peu plus complètement mort que lorsqu'il se traînait sur les divans du Club.

Aujourd'hui, la comtesse ne porte plus le nom de son mari. Avant la guerre, un oncle riche leur était mort, laissant toute sa fortune au comte, à la condition formelle de rappeler sa femme et de ne plus laisser traîner le nom de la famille. Dans le bouleversement général, le comte crut pouvoir risquer ce qu'il n'eût pas osé faire en des temps plus réguliers. Il fit revenir de Londres la comtesse, qui, sans ressources, lui avait, du reste, plusieurs fois écrit. Pour sauver sa dignité, il avait imaginé une mise en scène assez théâtrale; sitôt rentrée au bercail, la comtesse devait prendre les vêtements de deuil; deux grands laquais en livrée également de deuil ne la quitteraient point d'un instant, il avait même songé à placer, à chaque repas, sous la serviette de la comtesse, quelques billets de banque pour perpétuer l'opprobre de ses amours vénales; mais cela l'eût mené trop loin, et il s'en tint à un deuil tout à fait de circonstance. La comtesse, à court d'argent, et que le noir dégrossissait, accepta tout; mais huit jours ne s'étaient pas passés que le comte crut s'apercevoir qu'un des deux grands laquais chargés de ne la quitter ni jour ni nuit accomplissait trop ponctuellement sa mission. Le comte préféra transiger : il fut convenu que sa femme reprendrait sa liberté et irait manger où bon lui semblerait la pension qu'il lui servirait, à la condition qu'elle quitterait son nom. Elle consentit avec joie, prit le nom hongrois qu'elle porte aujourd'hui, en souvenir d'un musicien à bottes de l'Exposition, dont elle avait raffolé, s'accrocha au passage à un ténor prudent qui, avant son départ pour l'Amérique, donna quelques représentations dans leur ville, fut laissée par lui à Bordeaux avec une volée de coups de canne et leur note d'hôtel à payer, retrouva là, en uniforme de colonel des Panachards du Désespoir, un des bohèmes de lettres dont le grave personnage lui avait jadis infligé la connaissance. Rendre tous ses dîners à la comtesse et s'en faire aimer, quelle noble satisfaction pour un cœur vraiment républicain ! Un gros fournisseur auquel il l'avait maladroitement présentée ne lui en laissa pas le temps. C'est au bras de ce dernier que la comtesse a encore trôné à Versailles pendant le second siège et les derniers mois, jusqu'au jour où les indiscrètes investigations de la commission d'enquête firent trouver au quidam le séjour de la France incompatible avec ses opinions. La comtesse n'a pas eu le courage de le suivre.

Il y a quelques jours, nous l'avons revue aux Folies, à la première de *Pandore*. Elle rôdait dans les couloirs, à l'entr'acte, en quête de quelqu'un, qu'elle trouva dans une bande de ces jeunes cocodès qui, pour nous, déjà d'une génération antérieure, semblent, avec leur raie à l'ange et leur chemise décolletée, de charmantes petites demoiselles. Cet âge est sans pitié. La bande entoura la rôdeuse, l'entraîna au fond du couloir et l'accabla d'énormités; la malheureuse ripostait de son mieux, le sourire aux lèvres, mais dans les yeux la rage impuissante d'un louvard acculé par les chiens. Comme le rideau se levait, la bande lui livra passage, et le jeune homme cherché et retenu un instant par elle lui dit, en s'éloignant : C'est bon ! j'irai. Et rejoignant ses amis :

— Quel vieux veau ! fit-il en haussant les épaules et désignant la malheureuse, encore assez près pour l'entendre.

Nous étions là plusieurs qui savions son nom de femme et son nom de demoiselle; pas un pourtant ne crut devoir corriger le goujat qui se permettait de dire ce que nous nous contentions de penser.

Du moins, elle ne mourra pas de faim. Une partie de la fortune de sa famille lui doit revenir un jour. En attendant, grâce à la pension que lui sert son mari, et une petite rente à fonds perdus que le pauvre N... lui avait jadis constituée, à tout hasard, en riant avec elle du peu qu'il pouvait faire alors, elle couvre au moins le quart de ses dépenses ; pour le surplus, Dieu est grand et la bêtise humaine infinie !

TABLE

Notes de Mébillot :

    I. — Le Plaisir et le Bonheur.......... 1
    II. — Notre Premier Soir............ 13
    III. — Une Heure au Bois de Boulogne..... 25
    IV. — Lettres de Femmes............ 34
    V. — Au Bal de l'Opéra............. 49

Une Loge d'Actrice..................... 61
Une Semaine Parisienne 75
Dans l'Avant-Scène..................... 94
L'Ondine............................. 107
Retour............................... 118
Fantaisie Hongroise................... 132
Saxe et Sèvres....................... 145
Le Portrait.......................... 158
L'Ange............................... 167

TABLE

La Pologne n'est pas morte.............. 189
Le Doute de la Princesse............... 210
Le Chemin de Damas.................. 224
Minerve............................. 254
Où cela mène........................ 284